本书出版受教育部哲学社会科学研究重大课题攻关项目
"中美经贸合作重大问题研究"（18JZD034）资助

美国经济研究丛书

Non-Tariff Measures

A Study on U.S. Practices and Implications

非关税措施

美国实践及其影响研究

王梓楠  著

社会科学文献出版社
SOCIAL SCIENCES ACADEMIC PRESS (CHINA)

总　序

　　正如保罗·肯尼迪在其成名作《大国的兴衰》中所言，一流国家在世界事务中的相对地位总是不断变化的。综观大历史，世界政治舞台上从来就不缺少主角，但同时主角也从不固定。当前，美国与中国的关系是世界上最重要的双边关系，不仅是世界上最大发达国家与世界上最大发展中国家之间的关系，而且也是老牌守成的资本主义国家与新崛起的社会主义大国之间的关系。长期以来，经贸关系被视为中美关系的"稳定器"和"压舱石"。但近年来中美关系"树欲静而风不止"，人们更多讨论的是"修昔底德陷阱"。古希腊历史学家修昔底德在记述公元前 5 世纪发生在西方文明核心地带希腊世界的伯罗奔尼撒战争时，将战争的原因归结为"雅典实力的增长以及由此引起的斯巴达不可避免的恐慌"。修昔底德描绘的正是当时发生在希腊世界的权势转移过程导致的悲剧性战争结果。

　　然而，当今世界已经发生了翻天覆地的变化。从经济维度来讲，世界经济已经步入全球化时代，世界各国都已经形成了密切的相互依赖关系。事实上，中美两国已经形成了非常独特的相互依赖关系，具有以下特点。第一，中美相互依赖关系的非对称性。中美之间最主要的关联在于商品进出口和金融联系。从商品层面考虑，中国出口到美国的商品多具有高度可替代性，而美国的商品消费市场具有较低的替代性。从金融层面考虑，中国借贷给美国的资金具有高替代性，而美国的金融市场具有较低的替代性。中国提供的商品和资金均具有高替代性，而美国的商品市场和金融市场均具有低替代性，因此形成了非对称依赖的中美经贸关系。第二，中美相互依赖关系的竞争性。在世界经济中，中国和美国都面临稀缺性和不确定性的约束，使得两国一直存在竞争关系。这种竞争关系会随着稀缺性和不确定性的加剧而恶化。第三，中美相互依赖关系的非稳态性。中美相互依赖关系的稳定与否从根本上说取决于双方综合国力的对比，中国经济的快速发展增加了美国的焦虑，这些必然会影响到中美相互依赖关系的稳定性。因此，中国和美国已经形成了一种非对称性、竞争性、非稳态性的相互依赖关系。

随着经济不断发展，中国至少是一个潜在的世界性大国，而美国本身就是一个世界性大国。换言之，中美经贸合作是全球两个最大经济体的合作，是一个现存的世界性大国和一个潜在的世界性大国之间的合作。中国的发展对于美国和世界经济存在很强的外溢效应，那么美国和世界都会对这种外溢效应做出反应。中美能否处理好彼此的关系，关乎世界的前途与命运，是两国必须回答好的世纪之问。中美合作，两国和世界都会受益；中美对抗，两国和世界都会遭殃。中美关系不是一道"是否搞好"的选择题，而是一道"如何搞好"的论述题。在相当长的时间内和相当大的程度上，经贸关系依然可以在稳定中美关系中发挥重要作用，加强中美经贸合作依然是两国的必然选择。在新时代，中国追求与美国的经贸合作需要把握几个问题。第一，合作的空间范围。由于中美在全球范围内的影响以及利益，中美经贸合作绝不局限于中美双边，还应该包括全球多边和区域多边。第二，合作的动态变化。中美经贸合作是一个长期过程。具体而言，两国合作的逻辑首先是中国的发展以及对世界经济格局的影响，其次是中国在全球范围内的发展对美国产生的影响，再次是美国对中国的发展做出的反应，最后是中国针对美国的反应以及诉求调整自身与美国经贸合作的策略。由于中国的非对称依赖地位以及中国还是一个潜在的世界性大国，中国在中美经贸合作中长期处于被动的地位。第三，合作的长期目标。正如党的十九大报告所言，中国是发展中国家这一国际地位没有变，中国将努力实现"两个一百年"奋斗目标。因此，应该将中国自身的国情和目标与中美经贸合作挂钩，尽量使相对稳定的中美经贸关系为中国的发展提供支持。总体来看，中国需要立足于大国竞合的历史规律以及经济全球化的现实特点，依据自身基本国情以及发展目标，冷静对待中美经贸关系中的竞争性问题，尤其是可能出现的冲突。

在此背景下，武汉大学美国加拿大经济研究所与社会科学文献出版社合作推出"美国经济研究丛书"。武汉大学美国加拿大经济研究所前身为武汉大学北美经济研究室，是 1964 年经教育部批准成立、在全国高校中首批设立的外国问题研究机构之一。1981 年经教育部批准，升格为武汉大学美国加拿大经济研究所。同年，该所合并世界经济专业，组成世界经济专业学科点，成为全国第一批获得博士学位授予权的专业点之一。1987年该专业点被国家教委确定为重点学科点。目前，该所是教育部区域国别备案研究基地，是全国性一级学术学会——中国美国经济学会秘书处所在地，也是武汉大学"双一流学科"理论经济学学科的重要组成部分。希望借此系列丛书的出版，培养一支专注研究美国经济基础问题的学术队伍，形成一批研究美国经济领域的前沿性和战略性的学术成果，为中美经贸关系的健康发展以及中国经济的高质量发展做出贡献。

教授、博士生导师

中国美国经济学会秘书长 余 振

武汉大学美国加拿大经济研究所所长

2021 年 12 月于珞珈山

摘　要

改革开放 40 多年是中国对外贸易实现跨越式发展的重要阶段。在此期间，中国坚持对外开放，全面参与经济全球化进程，对外贸易取得长足发展，成为拉动经济增长、推进供给侧结构性改革、促进就业和防范风险的重要力量。但 2008 年全球金融危机的爆发以及国际需求低迷使得中国出口贸易额在 2009 年下降 13.9%，2010 年后对外出口增速虽逐渐恢复但始终未达到危机前水平，2018 年以来中美贸易摩擦的不断升级进一步使得中国对外贸易的发展面临不确定性。对中国来说，随着全球贸易保护主义的抬头，外部经济风险堆积，推动对外贸易由高增速转向高质量发展势在必行。从全球贸易政策的变化趋势来看，随着全球自贸协定数量的快速增长，关税水平日益下降，而非关税措施的数量在全球范围内快速增长，从最初的数量型措施转变为当下的标准型措施，以技术性贸易（TBT）措施以及卫生与植物检疫（SPS）措施为代表的非关税措施对贸易的负面影响日益显现，也对我国对外贸易提质增效构成实质性影响。因此，深入研究非关税措施如何影响我国对外贸易发展尤为必要。在中美贸易摩擦不断升级的背景下，本书主要研究美国实施的非关税措施如何影响中国出口企业层面和产品层面的二元边际。

　　受数据和研究方法的限制，多数关于非关税措施的研究从宏观视角分析其对一国整体贸易的影响。但随着国际贸易理论的不断深入发展，从微观企业主体视角分析贸易二元边际的研究越来越多。本书以全球贸易保护主义抬头、中美贸易摩擦日益升级为背景，从出口企业层面和出口产品层面的二元边际视角切入，通过对美国非关税措施实施现状进行分析、梳理相关理论与建立模型，实证研究美国实施的非关税措施对中国出口企业和出口产品二元边际的影响。本书不仅为贸易二元边际的影响因素研究提供了新的理论和经验基础，也为评价非关税措施的影响提供了微观视角。

　　本书的主要结论如下。第一，理论研究方面，本书在新新贸易理论基础上，将非关税措施作为影响因素引入贸易二元边际研究中，构建非关税措施对企业层面和产品层面二元边际影响的理论模型，发现非关税措施增加了企业应对成本，对企业进入市场、出口额以及出口产品种类产生负面影响并提高了企业退出市场概率。第二，历史回顾方面，非关税措施贯穿于 WTO 谈判各个回合，从最初的数量型措施转变为当下的标准型措施。金融危机后，"双反"调查等临时性贸易保护措施成为非关税措施的另一个重要内容。聚焦中美两国，美国针对中国实施的非关税措施数量多，覆盖产品广，存在明显的行业差异和企业类型差异。对中国企业出口的二元边际进行分解，多产品、多市场企业是中国出口增长的主要力量且中国出口增长主要沿集约边际实现。第三，在进口需求弹性的测算和非关税措施的量化过程中发现，进口需求弹性和非关税措施均与 GDP 存在明显的正向关系。中高收入国家和高收入国家如美国等发达国家的进口需求弹性与非关税措施限制程度较高，农业产品部门的进口需求弹性和非关税措施限制程度大于制造业部门。从时间来看，2003 年后，美国非关税措施的限制程度超过关税，随后持续增加。2008 年金融危机后，非关税措施限制程度超过金融危机前，表明美国实际贸易成本并没有下降。第四，利用高维度固定效应模型分析中国对美出口企业样本，实证结果显示，美国非关税措施显著降低了中国企业进入美国市场的概率，显著增加了中国企业退出美国市场的概率，显著降低了中国企业对美出口额。将企业按照地区、行业和所有制类型划分，发现美国非关税措施存在差异化的影响。就企业分布地区而言，东部地区企业受影响最大，中部企业次之，西部企业最小；就行业分布而言，低技术产品行业、中等技术产品行业和高技术产品行业受影响较大，初级产品行业和资源性产品行业受影响较小；就企业所有制类型而言，外资企业受到的影响最大，民营企业次之，国有企业受影响最小。将样本区间分为金融危机前（2001～2007年）和金融危机后（2008～2014年）重新回归发现，金融危机后，美国非关税措施的限制程度更高，对企业层面二元边际的影响超过金融危机前。第五，对产品层面二元边际的实证发现，美国实施的非关税措施显著减少了中国出口至美国的产品种类，显著提升了中国出口至美国的产品价格并在一定程度上提高了中国出口至美国的产品质量。同企业层面的实证类似，本书将样本企业按照所有制类型和行业划分，并将出口产品按照用途进行异质性分析。结果显示，民营企业、低技术产品行业和消费品受到的负面影响较大。将样本区间按照金融危机前后划分，金融危机后的非关税措施负面影响较大，这与企业层面实证结果一致。通过采用包括 Heckman 两步法、非关税措施滞后项和工具变量法等多种方法在内的稳健性检验，本书的实证结果保持稳健。

美国实施的非关税措施对中国企业出口造成了实质上的成本增加，且对不同企业类型、不同行业类型和不同地区的企业以及不同用途产品存在差异化影响。产品层面的实证发现拓展了现有文献的结论：第一，由于美国多数产品的进口需求弹性大于中国，因此中国对美出口产品的价格提升将导致美国对中国出口产品需求的降低；第二，对美国实施的非关税措施要客观全面看待，不同于关税措施，非关税措施对一些产品的质量的确有提高作用，这也有助于中国相关产品的升级。因此，中国需要在宏观层面警惕美国实施的非关税措施，增强意识，构建完备的非关税措施预警与信息沟通机制，完善国内标准等相关法律法规；在微观层面，通过提质增效，有效利用美国非关税措施的"倒逼"效应，提高相关产品质量标准，同时加强国有企业改革，激发民营企业活力。

关键词：非关税措施　进口需求弹性　出口企业二元边际　出口产品二元边际

目 录

1 引言 ——————————————————————— *001*

第一节 研究背景与意义 003

第二节 文献综述 010

第三节 相关概念界定 027

第四节 研究思路、研究内容与研究方法 031

2 非关税措施对企业出口二元边际影响的理论基础 ——— *035*

第一节 国际贸易理论回顾与发展 037

第二节 基于贸易理论的贸易政策变迁 044

第三节 非关税措施对企业出口的影响机制分析 049

第四节 非关税措施对企业出口二元边际影响的理论建模 052

3 美国非关税措施现状与中国企业出口二元边际 ——— *059*

第一节 美国非关税措施现状 061

第二节 美国对中国实施的非关税措施具体表现 072

第三节 中国企业出口二元边际分解 076

第四节 美国非关税措施与中国企业出口的经验证据 091

本章小结 096

4 进口需求弹性测算及美国非关税措施量化 ——— *099*

第一节 进口需求弹性测算 101

第二节 非关税措施量化 112

5 美国非关税措施对中国出口企业层面二元边际影响的实证分析———— **125**

第一节　计量模型和变量界定　127

第二节　基准模型实证结果分析　132

第三节　企业所有制类型异质性视角　137

第四节　行业类型异质性视角　144

第五节　区域效应异质性视角　154

第六节　稳健性检验　161

6 美国非关税措施对中国出口产品层面二元边际影响的实证分析———— **177**

第一节　计量模型和变量界定　179

第二节　基准模型实证结果分析　183

第三节　企业所有制类型异质性视角　188

第四节　行业类型异质性视角　194

第五节　产品用途异质性视角　204

第六节　稳健性检验　211

7 结论与政策建议———— **227**

第一节　主要结论　229

第二节　政策建议　232

参考文献———— **241**

1 引言

第一节　研究背景与意义

一　研究背景

改革开放以来，中国经济逐渐从封闭走向开放，通过利用国际产业转移的有利时机，紧紧抓住全球化快速发展的历史机遇，积极发展劳动密集型工业，带动外贸持续快速发展。2001 年，中国成功加入 WTO，通过合理利用多边贸易体制，调整对外贸易战略，激发出口企业活力，中国外贸结构得到持续优化。中国货物贸易进出口总额从 1978 年的 206.4 亿美元增至 2017 年 4.1 万亿美元，增长 197.6 倍，年均增速达到 14.5%。2009年中国出口超过德国，成为世界第一大出口国。2017 年中国成为世界货物贸易第一大国，出口额占世界的 12.8%，居第一位；进口额占世界的10.2%，居第二位。2017 年，高新技术产品占中国出口总额的 28.8%，出口企业不断向全球价值链的高端攀升①。

但中国对外贸易的发展并非一帆风顺。自 2008 年金融危机以来，全球主要国家需求低迷，2016 年全球贸易仅增长了 1.3%，这是自 2008 年金融危机以来的最低增速，连续 5 年低于世界经济增长率。中国对外贸易也未能幸免，2009 年进出口总额相较 2008 年下降 13.9%②。尽管随后中国对外贸易复苏步伐加快，但伴随全球经济与贸易复苏乏力，贸易保护主义逐渐抬头。2009 年，针对中国的贸易限制措施由 2008 年的 75 件增长至 485 件，2013 年进一步增长至 555 件③。2018 年，美国政府挥舞贸易保

---

① 中华人民共和国商务部：《对外贸易报告——中国外贸波澜壮阔四十年》，2018. http：// zhs. mofcom. gov. cn/article/cbw/201805/20180502740111. shtml。

② 中华人民共和国商务部：《对外贸易报告——中国外贸波澜壮阔四十年》，2018. http：// zhs. mofcom. gov. cn/article/cbw/201805/20180502740111. shtml。

③ Global Trade Alert，https：//www. globaltradealert. org/latest/state – acts。

护主义大旗，宣布对中国出口美国商品实施惩罚性关税。2018 年 3 月 1 日，美国以危害国家安全为由宣布对中国出口至美国的钢铁产品征收 25% 的关税，对出口铝制品征收 10% 的关税；2018 年 7 月 6 日，美国以"不公平贸易行为"为由对中国出口至美国的 1333 种商品（价值 500 亿美元）征收 25% 的关税；2018 年 6 月 15 日，美国政府进一步威胁，对中国出口至美国价值 2001 亿美元的商品征收 10% 的关税，并在 8 月 1 日将此税率提高至 25%；2018 年 9 月 17 日，美国政府宣布对价值约 2001 亿美元的中国出口产品加征 10% 的关税①。对于美国的贸易保护行径，中国均一一做出应对。2018 年 12 月举办的 G20 峰会上，中美两国领导人达成共识，同意举行为期 90 天的谈判，并在谈判期内暂停新增贸易措施。截至 2019 年 3 月，两国仍进行着谈判，主要内容涉及包括非关税措施在内的多项议题②。可以看到，尽管 2018 年后，美国对中国出口的相关产品频繁实施高额关税，但其主要的诉求仍集中在"纠正"中国相关贸易举措，特别是非关税措施。换句话说，影响国与国之间贸易的非关税措施是内因，而关税调整只是外在。

随着世界范围内自贸协定数量的快速增长，全球范围内关税水平呈现不断下降趋势，全球平均关税税率已由 1994 年的 8.57% 下降至 2017 年的 2.59%，多边及双边贸易协定的签订也使得缔约国之间大部分商品的关税水平降为零。与此同时，非关税措施（Non-Tariff Measures，NTMs）凭借其隐蔽性已逐渐从幕后走向台前。2008～2017 年，全球主要国家实施的贸易限制措施中，进口关税措施数量占 18.4%，而非关税措施数量占比

---

① "Peterson Institute for International Economics"，https：// piie. com/blogs/trade – investment – policy – watch/trump – trade – war – china – date – guide.

② "The White House, Statement by the Press Secretary Regarding China Talks"，https：// www. whitehouse. gov/briefings – statements/statement – press – secretary – regarding – china – talks/.

达 81.6%①。其中，技术性贸易措施（TBT）、卫生与植物检疫（SPS）、反补贴（CV）、反倾销（ADP）是最为常用的非关税措施。非关税措施对贸易发展的影响进一步凸显，已成为目前国际贸易发展的重要影响因素（Cadot 和 Gourdon，2016）。

非关税措施的隐蔽性特点造成一国对相关政策的调整较为频繁，并且多数情况下仅在国内公布相关政策，进一步造成国与国之间非关税措施缺乏透明度。针对此问题，联合国在 2006 年成立非关税措施研究小组（MAST），对目前世界主要国家所实施的非关税措施进行分类整理。2012年，MAST 工作组公布《非关税措施的国际分类》，将非关税措施分为技术性措施、非技术性措施和其他措施三大类，共计 16 种（A ~ P）。在此基础上，WTO 对全球主要国家的非关税措施进行搜集整理并建立了TRAINS NTMs 数据库，为有效分析非关税措施的具体影响提供了完备的信息。

目前，世界经济已步入缓慢复苏轨道，经济形势有所好转，美国经济保持低速增长，欧元区经济向好。但美国挑起的全球贸易摩擦，给国际贸易发展环境带来负面影响，并给全球贸易投资的未来发展带来了较大不确定性。不断升级的贸易摩擦也会影响企业投资信心和投资决策，从而给全球贸易增长带来负面影响。外部环境的变化要求中国出口贸易由高速增长转向高质量发展，这涉及技术规范和标准、流程、生产方法等的全面提高。

从目前贸易保护的走向来看，除关税战外，美国已开始在非关税措施领域施压，TBT 及针对中国的双反调查数量大幅增加②。在现有文献中，

---

① WITS Database，https：//wits. worldbank. org/default. aspx.
② 根据 Global Trade Alert 统计，2016 年美国针对中国实施的临时性贸易保护措施新增 89项，2017 年新增 93 项，2018 年新增 137 项，2019 年新增 165 项。从数量来看，美国针对中国实施的临时性贸易保护措施是最多的。

关税对贸易的影响已得到较多关注，但非关税措施鲜有关注。主要原因在于，一方面，可比较的非关税措施数据难以获得，阻碍了非关税措施的量化；另一方面，非关税措施中如 TBT 措施和 SPS 措施在提高出口国相关企业合规成本的同时，也有纠正市场失灵的效果，这使得难以有效衡量非关税措施的真实影响。非关税措施直接的影响对象为出口产品，那么以企业为研究对象，从微观视角出发，分析进口国非关税措施的实施对出口国不同类型企业出口的影响，不仅可以有效避免非关税措施对一国整体贸易影响的不确定性，同时也可以为政策应对提供更为准确的支撑。在中美贸易摩擦的背景下，本书将选取出口商品至美国的中国企业为研究对象，考察美国实施的非关税措施对中国企业出口有何影响，具体的研究问题可以细分为以下三点。

第一，根据联合国 MAST 分类，非关税措施共包括三大类共 16 种。如何有效量化一国非关税措施，构建完备的非关税措施量化指标？现有文献中关于非关税措施的量化方法有"价格法"和"流量法"。"价格法"通过比较非关税措施实施前后产品价格的变化对其进行量化；"流量法"通过对比非关税措施实施前后贸易流量的变化，进而使用进口需求弹性对其进行量化。但现有文献存在的问题，一是可比较的细分产品价格数据难以获得，二是进口需求弹性的计算缺乏时效性，三是对一国非关税措施的量化缺乏全面性。为克服以上不足，本书将参考现有文献，在对进口需求弹性进行重新测算的基础上，选择"流量法"对美国实施的各类非关税措施进行量化，构建完备的非关税措施量化指标。

第二，从出口企业层面来看，美国实施的非关税措施是否对中国企业出口的二元边际造成影响？具体来说，美国实施的非关税措施是否给出口企业带来了额外的成本提升？这一成本提升是否会对中国企业进入美国市场、退出美国市场和出口贸易额造成影响？不同行业、不同类型企业面临美国实施的非关税措施时会做出何种选择？现有文献多从宏观视角对非关税措施进行分析，很少从微观企业层面考察非关税措施的影响，对企业退出市场的动态研究也较少，且存在结论不一致的情况，忽略了企业间差异，极易产生内生性问题。为了克服上述缺陷，本书将采用中国海关进出口数据库综合研究美国实施的非关税措施对中国出口企业二元边际的影响，并分析美国非关税措施对不同行业、不同所有制类型和不同区域的企业的差异化影响。

第三，非关税措施主要针对产品实施，TBT 措施和 SPS 措施主要对产品的标准、生产流程及工艺等做出规定，那么进一步从出口企业微观产品层面来看，美国实施的非关税措施是否会影响产品层面的二元边际？具体来说，美国实施的非关税措施是否影响出口产品种类？成本增加型的非关税措施是否会使得企业将成本转嫁至产品出口价格？标准类非关税措施的实施是否会在一定程度上提高中国出口产品的质量？这些影响是否会因企业类型、行业类型和产品用途不同而出现差异性？现有文献较少从非关税措施角度考察对微观产品层面影响，因此，本书将从微观产品层面对以上问题进行分析。

从发达国家来看，非关税措施的使用及管理由来已久，在关税及贸易总协定（GATT）谈判伊始，美国便寻求禁止所有国家实施数量限制及其他类型的非关税措施，但遭到欧洲国家的广泛反对。随着 WTO 各轮谈判的推进，数量限制等措施已得到大幅消除，但以美国为首的发达国家，包括日本、欧盟国家等仍认为这些便利化措施不足以保证"自由的市场交易"，因此，在 WTO 东京谈判中，GATT 的 39 个发达国家成员签订了《TBT 法则》用以约束相关成员国的 TBT。在随后的 WTO 乌拉圭回合谈判中，日本、欧盟及美国共同推进签订了《卫生与动植物检疫检验法则》，进一步对一国实施的卫生与动植物检疫措施进行了约束，这两个法则逐渐演变为目前 WTO 成员通用的《TBT 协定》和《卫生与动植物检疫检验协定》。尽管目前 WTO 多哈回合谈判陷入停滞，但发达国家对非关税措施的主要诉求已从一国边境上转移至一国边境后，更加关注 TBT 措施及 SPS 措施。事实上，Santana 和 Jackson（2012）曾对 WTO 成员的各项贸易措施占比进行统计，发现传统关税措施占比已从 1968 年的 29.2%下降至 2005 年的 1.7%；非关税措施中 TBT 占比从 1968 年的 6.1% 升至2005 年的 37.1%，SPS 措施占比从 1968 年的 14.8% 升至 2005 年的 26.2%。可以看出，目前以 TBT 措施与 SPS 措施为主的非关税措施已成为一国贸易措施的主要部分，而发达国家对此类措施发现早、使用早、应对早，相对来说在国内相关法制体系方面也更为成熟。从发展中国家来看，由于经济发展起步晚，在贸易政策方面更多的是追随发达国家，在非关税措施方面目前仍使用较少，无法形成有效体系，特别是企业层面对相关措施缺乏了解。在世界银行的企业调研报告中，有中国企业甚至指出是在自身产品被禁止出口后才知晓相关非关税措施的存在①。可见中国在应对非关税措施方面还有很长的路要走。

综上所述，发展中国家需要在全面考察非关税措施影响的前提下，建立完备的非关税措施应对体系，这关乎微观企业主体有效抵御相关风险。而中美贸易摩擦也同样表明非关税措施愈发成为影响中美贸易发展的主要因素，因此，研究非关税措施对我国微观企业主体的影响很有必要。本书首先对美国实施的各类非关税措施进行量化，构建完备的非关税指标，在此基础上，分别从微观企业层面和微观产品层面研究美国实施的非关税措施对中国企业出口二元边际的影响，进而提出有针对性的政策建议。

二 研究意义

中国对外贸易发展要实现由量到质的转变，产品质量升级和标准的提高是必经之路。因此，中国需深度参与全球经济治理，推动多边和区域经

---

① "World Bank Group Enterprise Surveys: China, 2012", http://www.enterprisesurveys.org/~/media/GIAWB/EnterpriseSurveys/Documents/Profiles/English/China - 2012.pdf.

济合作。对于中国出口企业而言，要从供给侧发力，在转变外贸发展方式上多下功夫，从质量、服务、技术、品牌等重要环节入手。当前，世界范围内的关税水平不断下降，与之相对，非关税措施等隐蔽性贸易政策数量不断增多，特别是美国自 2018 年开始，单方面对中国挑起贸易摩擦，利用惩罚性关税与"双反"调查等非关税措施对中国出口产品施压。"逆全球化"浪潮涌动，保护主义势力上升，这些对外贸易外部环境的变化使得中国构建开放型世界经济面临诸多不确定性。2019 年开始的中美贸易谈判更是将非关税措施作为谈判的重要部分。非关税措施的不断增多给中国的企业出口带来了新的挑战。一方面，技术标准、生产工艺等硬性条件对企业出口产品的质量提出了更高的要求；另一方面，相关成本的提高也势必会对一些企业造成冲击。因此，本书从企业微观视角研究非关税措施的实施对中国出口企业层面和产品层面二元边际的影响。

就现实意义而言，一方面，非关税措施既可以增加企业应对成本，给贸易带来负面影响，也可以纠正市场失灵，提高进口国对相关产品的需求，因此，现有非关税措施量化的文献以宏观视角开展研究，出现研究结论不一致的情形。从新新贸易理论的异质性企业假定出发，非关税措施所带来的成本提升对不同生产率的企业存在不同影响。因此本书从企业微观视角开展研究，对非关税措施的影响进行有效识别，并在具体实证中控制微观个体差异，削弱内生性对实证结果的影响，为企业在提质增效过程中应对非关税措施提供经验。另一方面，随着 2018 年中美贸易摩擦愈演愈烈，双方均实施了高额关税，但实际上高额关税的背后是美国对中国非关税贸易政策的反对。从 2019 年开始的中美贸易谈判可以看到，技术转让、知识产权保护、农业等补贴等对中美贸易构成影响的非关税措施成为两国谈判的核心内容。因此，本书对美国实施的非关税措施进行有效量化，并在此基础上考察其对中国企业出口二元边际的影响，为中国有效应对中美两国在非关税措施领域的摩擦提供理论依据和支撑。

就理论意义而言，基于新新贸易理论的贸易二元边际研究中，忽视了数量日益增长的非关税措施对贸易二元边际的影响。本书以美国非关税措施为立足点，首先对美国各类型非关税措施进行量化，在此基础上将出口企业层面二元边际以及出口产品层面二元边际与非关税措施相结合，构建非关税措施影响企业出口二元边际的动态模型，扩展了企业出口二元边际影响因素的相关研究，为企业出口二元边际提供了新的解释。

第二节　文献综述

本书研究的核心问题是美国实施的非关税措施如何影响中国出口企业和出口产品二元边际。该问题源于前人对贸易成本影响企业出口二元边际的相关研究。Melitz（2003）建立的新新贸易理论认为企业出口可以分为扩展边际与集约边际，扩展边际多指出口企业数量、出口产品种类以及出口目的地数量；集约边际多指企业出口额。以往文献中，学者多关注非关税措施的宏观影响，这一方面是由于非关税措施数据缺乏，难以量化。同时，由于非关税措施既可以用来纠正市场失灵，也可以用来限制贸易发展，因此相关宏观研究的结果也存在差异。另一方面，自新新贸易理论建立以来，很多学者对微观个体层面出口二元边际的影响因素进行了研究，却忽视了近年来使用越发频繁的非关税措施。

非关税措施与传统关税措施类似，均给出口企业带来了额外的成本，因此从这一角度而言，研究非关税措施对出口企业二元边际的影响是可行的。本节对非关税措施以及贸易二元边际的相关文献进行归纳总结，并加以述评。

一　非税措施特点及形成原因

非关税措施这一概念最早出现在 1947 年的 GATT 日内瓦谈判。从贸易开放角度而言，GATT 日内瓦谈判及相关协议的签订清晰地划定了关税与非关税措施。具体来说，GATT 日内瓦谈判更希望缔约国使用关税措施。一方面，关税可以给本国带来收入；另一方面 GATT 视关税措施为更加"公平"的保护形式，在实际效用方面比非关税措施更为有效，且可以通过谈判进行更改。对于非关税措施，GATT 日内瓦谈判则认为其更具歧视性，更加多变，对市场的影响更大。实际上，GATT 日内瓦谈判并没有就非关税措施达成实质性的约束条款，主要原因在于受凯恩斯主义影响，"二战"后的英国及其他欧盟国家希望对贸易、国际收支等政策有更强的掌控权，以实现国内经济平稳增长的目标，而美国则不愿意放弃其对国内的农业补贴政策，不发达国家则希望能够在贸易政策方面有更大的自由度。多方角力下，GATT 日内瓦谈判仅就削减数量限制型的非关税措施如配额等达成了有限的一致，但 GATT 中第 20 章特别规定政府为了本国居民的安全可以制定一定的国家标准，这为未来 TBT 措施和 SPS 措施的合法使用提供了原始依据。

随后的安纳西回合谈判（1949）、托基回合谈判（1951）、日内瓦第二轮谈判（1956）以及狄龙回合谈判（1960~1961）均未涉及非关税措施的相关内容。与此同时，美国及加拿大多次对欧盟及其他不发达国家实施反倾销行为，新型非关税措施如国家技术、卫生、健康标准的出现也使得非关税措施的约束与监管成为 GATT 谈判的迫切要求。1962 年，由美国发起的 "纺织品贸易长期安排"（Long-Term Arrangement Regarding International Trade in Textiles）谈判成为肯尼迪回合谈判（1964）的基础。肯尼迪回合谈判着重对一系列的非关税措施如"遗留"的限额措施、反倾销、政府采购、海关估值、歧视性进口限制、边境调节税和国家技术与安全标准等进行讨论，但遗憾的是，由于 GATT 条款的缺陷，多数非关税措施均以"国家法律"为理由"逃脱"了 GATT 的约束，最终肯尼迪回合谈判仅达成了关于反倾销行为的准则（Anti-Dumping Codes）。尽管肯尼迪回合谈判仍大幅降低了关税水平，但对于非关税措施的谈判浅尝辄止，未取得实质性进展。

1973年东京回合谈判正式将非关税措施作为主要议题展开讨论，在该回合谈判的部长级宣言中指出，"减少或消除非关税措施，建立有效的秩序规则，减少或消除非关税措施对贸易的限制影响"。在该回合谈判中，各国建立了非关税措施特别谈判委员会，并进一步划分为限额措施、TBT措施、海关相关措施、补贴、反补贴措施和政府购买6个工作组，最终形成了6份多边协议准则，其中《TBT准则》是该轮谈判最为重要的成果，这一准则不仅重申了国家管理实施标准和技术准则等需要遵循非歧视性原则，同时创新性地提出各国要努力采取国际通行标准，并促进标准规制的协调和相互认可。

在东京回合谈判的基础上，1986年的乌拉圭回合谈判则进一步扩大了非关税措施的涉及范围，随着日本、欧盟等国家经济的复苏与发展，这些国家提出除扩大传统制造业及农产品市场外，应着力削减服务业部门的贸易限制措施，美国则提出要加强知识产权方面的保护。该回合谈判将之前谈判中未涉及的农业补贴和进口限额写入最终的农业协定，并达成了《卫生与动植物检疫协定》。这一协定与东京回合谈判的《技术性贸易准则》一道，成为目前双边及多边贸易协定谈判中有关TBT措施和SPS措施的纲领性准则文件。

纵观自1947年GATT签订到WTO建立之后的多轮谈判，非关税措施逐渐成为国际贸易体系中的重要影响因素，非关税措施的主要类型也从最初的数量型措施逐渐转变为以规则为主的标准型措施。在目前进行的多哈回合谈判中，规则类措施和边境上与边境后措施仍是相关谈判的要点所在。从另一个角度而言，非关税措施的逐渐增长也说明了自GATT和WTO建立以来关税得到了有效削减。国家间贸易关系的不断深化使得国家面对关税的不断削减，势必会选择非关税措施。而非关税措施的内在隐蔽性又为部分国家将其作为贸易限制手段提供了理由。

同关税措施类似，非关税措施的使用同样具有增加国民福利的属性，但由于非关税措施类型多、范围广，一些国家用以达到合法政策目标的非关税措施，同样可能具有保护性贸易政策的色彩。整体来看，非关税措施的使用原因主要包括以下四点。

第一，纠正市场失灵。非关税措施在纠正市场失灵方面的作用可以进一步细分为五个方面。一是改善信息不对称，保护消费者健康和安全。例如 TBT 措施规定的产品标准、SPS 措施规定的农药残留物标准等。二是治理污染、保护环境等负外部性问题。例如设立企业产品标准、排放限额、强制采用某些清洁能源技术等，特别是对跨边境的外部性问题，例如渔业产品、污染源传播等。三是保护幼稚产业，特别是对于一些能带来正外部性的产业，如中国的飞机产业等，有必要采用生产补贴等非关税措施予以保护。四是网络外部性或网络效应。网络效应指在经济学或商业中，消费者选用某项产品或服务，其所获得的效用与"使用该产品或服务的其他用户人数"具有相关性，例如电话或社交网络服务。而此时政府有必要制定统一标准以减少网络负外部性。五是纠正不完全竞争和市场垄断，例如设置竞争规则、反垄断规则禁止企业间合谋或滥用市场地位，或在国际贸易中采用价格限制等措施保护本国出口企业。

第二，以邻为壑。在国际贸易中占据主导地位的国家可以利用其影响力制定相应的非关税措施以实现自身国民福利或贸易条件的改善。具体来说可以细分为两个方面。一是改善贸易条件，如出口补贴等政策，在全球价值链不断深化的当下，TBT 措施与 SPS 措施也可以在保证本国消费者安全的基础上给中间品带来负面影响。二是利润转移。在不完全竞争市场的情况下，企业可以利用其市场地位，配合补贴、出口关税或者 TBT 措施等以实现利润的转移（Fischer 和 Serra，2000），这一现象在企业研发领域更为常见。

第三，社会公平。政府在考虑非关税措施的实施时不仅会考虑增加国家整体福利，还会考虑如何实现社会公平。这一情况在不发达国家较为常见，特别是一些国家的财政体系并不健全，这些国家可能采用出口限制或进口限制等措施以平抑国内物价（Kalenga，2012）。

第四，政治经济目标。Grossman 和 Helpman（1994）提出的保护待售模型为贸易政策的政治经济目标提供了解释，除国民福利最大化、纠正市场失灵等原因外，一国的贸易措施也会受到国内利益群体的影响。随着异质性企业理论的发展，越来越多占据市场主体地位的企业选择游说政府，通过提高相关产品标准等非关税措施来维护自己的市场地位（Chaney，2008）。

总的来看，相对于传统贸易保护手段而言，当下以"标准型"措施为主的非关税措施呈现两方面特点：一是类型更加多样，适用的产品范围广泛，对贸易的保护效果更为直接和强烈；二是在 WTO 框架下，非关税措施的实施具有合理合法性，这给政府使用非关税措施提供了便利，无论在保护内容和保护方式还是保护效果方面，非关税措施均能比传统贸易保护手段如关税等更为有效地达到政府调控目的，因此被政府大量使用。

二　非关税措施的量化及贸易效应

（一）非关税措施的量化

非关税措施研究中的一大难点是对其进行有效的量化，这也是开展非关税措施研究的主要障碍。整体来看，非关税措施的量化主要有描述性统计指标、虚拟变量和从价等价物三种方法。

1. 描述性统计指标

早期非关税措施的量化多用描述性统计的指标来代替。美国国际贸易委员会（USITC）最早提出了非关税措施的两类量化方法，第一类是通过计算单个产品受到的非关税措施数量以及非关税措施的水平来评估非关税措施的重要性，估计非关税措施对贸易和经济的影响；第二类是通过计算非关税措施的频数占比和进口覆盖率作为量化指标。

Moenius（2004，2006）使用产业层面的限制性标准数量作为衡量限制程度的指标，并对经济合作与发展组织（OECD）国家特定标准和共享标准的贸易效应进行研究，共享标准以 OECD 国家标准的重复度来衡量。Czubala 等（2009）用欧盟纺织品的标准以及欧盟标准与国际标准（ISO）的重复度构造了欧盟纺织品标准的完备数据库，并利用此数据库研究了欧盟标准对非洲纺织品出口的影响。Jayasinghe 等（2010）利用 SPS 措施的数量对猪肉贸易和美国玉米种子出口需求的影响因素进行研究。在此基础上，一些学者使用一国非关税措施占国际标准数量的比例来量化非关税措施。Beghin 和 Bureau（2001）指出，以措施数量来量化非关税措施虽然可以较好地衡量某一类非关税措施的限制程度，但由于国家在实施非关税措施时对不同产品部门设置的非关税措施数量存在差异，因此单纯以措施数量进行实证分析会造成估计的偏差。

为了克服以上缺陷，部分学者采用非关税措施的规定水平作为衡量限制程度的指标，例如使用 SPS 措施中的添加剂最大残余水平等指标来衡量 SPS 措施的严格程度，因此此类量化方法更适合研究相关非关税措施对特定国家和产品的影响。Gebrehiwet 等（2007）、Babool 和 Reed（2007）使用黄曲霉素标准，研究发达国家的相关措施对发展中国家食品出口的影响；Wilson（2003）、Wilson 和 Otsuki（2004）将相关残余水平作为量化 SPS 措施的方法，分别研究了其对于香蕉和牛肉贸易的影响。这些研究都以某一类非关税措施为主，考察这些措施对农产品贸易的影响，无论在非关税措施的考察范围还是产品覆盖方面均有所欠缺。

为了弥补以上缺陷，频数占比和进口覆盖率指标应运而生。频数占比（Frequency Ratio）是指进口国特定部门或特定产品章节（HS－2 位）层面受到非关税措施影响的比例，可以用某部门或某章节下受非关税措施影响的产品数量占该部门或该章节下总产品数量的比例来表示。可以看到，频数占比实际上是前文提到措施数量的一个扩展应用，解决了措施数量对研究大范围产业部门或产品层面不适用的问题。此外，由于频数占比是基于措施数量计算的，因此并不涉及产品进口额。进口覆盖率（Import Coverage Ratio）是以产品进口额为权重，用某部门或某产品章节下受非关税措施影响的进口额数量占该部门或该章节下总产品进口额的比例来表示。由于进口覆盖率指标包含了以贸易额测算的权重，因此可以更准确地反映受影响产品的比重。但鲍晓华和朱钟棣（2006）指出，由于进口覆盖率指标使用进口贸易额作为权重，因此存在与贸易额的内生关系。如果进口某类产品受到了较为严重的非关税措施影响，其进口额可能降为零，这将导致进口覆盖率指标低估其受影响的程度。

频数占比和进口覆盖率指标的优点在于适用于大范围的国家或者部门、产品研究，但由于计算量比较大，因此缺乏对各类非关税措施的考察研究，多对其中一类或几类如 SPS 措施和 TBT 措施开展研究。Fraham 和 Vancauteren（2006）通过研究欧盟食品部门的进口覆盖率，发现欧盟国家间标准的协调可以显著提升欧盟国家间贸易。之后一些学者采取了更为复杂的计算方法，如 Fontagné 等（2005）测算了 61 个进口国和 114 个出口国的农产品和工业制成品部门 HS – 6 位产品层面的频数占比，Disdier 等（2008b）则进一步测算了 154 个进口国和 183 个出口国农产品部门 HS – 4 位产品层面的覆盖率。国内学者如鲍晓华和朱钟棣（2006）、鲍晓华和朱达明（2014）均使用这两类指标对非关税措施对我国产业内贸易的影响进行了实证研究，结果显示非关税措施给我国贸易带来了显著的负面影响。

2. 虚拟变量

频数占比和进口覆盖率指标虽然适合大范围部门或者产品的研究，但计算量较大，近年来的一些研究试图在此基础上进一步简化非关税措施的量化方法，这些研究并不试图计算各细分产品或部门层面非关税措施的频数占比或进口覆盖率指标，而是使用简单的虚拟变量（0 – 1）表示非关税措施实施与否,进而对其影响进行研究。Cao 和 Johnson（2006）用虚拟变量的方法表示新西兰实施的农产品风险管控措施,实证分析了这些措施实施前后对新西兰农产品出口的影响;Disdier 等（2008）同样使用虚拟变量的方法表示美、欧、日等发达国家实施的 TBT 措施,分析了这些措施对拉美国家出口产品的影响;Karov 等（2009）和 Chevassus-Lozza 等（2008）则用虚拟变量的方法代替 SPS 措施,分析其对农产品部门出口的影响。

进一步,部分学者还使用虚拟变量表示贸易伙伴国是否签订了相关非关税措施的互相认可协议,如 TBT 协议或 SPS 协议,并评估非关税措施相互认证对贸易的影响。Amurgo-Pacheco 等（2007）用虚拟变量表示欧盟与盟国 1999 年签订的药品互认协议,实证分析该协议的签订对其他第三方国家的影响;Baller（2007）则将研究重点放在电信和医疗设备等行业设备的互相认可协议上;Chen 和 Mattoo（2004）首先通过对非关税措施的数量测算发现非关税措施对贸易的负面影响,进一步使用虚拟变量表示 TBT 协议的签订,并发现 TBT 措施的自由化对贸易有促进作用。总而言之,这些研究都指出非关税措施的互认对于各贸易伙伴间的贸易增长有显著的促进作用。

使用虚拟变量对非关税措施进行量化的方法大大降低了频数占比和进口覆盖率指标计算的复杂性,也减少了计量模型中遗漏变量而导致的内生性问题。但虚拟变量无法准确表示非关税措施的限制程度,因此并不适合研究非关税措施对总体贸易的影响,在实际操作中,使用虚拟变量还是频数占比等描述性指标主要取决于数据的可获得性以及计算的复杂性。

3. 从价等价物

非关税措施作为贸易措施的一种,与关税措施相比,其限制程度究竟有何变化?从宏观国家层面,如何有效判断非关税措施限制程度与关税限制程度的大小?从微观个体层面,如何有效判断出口产品受到哪类贸易措施的影响程度较大?这些问题都要求学者提供新的非关税措施量化方法。

Feenstra（1984）与 Deardorff 和 Stern（1985）分别对非关税措施的具体内容与性质进行了讨论，他们认为非关税措施与传统关税措施类似，均给出口国带来了额外的应对成本，因此应从贸易成本这一角度量化非关税措施。Deardorff（1987）与 Baldwin（1989）提出使用从价等价物（Ad-Valorem Equivalents，AVE）来量化非关税措施，即将非关税措施所带来的成本提升以价格增加的形式来体现，从而使其可以与传统关税指标相对比。因此，非关税措施 AVE 的测算成为量化非关税措施的主要方法。在具体的估计方法中，现有文献主要采用引力模型，从价格与贸易流量两个角度进行测算。

价格法（Price-Based Approach）的机制在于，非关税措施带来的合规成本使得产品出口价格与进口价格存在差异。这一价格差异在剔除可能影响因素后，可以用来量化非关税措施，估算由非关税措施所带来的价格提升，即非关税措施的 AVE。

Bernard 等（2003）、Chemingui 和 Dessus（2008）、Andriamanajara 等（2004）、Ferrantino（2006）通过控制关税、运输成本等其他可能导致价格差的影响因素后，分别估计了 SPS 措施及非关税措施的整体影响，发现非关税措施如 SPS 措施等的关税等价比关税本身还要高，显著提高了商品价格，且非关税措施的影响存在部门间的差异。Warren 等（2002）、Hassink 和 Schettkat（2001）、Goldberg 和 Verboven（2001）分别利用美国农业、家具业和汽车行业的价格数据，对非关税措施的 AVE 进行粗略计算，发现非关税措施显著增加了相关行业内企业的成本，部分非关税措施如 TBT 措施、SPS 措施等所带来的贸易成本已超过传统关税措施。为解决可比价格数据难以获得的问题，Berthou 和 Emlinger（2011）利用进出口国家海关通报数据构建了贸易单位价值数据库（Trade Unit Value Database），该数据库记录了 6 位海关编码商品层面的出口价格（FOB）与进口价格（CIF），被诸多学者用来代替双边贸易中的商品价格。利用此价格数据，Ferrantino（2006，2012）等利用价格法对非关税措施的AVE进行了重新测算，结论与先前文献保持一致。Cadot和Gourdon（2016）利用CEPII的Trade Unit Value数据库，通过构建CIF与FOB价格差的理论模型，量化了TBT措施与SPS措施的关税等价，结论发现TBT措施的关税等价大于SPS措施，其中农产品受非关税措施的影响最为严重。

价格法可以直接捕捉非关税措施带来的影响，但也存在一定局限，首先是可比较的价格数据较难获得，特别是双边贸易中影响价格的因素较多，因此难以准确估计非关税措施的影响；其次，该方法通常假设国家间商品是相似或者可完全替代的，但现实中这一假设较难满足，价格差可能由于跨国的供给和需求弹性的差异而有所偏差。

贸易流量法（Quantity-Based Approach）的机制在于，通过引力模型估计非关税措施对贸易流量的影响，在此基础上，进一步利用商品价格弹性，将流量的变化转换为价格的变化，从而估算AVE。Kee等（2008）首次提出以进口需求弹性为基础度量价格效应的新方法，即通过进口需求弹性将非关税措施对贸易流量的数量影响转换为从价关税等价。由于该方法不需要细分产品层面的价格数据，因此在实际研究中得到广泛使用。Bouët等（2008）、Kee等（2008）、Beghin等（2015）、Egger等（2011）均在控制双边引力变量的基础上，通过引力模型估计了非关税措施对贸易流量的影响。

相比价格法，流量法不需要各国产品层面的可比价格数据，因此在实践中应用性较强。但也正是这一特点，导致流量法需要首先估计一国产品的进口需求弹性，进而间接估计非关税措施的影响。Chen和Novy（2012）认为价格法为量化非关税措施的直接方法，而贸易流量法为间接方法。价格法的优势在于可以直接得到非关税措施对价格的直观影响，缺陷在于可比较的价格数据难以获得。贸易流量法的优势在于贸易流量数据较容易获得，但缺陷在于需要估计进口需求弹性。如何区别进口弹性需求变化还是非关税措施带来的贸易流量变化是流量法在实践中需要解决的问题。

（二）非关税措施的贸易效应

从非关税措施的特点来看，以 SPS 措施和 TBT 措施为主的标准型措施一方面增加了出口产品的合规成本，对贸易带来负面影响；另一方面，SPS 措施和 TBT 措施对产品的安全性以及生产流程进行高标准规定。对进口国消费者而言，这些规定通过"信号效应"增加了消费者的消费需求，并通过消除市场外部效应、市场失灵和信息不对称，增强了消费者的信心，从而对贸易流量产生正面影响。在实际研究中，由于 TBT 措施和 SPS 措施是非关税措施的主要类别且数据较易获得，诸多学者对这两类措施对贸易的影响展开研究，得出了截然不同的结论。

1. 非关税措施对贸易的正面影响

标准型非关税措施如 TBT 措施通过强制要求产品的生产标准以及生产流程，提高了产品的国际竞争力，从而对贸易带来正面影响。波特（Porter，1994）指出，技术标准等的制定对一国提升国际贸易竞争力具有重要作用，也是形成一国产业优势的主要因素，政府可以通过设置一定的规范标准，提高本国产业或产品竞争力。在波特（Porter，1994）看来，TBT 措施的实施主要是对本国出口贸易的增长带来正面影响。一些实证研究也得出了相似的结论，如 Swann 等（1996）、Gandal 和 Shy（2001）、Disdier 等（2008b）、Maur 和 Shepherd（2011）、Fontagné 等（2015）均发现对一些国家而言，非关税措施对贸易存在积极影响。在此基础上，Beghin 等（2015）通过建立两国理论模型，利用两国生产成本函数的不同，从理论上解释了非关税措施对贸易造成的双重影响。国内学者中，徐维和贾金荣（2011）、姚志毅（2009）、杨艳红（2009）、秦臻和祁春节（2008）、肖智等（2011）的研究都得出了类似的结论。

2. 非关税措施对贸易的负面影响

Gandal 等（2001）指出，由于发达国家经济发展水平较高，技术能力也较强，因此无论是发达国家内部的 TBT 措施还是国际标准的制定中，发达国家都占据绝对的主导地位，这也使得发达国家实施的相关措施对发展中国家贸易造成实质性的影响。实践中，Gebrehiwet 等（2007）、Hoekman 和 Zarrouk（2009）、Nicita 和 Gourdon（2013）均对非关税措施中的一类或几类进行了量化。由于样本不同，测算的 AVE 并非完全一致，但非关税措施的平均 AVE 仍超过传统关税，对相关样本国家的整体贸易有显著的负面影响。Jongwanich（2009）、Clougherty 和 Seldeslachts（2012）通过对发达国家相关措施的研究发现，发达国家经济发展水平和技术水平均较高，且发达国家在国际标准的订立中占主导地位，这在一定程度上对发展中国家和贫困国家造成了贸易壁垒。国内学者中，王淑琴（2006）、罗佳和张敏（2007）、鲍晓华和朱达明（2014）均采用类似的非关税措施量化方法，分析了 TBT 措施对我国贸易的影响。整体来看，这些文献都认为发达国家所设置的 TBT 措施对我国出口产品的技术水平和质量构成实质性影响，进而影响我国出口贸易额。

3. 非关税措施对贸易的差异化影响及研究发展

上述文献均说明非关税措施显著增加了贸易成本，造成贸易量的下降。随着非关税措施数据的日益完备及实证方法的改进，逐渐有文献得到了更为精确的结论。Kee 等（2008）、Andriamanarjara 等（2004）、Nicita 和 Gourdon（2013）从产品层面测算了非关税措施对不同产品出口的 AVE，发现农产品受到的限制程度最高。进一步，Moenius（2004，2006）、Kox 和 Nordas（2007）、Li 和 Beghin（2017）对非关税措施进行细分，分别考察 TBT 措施和 SPS 措施对不同产品部门出口的限制程度。发现 TBT 措施对非制造业部门，如食品、矿产等有显著负面影响，对制造业部门，如石油、化工、装备制造业等则有积极影响；而 SPS 措施对制造业和非制造业部门产品出口均有负面影响。

除了定性分析，一些学者对非关税措施的作用机制也进行了分析。孙晓琴和吴勇（2006）对短期和长期内 TBT 措施的影响分别进行了分析，发现短期内 TBT 措施对我国出口贸易存在显著负面影响，长期内 TBT 对各产业存在差异性的负面影响。刘瑶和王荣艳（2010）得出了相似的结论。Bratt（2017）则利用贸易流量法进一步验证了这一结论，认为非关税措施对各国贸易的影响存在明显的异质性。发达国家的应对能力要强于发展中国家，且发达国家实施非关税措施的 AVE 要高于发展中国家。对非关税措施中的反倾销和反补贴措施等临时性贸易保护措施，现有文献的研究结论比较一致，均认为这些措施无论在宏观国家层面还是微观企业层面均对出口贸易额有显著的负面影响（Dixit，1988；Collie，1991；Prusa，2005；鲍晓华，2007）。

综上所述，由于非关税措施兼具改善市场失灵和增加贸易成本两种效果，这使得量化非关税措施时，既需要考虑国家间的异质性，也需要考虑不同政策类别与不同产品部门间的异质性。因此，本书将按照 MAST 分类，将所有类别非关税措施统一纳入测算框架，从产品层面测算美国各年度各类非关税措施的 AVE，构建完备的非关税措施量化指标，有效避免现有文献的缺陷。

三 贸易二元边际的分解及其影响因素

以 Melitz（2003）为代表的一系列文献将企业异质性引入贸易理论，创建新新贸易理论，成为贸易理论的新前沿（Melitz，2003；Bernard 等，2003；Bladwin 和 Okubo，2006）。根据新新贸易理论，一国的贸易增长可以分为扩展边际和集约边际。扩展边际和集约边际的提出为贸易研究提供了新的视角，之后的学者对此进行了大量的研究。整体来看，有关贸易二元边际的现有研究可以分为以下四类：贸易二元边际的概念、贸易二元边际的测算及贸易效应、贸易二元边际的影响因素以及贸易二元边际的经济效应。

第一，贸易二元边际的概念。现有文献对贸易二元边际还没有形成一致的概念界定，但整体来看可以从国家、企业和产品三个视角进行界定。

从国家视角来看，扩展边际多由企业出口目的地市场数量的变化来表示，而集约边际多由出口贸易额的变化来表示（Felbermayr 和 Kohler，2006；Helpman 等，2008）。Besedeš 和 Prusa（2011）将出口贸易的增长分解为三类：一是企业出口至新的目的地市场，二是已出口目的地贸易额的增加，三是深化已有的贸易关系。其中第一种表示扩展边际，后两种表示集约边际。采用类似二元边际分类标准的研究包括 Eaton 等（2007）、Brenton 和 Newfarmer（2007）。

从企业视角来看，扩展边际由进入或退出出口目的地市场的企业数量变化来表示，而集约边际指现有出口企业出口额的变化（Melitz，2003；Eaton 等，2004；Eaton 等，2007，2008；Lawless，2010；Bernard 等，2009）。

从产品视角来看，Hummels 和 Klenow（2005）将扩展边际定义为产品多样化的程度；而集约边际则指现有产品出口额的变化，这一定义也得到了多数学者的采用（Chaney，2008；Amiti 和 Freund，2007）。Haddad 等（2011）在此基础上将产品层面二元边际进一步扩展，将产品的价格变动也视为集约边际，将产品出口目的地市场的数量变动视为扩展边际。国内学者中，钱学锋和熊平（2010）、施炳展（2010）也基于产品视角的二元边际开展了相关研究。

此外，也有一些学者将上述三个层面结合起来，进一步扩展了贸易二元边际的含义，例如 Amurgo-Pacheco 和 Pierola（2007）将国家和产品视角的二元边际相结合，将已出口产品出口至原有市场的贸易额变动视为集约边际，将已出口产品出口至新市场、新产品出口至原有市场以及新产品出口至新市场三种类型视为扩展边际。虽然现有文献关于出口二元边际的扩展边际界定不一致，但对于集约边际，通常认为是国家、企业或产品贸易额的变动。

第二，贸易二元边际的测算及贸易效应。根据贸易增长扩展边际和集约边际的贸易效应，可以将二元边际测算的相关文献分为两类，一是认为扩展边际的贸易效应较大（Hummels 和 Klenow，2005；Kang，2004；Pham 和 Martin，2007；Eaton 等，2004；Lawless 和 Whelan，2007；Kancs，2007；Flam 和 Nordström，2006），二是认为集约边际的贸易效应较大（Brenton 和 Newfarmer，2007；Helpman 等，2008；Eaton 等，2008）。Bernard 等（2009）研究了亚洲金融危机时期的企业层面微观数据，发现贸易额的减少主要来自集约边际的减少。其中对中国贸易的观察中，Amiti 和 Ferund（2007）、钱学锋和熊平（2010）、施炳展（2010）、马涛和刘仕国（2010）均得到了中国出口增长主要来自集约边际的结论。在对中美贸易的观察中，Amiti 和 Freund（2007）发现中国对美国的出口增长大部分来自集约边际，扩展边际只有不过 15% 的贡献。相比较来看，Besedeš 和 Prusa（2011）发现短期内，发展中国家更加依赖集约边际所带来的贸易增长，长期内，发达国家和发展中国家均依赖扩展边际对贸易增长的带动作用。

第三，贸易二元边际的影响因素。根据新新贸易理论，生产率较高的企业选择出口，生产率中等的企业选择服务国内市场，而生产率较低的企业则会被淘汰。面对包括贸易成本在内的贸易环境及其他因素，生产率不同的企业在进入和退出市场以及出口额方面的变化也有所不同。整体来看，对于贸易二元边际影响因素的相关研究主要包括以下三类。

一是贸易成本。现有文献所考察的贸易成本主要包括贸易伙伴国之间的距离带来的运输成本、政策壁垒、信息成本、履行合约成本、汇率成本、文化联系以及隐含的无法测算的成本（Anderson 和 Van Wincoop，2004；Hummels，1999）。实证中，已有研究多从引力模型出发，在控制地理因素、运输成本等因素的基础上研究核心变量对二元边际的影响和方向（Bernard 等，2007；Lawless，2010）。此外，贸易自由化的不断发展使得对于国际或区域一体化制度安排的研究文献逐渐增多。现有文献多从自贸协定（FTA）、贸易政策（出口补贴）等贸易制度改革或贸易促进政策的角度考察对二元边际的影响。实际上，这些文献背后的理论传导机制仍然是制度改革或政策实施降低了企业面临的贸易成本，从而对二元边际产生影响。

二是信贷约束。新新贸易理论对企业在出口中所面临的投资决策也有一定涉及，因此一些学者从企业面临的信贷约束出发研究其对贸易二元边际的影响。现有文献通常认为金融发展水平较高的国家，信贷约束程度较低，对出口增长的集约边际和扩展边际有积极影响；相对来说，金融限制程度较高的国家相当于增加了出口企业所面临的固定成本，从而给集约边际和扩展边际带来负面影响（Manova，2008；Berman 和 Héricourt，2010；Bellone 等，2010）。对于中国的相关研究也得到了类似的结论（Manova 等，2015；Feenstra 等，2014）。

三是其他因素。随着经济全球化及全球价值链的深入发展，一些学者进一步从外部环境的角度考察其对贸易二元边际的影响。这些因素主要包括外部冲击，如金融危机、商品替代弹性、汇率制度、基础设施便利程度等（Bernard 等，2009；Chaney，2008；Bergin，Lin，2008；Colacelli 等，2010；Lawless，2009；钱学锋和熊平，2010）。

第四，贸易二元边际的经济效应。在对贸易增长二元边际进行分解测度的基础上，部分学者研究了两种不同贸易增长路径对贸易福利的影响和机制。若集约边际的扩张是一国贸易增长的主要贡献力量，那么这意味着该国贸易增长仅依靠少数的企业和产品，这会使得该国在面对外部经济环境冲击时，可能出现贸易增长的较大波动；相反，若扩展边际是一国贸易增长的主要贡献力量，那么外部经济环境的变化就不会对该国的贸易增长有较大的负面影响（Hummels 和 Klenow，2005；Hausman 和 Klinger，2006）。根据 Krugman（1980）等提出的新贸易理论和 Melitz（2003）提出的新新贸易理论，贸易福利的来源主要有两种：一是新贸易理论中消费者可选择产品种类的增加；二是新新贸易理论中，低生产率企业退出市场，高生产率企业选择出口，资源配置由低生产率企业向高生产率企业流动所带来的产业整体生产率提升。多数学者如 Feenstra 和 Kee（2004，2008）、Broda 和 Weinstein（2006）、Arkolakis 等（2008）通过测算均认为扩展边际对生产率和贸易福利有明显的正向作用。在消费者福利方面，Amiti 和 Freund（2007）的研究指出集约边际的快速增长会降低出口产品价格，增加消费者福利。在影响经济增长方面，Chen 等（2009）指出若集约边际是一国贸易额的下降的主要原因，那么一旦外部经济条件优化，贸易及经济增长将很快恢复。Haddad 等（2011）、Ando 和 Kimura（2012）的相关研究也证实了以上结论。

四　文献述评

通过对相关文献的回顾梳理及总结可以发现，关于非关税措施量化的方法，目前主流的研究文献多采用价格法和流量法两种测算方法，在具体操作过程中视数据可得性而选择不同的方法。在贸易二元边际的相关研究中，相关文献关于集约边际的概念内涵基本保持一致。但在非关税措施量化、影响以及贸易扩展边际等方面还存在一些问题。

首先，关于非关税措施量化的相关文献中，多对一类或几类非关税措施进行量化分析，缺乏对各类别非关税措施的全面考察，缺乏时间跨度，且在量化非关税措施的过程中较少考虑国家间的异质性，存在选取数据偏误、实证模型可能存在内生性等问题。

其次，关于非关税措施影响的相关文献目前多从宏观层面切入，考察非关税措施对一国整体或两国间贸易的影响，鲜有从微观视角切入的相关研究。非关税措施作为目前数量快速增长的贸易措施，对一国贸易的影响更应从微观层面开展研究，这样才可以得到更有意义的结论。

最后，目前贸易二元边际主要包括扩展边际和集约边际，扩展边际包括出口目的地数量的增加、企业进入与退出等行为，或者出口产品种类的增加；而集约边际包括贸易额的增加或者价格的变化。但这样的分类忽略了影响贸易额的重要因素——产品质量（盛斌等，2011），特别是在 SPS 和 TBT 措施等质量型或标准型非关税措施的影响下，产品质量将进一步影响进口国的国内需求，因此有必要在产品层面二元边际中加入产品质量。

第三节 相关概念界定

本书主要研究美国实施的非关税措施对中国出口企业层面和产品层面二元边际的影响。为更好地开展研究，本书清晰地界定了非关税措施、企业层面二元边际、产品层面二元边际等关键概念。

一 非关税措施的基本概念

为了更好地识别当下纷繁复杂的非关税措施，对非关税措施进行合理分类显得尤为必要。在早期的非关税措施谈判中，WTO 将其分为 5 类，即硬措施（如价格或数量管制措施）、威胁型措施（如反倾销、反补贴或临时性贸易保护措施）、SPS 措施、TBT 措施和其他措施（如出口相关措施、补贴、知识产权相关措施、原产地规则等）①。但这一分类较为模糊且对各类措施缺乏统一准确的定义，因此有必要建立更为完备的非关税措施分类，以促进数据搜集和传播，促进各国谈判及研究。

2006 年，联合国成立了非关税措施研究小组（MAST），其主要目标为讨论确定各类别非关税措施的定义、搜集方法，尝试建立统一的分类标

---

① WTO, "World Trade Report", 2012, https：//www.wto.org/english/res_e/booksp_e/anrep_e/world_trade_report12_e.pdf.

准，并对当下各国实施的非关税措施进行梳理，建立非关税措施数据库。2012 年，该小组发布《非关税措施的国际分类》（以下简称《国际分类》），由联合国确定为非关税措施的官方分类。《国际分类》采用树形结构，按照措施的范围或内涵将其分类归入各章。每一章节内，进一步分为不同的子类，以便对影响贸易的规范进行更加精细的分类。非关税措施分类共有 16 个章节（A ~ P 章），每个章节又分为不同组别，分级纵深不超过三级。各章节的具体内容见表 1 – 1。除 P 章反映的是出口国对出口产品实施的措施外，其他所有章节反映的均是进口国对进口产品的要求。《国际分类》的公布大大简化了非关税措施的识别和数据搜集过程，同时也使得对非关税措施的全面分析成为可能。

表 1 – 1 非关税措施按章节分类

进口	技术性措施	A：卫生和植物检疫措施
		B：技术性贸易措施
		C：装运前检验和其他手续
	非技术性措施	D：临时性贸易保护措施
		E：由于非卫生和植物检疫或技术性贸易措施原因而实施的非自动许可、配额、禁令和数量控制措施
		F：价格控制措施：包括额外税费
		G：财政措施
		H：影响竞争的措施
		I：与贸易有关的投资措施
		J：分销限制
		K：售后服务限制
		L：补贴（不包括出口补贴）
		M：政府采购限制
		N：知识产权
		O：原产地规则
出口		P：出口相关措施

资料来源：《非关税措施的国际分类》，https：//unctad. org/en/Pages/DITC/Trade – Analysis/Non – Tariff – Measures/MAST – Group – on – NTMs. aspx。

按照表 1 - 1 的分类，每个章节的非关税措施对贸易的影响不同。例如，A ~ C 章涉及的非关税措施通常以纠正市场失灵和回应社会关切为主要目的，例如环境、动物产品健康、食品安全或者消费者权利等。这些措施本质上并不一定会对贸易带来负面影响，技术标准的提高反而可以刺激消费者需求，从而增加贸易量。但这些措施的不正当使用也会给贸易带来扭曲效应，例如一些标准的过高设置会使得相关出口国的企业无法满足或增加出口国企业的合规成本，并最终影响贸易。相比来说，非技术性措施对贸易的影响则更容易识别和判断，价格管控、反倾销、反补贴等均对贸易造成负面影响。表 1 - 2 详细说明了各类措施的定义及包含的细分措施。

表 1 - 2 非关税措施各章节具体含义	
措施类别	具体含义
A:卫生和植物检疫措施	通称为 SPS。该章收录的措施如限制有关物质和确保食品安全的措施，以及防止疾病或虫害传播的措施。该章还包括所有与食品安全有关的合规评估措施,如认证、测试和检验以及隔离
B:技术性贸易措施	通称为 TBT。这类措施是指标签、技术规格标准和质量要求以及环保等其他措施。同卫生和植物检疫措施一样,该章也包括所有与技术要求有关的合规评估措施,如认证、测试和检验
C:装运前检验和其他手续	指装运前检验和其他海关手续的措施
D:临时性贸易保护措施	指用来抵消进口产品对进口国市场的某些特定不利影响的措施,包括针对外国不公平贸易做法的措施。这一类别包括反倾销、反补贴和保障措施
E:由于非卫生和植物检疫或技术性贸易措施原因而实施的非自动许可、配额、禁令和数量控制措施	包括许可、配额和其他数量控制措施,如关税税率配额
F:价格控制措施:包括额外税费	用来控制或影响进口货物价格的价格控制措施。例如,在特定产品的进口价格低于国内价格时支持国内价格的措施、因国内市场价格波动或外国市场价格不稳定而确立特定产品国内价格的措施以及增加或保持税收的措施。该章还包括有别于关税措施但以类似方式提高进口成本的措施(准关税措施)

	续表
措施类别	具体含义
G:财政措施	指对进口付款做出限制的措施,如规范管理外汇获取和价格的措施。这类措施还包括对付款条件加以限制的措施
H:影响竞争的措施	指向某个或某些少数经济运营方提供专属或特殊优惠及特权的措施,主要指垄断措施,如国有贸易、独家进口代理机构,或强制国家保险或运输
I:与贸易有关的投资措施	指限制投资的措施,限制方法有:提出当地含量要求,或要求投资与出口相联系,从而保持进出口平衡
J:分销限制	指与进口产品的国内分销有关的限制性措施,如地域限制、经销限制
K:售后服务限制	限制出口货物生产商在进口国提供售后服务的措施
L:补贴(不包括出口补贴)	政府或公共机构给予或通过政府委托或指示某私营机构提供的财政资助(直接或变相直接转移资金),或提供收入或价格支持,这种措施授予利益并具有专向性
M:政府采购限制	控制政府机构的采购等措施,通常青睐国内供应商的措施
N:知识产权	贸易中与知识产权有关的措施
O:原产地规则	包括进口国政府为确定货物原产国而普遍适用的法律、规范和行政决定
P:出口相关措施	归类的是一国对本国出口适用的措施,包括出口税、出口配额和出口禁令等

资料来源:《非关税措施的国际分类》, https://unctad.org/en/Pages/DITC/Trade – Analysis/Non – Tariff – Measures/MAST – Group – on – NTMs.aspx。

本书研究的主要问题为美国实施的非关税措施对中国出口企业二元边际的影响,因此,本书将选取美国实施的所有类型非关税措施,即前文的 A ~ P 章层面的非关税措施,以从价等价物(AVE)的形式量化非关税措施。

二 出口二元边际的基本概念

新新贸易理论提出的贸易二元边际极大地丰富了贸易增长的研究内容,学者从国家、企业和产品视角分别对集约边际和扩展边际展开了一系列的研究，得到了更为细致的研究结论。从前文的文献梳理来看，现有研究对贸易二元边际中集约边际的概念有了较为一致的界定，而对于扩展边际，由于研究视角的不同，学者的概念界定也存在差异。随着相关研究的不断发展，产品价格和产品质量进一步成为产品层面二元边际的考虑因素（盛斌等，2011）。

本书主要研究对象为美国非关税措施和中美出口企业，基于研究内容和数据可获得性，本书定义两个层面的二元边际。首先是企业层面的二元边际，包括集约边际（即企业出口额的变动）和扩展边际（即中国出口企业进入和退出美国市场的行为）；其次是产品层面的二元边际，包括集约边际（即产品出口额的变动）和扩展边际（即中国企业出口至美国的产品种类变化）。进一步，鉴于非关税措施的属性以及出口企业合规成本的提高，本书将从产品质量边际和价格边际角度考察非关税措施的影响。

第四节　研究思路、研究内容与研究方法

一　研究思路

本书主要研究美国实施的非关税措施对中国出口企业及出口产品二元边际的影响。首先，介绍本书的研究背景，提出研究问题，阐明研究意义，界定相关概念，从非关税措施的宏观贸易影响、出口企业二元边际和出口产品二元边际三个方面评述已有研究；其次，阐述国际贸易理论和贸易政策的发展脉络和主要特点，基于贸易成本提高的视角，构建非关税措施影响出口企业和出口产品二元边际的理论模型；再次，从非关税措施出发，回顾 WTO 视角下非关税措施的谈判进程，分析全球非关税措施的使用现状，并在此基础上将视线聚焦于美国，进一步分析美国非关税措施以及美中非关税措施具体情况；最后，以中国出口企业为分析对象，从中国出口企业整体现状、中国企业出口二元边际现状以及中美出口企业现状三

方面进行分析。参考 Kee 等（2008）相关文献，本书进一步对进口需求弹性进行测算，并利用流量法对美国实施的各类非关税措施进行量化，构建完备的非关税措施量化指标。在此基础上，采用面板数据分析方法从企业和产品两个视角分析美国实施的非关税措施如何影响出口二元边际。具体来说，研究美国实施的非关税措施如何影响中国出口企业进入市场、退出市场以及出口贸易额等动态行为，以及美国实施的非关税措施如何影响中国出口企业出口产品种类、出口产品价格和出口产品质量。在上述分析中，本书进一步从区域异质性、行业异质性、企业类型异质性和出口产品用途异质性的角度考察非关税措施对企业和产品层面二元边际的差异化影响。本书的最后，归纳主要结论，提出相关政策建议。

二 研究内容

本书共有七个章节，按照提出问题—理论分析—实证研究—政策建议的整体思路，对研究主题逐一深入分析。各章安排如下。

第一章为引言，主要介绍本书的研究背景以及研究意义，对相关研究领域的文献进行梳理评述，找到契合的研究视角并界定相关概念，在此基础上总结本书研究思路、研究内容、研究方法、创新点以及不足。

第二章为非关税措施对企业出口二元边际影响的理论基础。通过对国际贸易理论和贸易政策的变迁进行回顾，总结非关税措施的使用原因，构建非关税措施影响出口企业和出口产品二元边际的理论模型。

第三章为美国非关税措施现状与中国企业出口二元边际，主要在回顾美国非关税措施现状的基础上，将视线聚焦于中美两国，分别对美国非关税措施和美国对中国实施的非关税措施进行分析，并对中国企业出口现状进行分析，探究美国非关税措施对中国企业出口二元边际的影响。

第四章为进口需求弹性测算及美国非关税措施量化。首先在借鉴 Kee 等（2008）的基础上，利用更为合理的样本数据和实证模型，对进口需求弹性进行重新测算；随后，使用流量法对美国实施的各类非关税措施以从价等价物（AVE）的形式进行量化，构建完备的随时间变化的美国非关税措施指标，为下文的实证打下基础。

第五章为本书实证研究的第一部分，主要从微观企业视角，研究美国非关税措施对中国出口企业层面二元边际的影响。具体来说，包括非关税措施对中国企业进入市场、退出市场和出口贸易额的影响。在借鉴Fontagné 等（2013）文献的基础上，本书通过构建高维度固定效应模型对以上问题进行分析。由于非关税措施主要针对产品实施，因此，本书进一步从异质性的角度检验非关税措施是否存在差异化影响。具体来说，对样本企业按照不同行业、不同所有制和不同区域分别利用实证模型进行分析。

第六章为本书实证研究的第二部分，主要从微观产品视角，考察美国非关税措施如何影响中国出口产品层面二元边际。具体来说，主要包括出口产品种类以及出口贸易额。由于出口贸易额与企业出口贸易额相一致，因此，本章对此不再考虑。进一步，考虑到非关税措施增加了企业应对成本，而且 SPS 措施与 TBT 措施等对产品的生产标准以及流程工艺等做出规定，因此本书进一步参考施炳展等（2013）以及相关文献，测算了中国出口至美国的产品质量，并利用实证模型考察美国实施的非关税措施是否影响中国出口产品质量和出口产品价格。

第七章为本书的研究结论和政策建议。主要对本书的研究结论进行归纳并结合非关税措施使用现状及中国企业出口现状，科学严谨地提出中国有效应对美国非关税措施和企业出口提质增效的政策建议。

三 研究方法

现有文献主要从宏观视角量化非关税措施，研究非关税措施对一国整体贸易的影响，鲜有从微观企业视角和产品视角切入探究非关税措施对微观个体的影响。另外，现有基于总量数据量化非关税措施的文献忽略了非关税措施可能存在纠正市场失灵的作用，且忽略了国家异质性与企业异质性下非关税措施对不同微观个体的差异性影响，在实证过程中容易遗漏变量，带来内生性问题。为了克服上述问题，本书采用中国海关进出口数据，从微观企业角度出发研究非关税措施对中国企业出口二元边际的影响。本书的研究方法主要体现在以下几个方面。

第一，本书在解决实证模型内生性的基础上，利用更为合理的样本数据对样本国家 HS－6 位产品层面的进口需求弹性进行测算。现有文献中使用的进口需求弹性多以 Kee 等（2008）研究为主，存在的问题是数据缺乏时效性。金融危机发生后，双边贸易发生了较大变化，使用缺乏时效性的数据测算进口需求弹性并不准确，本书重新测算的进口需求弹性解决了以上问题。

第二，本书在测算进口需求弹性的基础上，对美国实施的所有类别非关税措施进行量化，构建完备的非关税措施指标。现有文献中对非关税措施的量化存在两方面缺陷，一是对某一类或某几类非关税措施进行量化，并以此代表一国整体的非关税措施，导致后续实证研究中容易出现内生性问题；二是在对非关税措施进行量化时，仅考虑某一年的非关税措施数据，缺乏对一国整体非关税措施动态变化的考察。本书以流量法构建实证模型，对非关税措施进行量化，并针对实证模型中出现的内生性问题，利用 Heckman 两步法进行解决。

第三，本书从微观企业和微观产品视角，考察美国实施的非关税措施对中国出口企业和出口产品二元边际的影响。具体来说，企业层面，包括企业进入和退出行为以及企业出口额；产品层面，包括出口产品种类、出口产品价格和出口产品质量。区别于以往文献多从宏观层面对非关税措施的考察，本书从企业和产品两个微观层面，较为全面地考察美国实施非关税措施的影响，并在实证过程中从企业异质性和产品异质性的角度考察美国非关税措施的差异化影响。

2 非关税措施对企业出口二元边际影响的理论基础

非关税措施作为贸易政策的组成部分，其理论基础依赖于与贸易政策相关的贸易理论发展，因此，本章首先对国际贸易理论进行简要回顾，并介绍当下贸易理论的发展情况，随后基于贸易理论变化，阐述贸易政策的变迁，接着就非关税措施对企业出口的影响机制进行分析，并在此基础上构建本书的理论模型。

第一节 国际贸易理论回顾与发展

国际贸易指的是商品和服务在国家间的交换，而国际贸易理论则是对国际贸易现象的来源、发展和福利效应进行解释的理论。作为经济学的分支之一，国际贸易理论的分析仍然基于经济学中的微观经济方法和"理性人"假设，在"特定的"假定情况下，对国际贸易进行分析。从1776年亚当·斯密的《国富论》出版至今，国际贸易形式不断变化，国际贸易理论也随着特定时代国际贸易的特征逐渐发展。整体来看，国际贸易理论的变迁可以分为三个阶段，即传统贸易理论、新贸易理论和新新贸易理论。

一 传统贸易理论

古典和新古典贸易理论构成了传统贸易理论的主要内容。传统贸易理论的形成主要源于国际分工的出现和国际贸易的发展，为了对国际贸易现象进行解释，说明贸易福利变化，传统贸易理论提出了要素边际递减和完全竞争市场的分析框架，在完全竞争、规模收益不变和充分就业等假定的基础上对当时的国际贸易现象进行了较好的解释，做出了重要的理论贡献，为之后国际贸易理论的发展奠定了基础。

二 古典贸易理论

古典贸易理论包括亚当·斯密的绝对优势理论和大卫·李嘉图的相对优势理论。绝对优势理论指出各国有利的自然禀赋或生产条件使得其在某些生产领域具备天然优势。正是不同国家天然优势的不同使得各个国家从事不同的国际分工，并进行相互交易从而形成国际贸易。绝对优势理论的提出说明国际贸易并不是"零和博弈"而是"双赢发展"。从另一个角度而言，由绝对优势理论所延展出的"双赢"思想至今仍指导着各国参与经济全球化，积极参与全球价值链发展。但绝对优势理论太过"绝对"，无法解释一国在分工中存在绝对劣势却仍参与国际贸易的现象。

在此基础上，大卫·李嘉图的相对优势理论对绝对优势理论进行了拓展，认为决定两国间贸易形成的因素并不是绝对生产优势，而是相对生产率。不同国家"相对优势"的不同使得各个国家从事不同的国际分工，进而形成国际贸易。国际分工及贸易将会改善两国的福利水平，而劳动率的不断提升将会给国家带来分工及贸易收益。相对优势理论的提出标志着国际贸易理论基础体系的形成，解释了国际贸易领域客观存在的一般运行原则和规律。萨缪尔森更是将绝对优势理论和相对优势理论称为"国际贸易不可动摇的基础"（Samuelson，1964）。

绝对优势理论和相对优势理论的建立为解释国际贸易形成基础、决定贸易模式和分析国际贸易的福利效应做出了重要的理论贡献，但这两类理论仍有缺陷。首先，两类理论没有明确国际贸易产品价格以及贸易利益在贸易伙伴间的分配问题；其次，两类理论均基于劳动这一种投入要素，忽视了影响贸易的资本、土地、技术等其他生产要素；最后，两类理论均将劳动这一生产要素视为外生，忽视了劳动率差异形成的原因，也忽视了贸易成本的存在。

三 新古典贸易理论

新古典贸易理论主要指的是赫克歇尔-俄林贸易理论或要素禀赋论。赫克歇尔在1919年发表了题为《对外贸易对收入分配的影响》的论文，并在其中提出了要素禀赋论的基本观点。1929～1933年，资本主义国家如美国等经历了历史上最严重的"大萧条"时期，国家间均使用了提高进口关税等贸易保护主义政策。在此背景下，俄林于 1933 年出版的《区际贸易和国际贸易》一书对国际贸易产生的深层次原因进行了分析，形成要素禀赋论。

与古典贸易理论相比，新古典贸易理论在以下四个方面做出了理论创新：一是新古典贸易理论假定各国在生产同一种产品时的技术水平是相同的，即不考虑国家间生产同一种产品时生产率的差异，认为贸易出现的原因是生产产品所需要的要素禀赋；二是新古典贸易理论指出了两国间贸易成本差异的源泉，即两国间禀赋差异，从而为解释国际贸易所带来的价格变动及收入分配提供了可能；三是新古典贸易理论在劳动这一生产要素外，进一步引入资本要素；四是新古典贸易理论将古典贸易理论中产品层面劳动率的差异进一步扩大至两国间贸易总量的差异，用要素禀赋和要素价格的不同解释了贸易分工基础及国际贸易格局。

四　新贸易理论

20 世纪 70 年代中期，对产业内贸易的研究逐渐从单纯的定量分析转为理论层面的研究，Grubel 和 Lloyd（1975）、Lancaster（1980）、Krugman（1979）均在完全竞争或垄断竞争框架下对产业内贸易形成的原因进行研究。20 世纪 80 年代后，以保罗·克鲁格曼为代表的一批学者陆续从不同角度对发达国家间和产业内贸易的产生及发展问题进行研究，包括 Dixit 和 Stiglitz（1977）、Krugman（1980，1981）、Helpman（1981）、Markusen（1981）、Ethier（1982）、Brander 和 Krugman（1983）等诸多文献。这些研究打破了传统贸易理论中的两个关键假设，即完全竞争和规模报酬不变，而引入产业组织理论，提出了不完全竞争和规模经济两个假设。在不完全竞争的市场结构假设下，市场中的产品不再是同质或相似的，即产品存在差异性，而且存在垄断厂商，垄断厂商以及差异性产品的存在导致了规模经济的产生。随着厂商生产规模的扩大，单位产品平均成本下降，厂商获得了生产规模扩大而带来的额外报酬，因此规模经济也称为"规模报酬递增"。进一步，Krugman（1981）将规模经济分为外部规模经济和内部规模经济，其中内部规模经济指的是厂商自身扩大产量获得的额外收益，而外部规模经济是指外部行业规模扩大而给厂商带来的额外收益。规模经济使得产品单位成本降低，价格下降，这一方面使得产品在国际市场的竞争力增强，促使产品出口；另一方面企业获得了规模经济的额外收益，整个行业内企业利润的增长增加了新企业进入的数量，从而带来了更多的出口产品种类，提高了消费者福利。通过这两方面的作用，不仅会产生产业内贸易，而且在不同经济发展水平的国家间也会产生国际贸易，且各国均会获得相应的贸易收益。

与传统贸易理论相比，新贸易理论既有对其内在分析的延续，也对贸易形成以及贸易模式等相关问题提出了完全不同的观点。第一，新贸易理论的主要分析方法仍然基于比较优势的分析范畴，而且对比较优势的解释更加宽泛，除了传统的要素禀赋，新贸易理论还包括以不完全竞争市场为基本假设的市场结构等其他要素；第二，新贸易理论对传统比较优势理论的动态性进行了新的扩展，随着经济发展以及外部环境的变动，无论是要素禀赋还是规模经济及市场结构均可能发生变化，因此新贸易理论可以说是传统比较优势理论的"动态化"。正是新贸易理论对传统贸易理论的发展，使得其对国际贸易各方面的解释与传统贸易理论完全不同。首先，关于贸易产生的原因。新贸易理论指出，不完全竞争的市场结构下，差异化产品的存在以及规模经济所带来的成本下降是促使企业选择出口以及贸易产生的主要原因，而不仅仅是要素禀赋的差异。其次，贸易模式的不同。新贸易理论的动态化分析表明在国际贸易中存在多个生产和贸易的均衡点，无论是要素密集度相似的产品还是非要素禀赋产品的贸易均有可能出现。最后，贸易利益的分配不同。传统贸易理论认为自由贸易是最理想的贸易形式，各国积极参与国际分工对各国均有益；而新贸易理论指出，由于不完全竞争市场的存在，一国反而可能在国际贸易中受到损失。当一国规模递增行业出现收缩，而其他行业所获得利益又不能完全弥补时，一国整体上将不会获得贸易收益。

五　新新贸易理论

20世纪90年代后，微观数据的可获得性大大提高，学者也从现实贸易中的微观层面发现，并不是所有的企业都会按照新贸易理论所指出的随规模经济而不断扩张（Bernard等，1995；Bernard和Jensen，1997，1999）。这促使学者从企业异质性的视角出发寻求出现这种现象的原因，其中代表性的文献包括Melitz（2003）、Bernard等（2003）等。

新新贸易理论主要包括两大理论分支，一是Melitz（2003）提出的异质性企业模型，主要解释企业进出口行为的背后原因。Melitz（2003）模型假设每一个产业均由异质性的企业构成，异质性体现在企业的生产率不同。由于生产率不同，企业组织及生产模式将产生差异性。其中，生产率较高的企业将选择出口，生产率中等的企业选择仅在国内生产销售，而生产率较低的企业将被市场淘汰。异质性企业参与贸易会使得贸易利益进一步向高生产率企业转移，因此，低生产率企业不断被淘汰以及贸易利益向高生产率企业转移会使得整个产业总生产率得到提高。二是以Antràs（2003）为代表的企业内生边界模型。Melitz（2003）虽然解释了企业决策问题，但并没有说明选择出口的企业将以何种形式进行出口，而企业内生边界模型对此进行了解释。该模型认为企业出口的途径主要有两种，即投资或直接出口。如果采用投资的方式进入另一个市场，则无须面临出口过程中存在的关税以及非关税措施，但需要在目的地国家投资建厂，固定成本大幅提高，还要承担相应的投资风险。因此，通过投资的方式进入目的地国家适合于目的地国家市场规模较大且贸易壁垒较多或出口成本较高的情况。但如果企业投资建厂的固定成本过高，投资面临的风险也比较大，而出口所需要承担的关税及非关税成本较低，则企业应选择直接出口产品。企业内生边界模型与异质性企业相结合，可以发现，生产率较高的企业可以选择以投资方式进入目的地国家，即通过内部一体化的形式进入，而生产率中等的企业则可以选择以直接出口的形式进入国外市场，生产率较低的企业选择服务国内市场。

与传统贸易理论和新贸易理论相比，新新贸易理论的不同主要体现在以下四个方面。一是研究视角不同。传统贸易理论以产业间贸易为研究视角，新贸易理论以产业内贸易为研究视角，而新新贸易理论则以微观企业为研究对象，对企业间和企业内贸易的产生进行解释。应该说，正是由于传统贸易理论与新贸易理论与此贸易现象的偏离，客观上推动了新新贸易理论的出现。二是基础假设不同。传统贸易理论和新贸易理论认为企业之间无差异，产业由彼此无差异的企业所构成，即以企业同质化假设为前提；新新贸易理论则以企业异质性假设为前提。此外，传统贸易理论与新贸易理论暗含的一个假设是完全信息，忽视了国际贸易容易受到机会主义的干扰，而新新贸易理论中则以不完全契约为假设。三是理论核心不同。传统贸易理论以及新贸易理论从理论核心上说都没有摆脱比较优势，只是新贸易理论相较于传统贸易理论，认为比较优势所包含的要素内容更加宽泛；新新贸易理论的核心是异质性企业和不完全契约，并以此为基础出现了多种扩展模型。四是贸易利益分配不同。传统贸易理论中，各国按照比较优势理论和要素禀赋理论从事国际分工和生产并分配贸易利益；新贸易理论则指出贸易利益还来自规模经济、产品多样化以及贸易增加的不完全竞争产业等；在新新贸易理论中，不同生产率企业的进入与退出行为使得贸易利益不断从低生产率企业流向高生产率企业，并带动整体产业生产率的提升。

整体来看，以异质性企业贸易理论和企业内生边界理论为主的新新贸易理论将异质性纳入对微观企业的分析框架中，以微观企业为研究对象，对传统贸易理论和新贸易理论中忽视企业异质性这一假定予以修正，较好地契合了当下国际贸易的发展现状，成为当前国际贸易理论研究的新热点。

新新贸易理论提出后，Melitz（2003）模型也由于其简洁性和可扩展性得到了诸多学者的引用。学者们在此基础上对 Melitz（2003）基准模型的相关假设进行修正和放松，发展了多产品异质性模型、异质性劳动力模型等，并推动了包括引力模型、产品垂直差异化、新经济地理理论等在内的新模型和理论的产生，可以说发展趋势强劲，应用非常广泛。但随着经济发展和科技水平的提升，贸易成本的大幅下降使得传统生产过程分裂，形成了碎片化的生产网络，即全球价值链。Escaith 和 Miroudot（2016）指出，以全球价值链为特征的国际贸易发展对贸易理论提出了挑战和新的要求，虽然新新贸易理论及其扩展理论在全球价值链下仍适用，但正如 Grossman 和 Hansberg（2012）所指出的，需要新的贸易理论以更好地理解当下全球价值链的发展趋势和影响。整体来看，当下国际贸易理论呈现两个趋势。

一是基于传统贸易理论、新贸易理论和新新贸易理论建立综合模型，这在本质上仍是对新新贸易理论的扩展。Bernard 等（2007）将资源禀赋优势带来的贸易利益、规模经济的贸易利益以及产业内资源重新配置的贸易利益三者相互融合，构建了一个综合现有主流贸易理论的综合模型。在此基础上，Bernard 等（2011）、Arkolakis 等（2008）均对此综合模型进行了扩展。

二是对全球价值链下中间品贸易的新解释。Eaton 和 Kortum（2012）指出，在全球价值链不断发展的当下，传统比较优势理论正在经历"复苏"。一些学者对传统比较优势理论进行了扩展，从"2×2×2"扩展至多国多产品模型，并将中间品贸易和技术选择作为要素加入其中，包括 Eaton 和 Kortum（2002）、Shiozawa（2007）。其背后的逻辑在于，传统比较优势理论将劳动作为唯一投入要素，这也是传统比较优势理论遭人诟病的主要原因。Shizawa（2007，2017）对这一缺陷进行了修正，通过在传统比较优势理论中引入中间品，构建了工资、价格和产出三者之间的动态模型，被称为"新比较优势理论"。也正是由于该理论将中间品加入其中，Escaith 和 Miroudot（2016）指出该理论对全球价值链下国际贸易的新现象有一定的解释能力。与之类似，张二震和戴翔（2017）则是从要素流动和要素分工的角度对当前国际贸易新现象进行解释。他们指出，优势要素是要素分工条件下比较优势的根本所在。在要素分工条件下，新型比较优势的形成主要源自比较优势激发效应和比较优势创造效应，前者指在要素分工条件下，生产要素的跨国流动使得不同国家和地区之间的优势要素相结合而产生"强强联合效应"；后者指在要素分工条件下，原本不具备比较优势的国家和地区通过使用相关要素而具备了比较优势。两种效应的叠加使得贸易基础发生了变化，进而影响贸易利益、贸易条件和贸易格局。

整体来看，国际贸易理论的发展从最初的绝对优势理论到当下的异质性企业理论，从宏观国家层面到微观企业层面，对国际贸易的形成、贸易模式的选择和贸易利益的分配进行了有力的解释，但国际贸易的发展并不是一成不变的，全球价值链的形成和发展对当下国际贸易理论提出了新的要求，一些学者对此进行了理论的探索，但仍缺乏全面、有效、解释力强的贸易理论。

第二节　基于贸易理论的贸易政策变迁

贸易理论的发展指导了贸易政策，随着贸易理论的不断发展，贸易政策也由最初的重商主义转为当下以非关税措施为主。此外，贸易政策的变迁也与特定的国家环境和历史环境有密切联系。一般来说，基于国际贸易理论的贸易政策可以分为自由贸易政策和贸易保护政策。更多情况下，国家的发展水平是决定贸易政策取向的主要因素。在国家发展初期，多采用贸易保护政策以促进本国产业发展，提升生产力，而在国家发展成熟阶段则主要推行自由贸易政策。

一 自由贸易政策

自由贸易政策的主要表现是贸易伙伴国之间取消包括关税在内的对货物贸易和服务贸易设置的限制性政策。从自由贸易政策的演变来看，主要分为两个阶段。

第一阶段是 19 世纪工业革命后，英国的经济发展水平大大提高，英国政府为了进一步扩大市场，追求利润并建立以自身为主的国际分工体系，将古典贸易理论视为贸易政策的指导思想，推行单方面的自由贸易政策，甚至以战争手段强迫其他国家接受。这一阶段的自由贸易政策呈现鲜明的强制性特征，更多的是英国作为当时的超级大国为维护自身利益而推行。

第二阶段是第二次世界大战之后，美国成为"全球霸主"，推动了 GATT 的签订和 WTO 的建立，将自由贸易政策推行至多个国家。实际上，以 WTO 为主导的自由贸易政策体系并不是绝对的自由贸易，WTO 同样允许成员国对本国相关产业进行保护，并对不发达国家和发展中国家的贸易政策设定了不同的发展阶段，因此这一阶段的自由贸易政策更多是"自由与保护"的综合体，这也是当下国际贸易政策的主要特点。在 WTO 建立后，诸多区域性和地区性的自由贸易安排也陆续出现，双边、多边自贸协定的签订也推动了贸易自由化的发展。

二 贸易保护政策

对于贸易保护政策，学术界主要将其分为三种类别，即非经济类目标、经济类目标和动态保护类目标。其中以非经济类目标作为贸易保护政策指导原则的包括"社会公平论"和"国家安全论"，如美国以危害国家安全为由对中国出口的钢铝产品征收关税；以经济类目标作为保护对象的有"落后产业保护论"和"公平竞争论"；支持在动态条件下采取对外贸易保护措施的有"贸易条件论"和"就业保护论"。总体来看，贸易保护政策变迁经历了四个阶段，即古典贸易保护阶段、凯恩斯主义贸易保护阶段、战略性贸易保护阶段与非关税贸易保护阶段。

第一，古典贸易保护政策。重商主义和幼稚产业贸易保护政策构成了古典贸易保护政策的主要内容。

重商主义是现代早期经济学的主导学派，产生于 15 世纪，全盛于 16 和 17 世纪，是最早运用政治经济学方法研究国际问题的理论学派，主张国内政府对经济的干预和控制，是古典贸易保护政策中最早以比较系统的理论阐述的国际贸易保护理论。重商主义视黄金和白银为财富的唯一形式，而财富的主要来源则是对外贸易。要获取更多的财富，只有通过对外贸易顺差，因此主张政府鼓励出口，限制进口，其主要措施可以总结为以下四类：一是进口限制政策，数量型进口限制措施包括高关税措施等；二是出口促进政策，如出口商品补贴措施、出口退税等；三是金融管制措施，由于重商主义认为金银是财富的唯一形态，因此重商主义建议国家保持对货币的积累，如外汇管制措施等；四是产业保护相关政策，如保护农业、航海业等。

幼稚产业保护政策首先由汉密尔顿在其 1790 年的《制造业报告》中提出，他指出"美国早期的幼稚产业无法与英国工业革命后的相关产业相竞争，为了扶持相关产业的发展，国家必须采取以关税为主的保护措施，此外，还应实施限制先进产品进口等限额措施"。随后丹尼尔·雷蒙德对其进行了系统的发展，弗里德里希·李斯特在其 1841 年的著作《政治经济学的国民体系》中整理并完善了该理论，形成幼稚产业保护论。

第二，超保护贸易政策（凯恩斯主义贸易保护政策）。超保护贸易政策又称为侵略性贸易保护政策，其出现和盛行与当时的国际环境密切相关。1929～1933 年以美国为首的资本主义国家发生了严重的经济危机。在此背景下，诸多资本主义国家采取了进出口贸易管制、外汇管制以及补贴或关税等超保护贸易政策。从严格意义上来说，超保护贸易政策的出现并没有明确的贸易理论基础，而更多与凯恩斯立场的转变有关。经济危机发生前，凯恩斯是坚定的自由贸易支持者，但在大萧条发生后，凯恩斯转变了自身立场，推崇重商主义，认为重商主义贸易保护政策反而有利于保证经济繁荣、扩大就业。随后，凯恩斯的追随者从充分就业和国际收支自动调节两个方面对自由贸易政策提出批评，认为在当时的经济环境下，充分就业并不存在，而单纯依靠国际收支自动调节机制会忽视贸易逆差对国民收入和就业的影响。利用凯恩斯提出的"投资乘数"，其追随者提出对外贸易乘数理论，认为贸易顺差的存在可以降低利率，刺激物价上涨，扩大投资，从而提高国内收入并缓解就业问题，这也是超保护贸易政策的背后逻辑所在。

第三，战略性贸易保护政策。战略性贸易保护政策是基于新贸易理论的产生而出现的，因而其基本假设是建立在不完全竞争、规模经济和产品差异化基础上的。从贸易政策的角度而言，战略性贸易保护政策对国际贸易政策的发展和完善做出了重要的贡献。诸多学者建立了一系列战略性贸易政策的理论模型并进行了大量的实证分析，包括 Brander 和 Spencer（1983）提出的"以补贴促出口"模型、战略性关税政策模型、Krugman（1984）提出的"以进口保护促出口"模型等。

利润转移理论和外部经济理论是战略性贸易保护政策的主要内容。利润转移理论是指在不完全竞争的市场中，因产品价格高于边际成本而出现超额利润，此时，一国可以对本国进出口贸易政策做出调整，影响相关产品生产商的行为，并从国外生产商中获得利润或者向国内相关厂商转移利润。基于利润转移理论，战略性贸易保护政策包括以出口补贴和进口关税等在内的以进口保护促进出口的政策，其目的在于转移国外厂商利润，提高本国福利。外部经济主要指厂商通过国际贸易而获得的技术外溢效应和厂商集聚而获得的市场规模效应。前者多被称为技术性外部经济，后者多被称为收益性外部经济。基于外部经济理论，一国政府主要通过补贴等政策使本国厂商或产业在技术外溢过程中取得优势，或在厂商集聚过程中快速提高本国规模较小企业的国际竞争力。

第四，非关税贸易措施。20 世纪 80 年代后，随着 GATT 的签订以及 WTO 的建立，贸易自由化的程度逐渐提高，特别是在 1994 年结束的乌拉圭回合谈判后，国际商品贸易的市场准入取得重大进展，全球范围内的关税水平大幅降低，以往贸易保护政策中常用的关税壁垒的限制作用被大大削弱，非关税贸易措施逐渐成为各国使用的主要贸易举措。顾名思义，非关税措施区别于包括传统关税措施在内的其他贸易措施，其产生并没有明确的理论基础。早期的非关税措施主要以数量型措施为主，与重商主义、凯恩斯主义和战略性贸易保护政策的主要政策手段相类似。然而在乌拉圭回合谈判中，大多数数量限制措施被认为是非法的，特别是对农产品的数量限制。随着国际贸易涉及商品种类的不断增加，相关措施以更隐蔽的方式重新出现，技术标准、环境要求、生态标准等方面的措施急剧增多成为贸易政策发展的一个最突出特点，贸易政策也逐渐由"边境前"转移至"边境后"，非关税措施也随之由数量型措施转变为标准型措施，其中 TBT 措施和 SPS 措施是主要的政策工具。

从贸易政策的变迁可以看到，基于贸易理论的贸易政策更多与当时的世界环境相关，从重商主义到绝对的自由贸易主义再到当下更加隐蔽的贸易政策，贸易政策的取向仍在偏向自由和偏向保护之间变动。关于当前世界主要国家的贸易政策取向，笔者认为目前世界主要国家处于以自由贸易措施为主转向以贸易保护措施为主的阶段，甚至有可能回到重商主义。从关税水平看，全球平均关税水平一直在下降，尤其从当前美国、欧盟等经济体的贸易政策来看，这种趋势越发明显。特朗普上任后，为了维护美国在全球的领先地位，美国政府先后推出了多个国际组织和跨太平洋伙伴关系（TPP）协定，并以"美国优先"为由减少自身对国际事务的参与，这与重商主义的思想较为相似。2018 年，特朗普政府发布《美国国家安全战略报告》，将中国和俄罗斯视为美国国家安全的主要挑战者，并提出要通过政治、经济和安全等手段遏制两国发展①。随后中美贸易摩擦愈演愈烈，美国对华的贸易政策已经超越了传统贸易政策的范畴，如前文描述的重商主义，美国不仅追求绝对利益，更追求在相对利益上取得优势。因此，从这一角度而言，中美日益严峻的贸易摩擦是世界第一经济体与世界第二经济体之间不可调和矛盾的开始。尽管目前中美两国正在就贸易摩擦进行谈判，但未来美国也不会放弃在贸易政策方面对中国的施压。而就欧盟贸易政策而言，欧盟轮值主席容克在任期内最后一次发言中更是直言不讳地指出欧盟的贸易政策需要更多地关注自身利益②。可以看到，在关税措施大幅下降的背景下，贸易保护政策的实施将更多依靠以标准型措施为主的非关税措施，因此对非关税措施的相关效应要做好研判和应对。

第三节　非关税措施对企业出口的影响机制分析

以 SPS 措施和 TBT 措施为主的非关税措施通过对本国进口产品设置更高的标准或对本国进口产品的生产流程等做出规定，实质上增加了相关产品生产企业的应对成本。因此，一方面，非关税措施可以通过增加出口企业合规成本来减少企业出口量；另一方面，非关税措施也可以通过提高相关产品的生产成本提升企业出口产品的价格。

接下来对非关税措施的实施方式进行考察。非关税措施通过设置一系列的技术标准或生产流程等对本国进口产品设置实质性的障碍，只有当进口产品符合相关标准或通过检疫检验之后，才允许进入本国市场，以保护本国市场和产业的发展。

---

① 该报告还明确将经济安全视为国家安全的一部分，表示不能允许其他国家对美国的"经济入侵"和"不公平贸易"。
② 《容克演讲勾勒欧盟改革前景》，新华网，2018 年 9 月 13 日，http：//www.xinhuanet.com/2018－09/13/c_ 129952961.htm。

在非关税措施实施之前，出口企业的产品在支付关税成本后可以自由进入进口国市场，此时非关税措施并没有对出口企业产生阻碍，因此对出口企业的产品出口额没有影响。当进口国选择实施非关税措施后，标准型的非关税措施只允许符合相关规定的产品进入，因此对贸易的阻碍作用是显而易见的，对企业的出口贸易额会有显著的负面影响。图 2 - 1 通过供给 - 需求曲线的变化说明了这一机制。

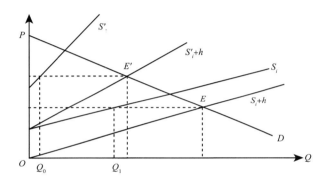

图 2 - 1　非关税措施对企业出口贸易额的影响机制

图 2 - 1 表示企业出口产品 i 至进口国所面临的供给 - 需求曲线，其中 D 为进口国对产品 i 的需求函数，S_i 表示企业出口产品 i 的供给函数，那么进口国中，产品 i 的总供给包括进口以及本国产出，即图中的 $S_i + h$，市场均衡点为 E，企业出口产品 i 的数量为 Q_1。若进口国对产品 i 实施非关税措施，增加了出口企业的合规成本，此时，企业出口产品 i 的供给函数变为 S'_i，进口国产品 i 的总供给函数变为 $S'_i + h$，市场均衡点也变为 E'，企业出口产品 i 的数量变为 Q_0，出口额出现下滑。

非关税措施的实施使企业出口额下跌，利润减少。按照 Melitz（2003）的异质性理论，若企业出口利润降至临界点，企业将选择退出市场。而生产率较高的企业为了获得更多的贸易机会，一定会选择克服非关税措施带来的成本增加，通过提高自身技术水平，改进出口产品质量，使出口产品达到非关税措施的标准规定。这一方面需要企业增加技术投入，提高产品质量，增加了生产成本；另一方面，为了证明自身产品达到了出口标准，一些企业需要到指定的检疫检验部门或技术标准评估机构接受产品检测，增加了销售成本（匡增杰，2004）。成本的增加必然会导致出口产品价格的提升，因此非关税措施提高了出口产品价格。更准确地说，是提高了持续出口企业出口产品的价格。图2-2说明了这一机制。

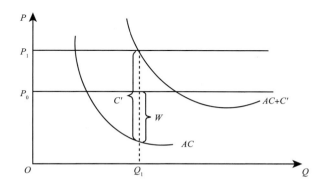

图2-2 非关税措施对产品价格的影响机制

在进口国没有设置非关税措施时，假设产品 i 的出口价格为 P_0，出口的数量为 Q_1，AC 为企业生产产品 i 的平均成本，W 为企业可以获得的利润。若进口国对产品 i 实施非关税措施，相关企业必须对生产流程或技术投入进行调整，增加了生产成本和销售成本，假设额外增加的成本为 C'，那么产品 i 的平均成本线变为 $AC+C'$，此时，若企业仍计划出口 Q_1 数量的产品，那么产品价格需从 P_0 提高至 P_1，即非关税措施的实施提高了持续出口企业的产品价格。

上述分析都是从静态角度探讨非关税措施对企业出口贸易额和出口产品价格的影响。从动态角度考虑，非关税措施实质上代表了进口国在技术水平、经济发展水平等领域对出口国的暂时性领先。进口国实施非关税措施与出口国突破非关税措施实际上是国际贸易利益再分配的动态博弈过程，当出口国跨越了这一技术水平或发展水平后，新的非关税措施又会继续出现，对出口国贸易额带来负面影响；出口国依据相关标准或措施要求，改进产品质量，适应了相关措施后，新的措施又会继续出现，不断往复。从动态角度而言，进口国设置的非关税措施对出口国产品质量的提升呈现"倒逼"效应，若不满足相关规定，只能放弃这一市场。

第四节　非关税措施对企业出口二元边际影响的理论建模

成本增加型的贸易政策，如非关税措施额外增加了企业出口所面临的额外合规成本（Maskus 等，2005），本章第三节对此机制进行了分析。进一步，本节在 Melitz（2003）与 Helpman 等（2008）理论模型的基础上构建非关税措施影响企业出口二元边际的理论模型。

基础假设。假设两个国家分别为进口国与出口国，出口国中存在生产率不同的诸多企业 i，每家企业生产 j 种产品。根据 Melitz（2003）与 Helpman 等（2008），进口国消费者的效用函数可以设定为：

$$U = \left[\int_{j \in \omega} q(j)^\rho \mathrm{d}j \right]^{1/\rho} \qquad (2-1)$$

其中，ω 表示进口国消费者可享受的产品集合，$q(j)$ 为进口国消费者对产品 j 的消费量，系数 ρ 决定了不同产品间的替代弹性，且 $0 < \rho < 1$，产品间替代弹性为 $\sigma = 1/(1-\rho)$。假设进口国消费者的总收入为 Y，那么进口国对 j 产品的总需求可表示为：

$$x(j) = \frac{\widehat{p}(j)^{-\sigma}}{P^{1-\sigma}} Y \qquad (2-2)$$

其中，$\widehat{p}(j)$ 为进口国产品 j 的价格，P 为进口国理想的价格指数，即：

$$P = \left[\int_{j \in \omega} \widehat{p}(j)^{1-\sigma} \mathrm{d}j \right]^{1/(1-\sigma)} \qquad (2-3)$$

从出口国企业层面出发，出口国企业 i 生产产品 j 的每单位产出可表示为 $C_j a_i(j)$，其中，$a_i(j)$ 表示成本最小化时每单位产出需要的投入品量，C_j 表示出口国的生产要素价格。根据 Melitz（2003）的异质性企业模型，$a_i(j)$ 为企业 i 特有的异质性特征，反映不同企业间的差异，$1/a_i(j)$ 就代表企业 i 的生产率水平。

引入非关税措施。根据 Helpman 等（2008）分析出口流量模型，出口国企业若不选择出口，只在国内生产，则只需承担相应的要素成本。当企业 i 选择出口某一产品时，必须面临两类额外的成本，一是诸如关税等的传统贸易成本（φ_j），二是进口国对某一产品实施非关税措施带来的合规成本（f_j）。

根据 Melitz（2003），企业在利润最大化条件下的加成定价方程为 $\widehat{p}(j) = C_j a_i(j) / \alpha$，那么在出口情况下，该价格可以进一步调整为：

$$\widehat{p}(j) = (\varphi_j + f_j) \frac{C_j a_i(j)}{\alpha} \qquad (2-4)$$

将式（2-4）代入进口国需求函数（2-2）式中，可得到出口国企业 i 产品 j 所面临的需求函数，即出口国企业 i 产品 j 的出口量：

$$x(j) = \left[\frac{(\varphi_j + f_j) C_j a_i(j)}{\alpha p} \right]^{-\sigma} Y \qquad (2-5)$$

进一步，可以得到出口国企业 i 出口产品 j 到进口国的条件为相关企业 i 的最终利润为正，即：

$$\pi(j) = (1-\alpha) \left[\frac{(\varphi_j + f_j) C_j a_i(j)}{\alpha p} \right]^{1-\sigma} Y - \varphi_j > 0, \sigma > 1 \qquad (2-6)$$

式（2-5）与式（2-6）分别表示在面对非关税措施时，出口国不同企业出口产品的规模变化与出口决策变化。其中主要包括的变量有传统贸易成本如关税等φ_j、非关税措施带来的额外合规成本f_j、出口国生产要素价格C_j、企业异质性特征$a_i(j)$、进口国物价水平P与收入Y。

在式（2-5）与式（2-6）的基础上，本书首先就非关税措施对企业出口产品贸易额的影响进行推导。

根据式（2-5），在进口国未针对产品j实施非关税措施时，$f_j = 0$，此时企业i_1面临的需求函数可以表示为：

$$x_{i_1}(j) = \left[\frac{\varphi_j \, C_j \, a_{i_1}(j)}{\alpha p}\right]^{-\sigma} Y \sigma > 1 \qquad (2-7)$$

当进口国对产品j实施非关税措施时，由于非关税措施给企业带来合规成本，因此$f_j > 0$，此时企业i面临的需求函数可以表示为：

$$x'_{i_1}(j) = \left[\frac{(\varphi_j + f_j) \, C_j \, a_{i_1}(j)}{\alpha p}\right]^{-\sigma} Y \sigma > 1 \qquad (2-8)$$

由式（2-7）减去式（2-8），可得企业i面临非关税措施时产品j的出口额变化。

$$\Delta_{x_{i_1}} = x_{i_1}(j) - x'_{i_1}(j) = \left[\frac{C_j \, a_{i_1}(j)}{\alpha p}\right]^{-\sigma} Y \times \left[\varphi_j^{-\sigma} - (\varphi_j + f_j)^{-\sigma}\right] \sigma > 1 \qquad (2-9)$$

由（2-9）式可得，如果进口国对产品j实施非关税措施，$[\varphi_j^{-\sigma} - (\varphi_j + f_j)^{-\sigma}] > 0$，使得出口额变化$\Delta_{x_{i_1}} > 0$，即$x_{i1}(j) > x'_{i1}(j)$，企业$i_1$出口产品$j$的规模减小。由此本书提出假说1。

假说1：在控制其他影响因素的基础上，如果进口国对某产品实施了非关税措施，那么出口国企业出口该产品将承受额外的合规成本，该产品的出口规模将会减少。

在式（2-8）基础上，若存在某一企业i_2，其生产率高于企业i_1，那么根据Melitz（2003），$1/a_{i_2}(j) > 1/a_{i_1}(j)$，即$a_{i_1}(j) > a_{i_2}(j)$。在进口国对产品$j$实施非关税措施时，企业$i_2$面临的需求函数可以表示为：

$$x'_{i_2}(j) = \left[\frac{(\varphi_j + f_j)\, C_j\, a_{i_2}(j)}{\alpha p}\right]^{-\sigma} Y \quad \sigma > 1 \qquad (2-10)$$

由式（2-8）减去式（2-10），可得生产率不同的企业 i_1 与企业 i_2 在面临进口国针对产品 j 的非关税措施时出口规模的变化。

$$\Delta_x = x'_{i_1}(j) - x'_{i_2}(j)$$

$$= \left[\frac{C_j}{\alpha p}\right]^{-\sigma} Y \times \left[\varphi_j^{-\sigma} - (\varphi_j + f_j)^{-\sigma}\right] \times \left\{\left[1/a_{i_1}(j)\right]^{\sigma} - \left[1/a_{i_2}(j)\right]^{\sigma}\right\}$$

$$(2-11)$$

由于 $\varphi_j^{-\sigma} - (\varphi_j + f_j)^{-\sigma} > 0$，企业 i_2 的生产率高于企业 i_1，因此，$\left[1/a_{i_1}(j)\right]^{\sigma} - \left[1/a_{i_2}(j)\right]^{\sigma} < 0$，从而 $\Delta_x < 0$，即 $x'_{i_1}(j) < x'_{i_2}(j)$，生产率较高的企业 i_2 出口产品 j 的规模较大。因此，在面临非关税贸易措施时，生产率高的企业可以克服非关税措施的额外成本，进而增加相应产品的出口量。由此本书提出假说2。

假说2：在控制其他影响因素的基础上，企业出口产品贸易额受到企业生产率的影响。如果企业生产率较高，则可以克服非关税措施带来的额外成本提高，从而增加其相应产品的出口额。

进一步，本书就非关税措施对企业出口决策的影响进行推导。根据式（2-6），若进口国未实施非关税措施，企业 i_1 出口产品 j 的利润可以表示为：

$$\pi_{i_1}(j) = (1-\alpha)\left[\frac{(\varphi_j)\, C_j\, a_{i_1}(j)}{\alpha p}\right]^{1-\sigma} Y - \varphi_j, \sigma > 1 \qquad (2-12)$$

存在非关税措施时，$f_j > 0$，此时企业 i_1 出口产品 j 的利润可以表示为：

$$\pi'_{i_1}(j) = (1-\alpha)\left[\frac{(\varphi_j + f_j)\, C_j\, a_{i_1}(j)}{\alpha p}\right]^{1-\sigma} Y - \varphi_j, \sigma > 1 \qquad (2-13)$$

由式（2-12）减去式（2-13）可得，面临非关税措施时，企业 i_1 出口产品 j 的利润变化情况，即

$$\Delta_{\pi_{i_1}} = \pi_{i_1}(j) - \pi'_{i_1}(j) = (1-\alpha)\left[\frac{C_j a_{i_1}(j)}{\alpha p}\right]^{-\sigma} Y \times \left[\varphi_j^{-\sigma} - (\varphi_j + f_j)^{-\sigma}\right]$$

$$(2-14)$$

由前文分析可知，$\varphi_j^{-\sigma} - (\varphi_j + f_j)^{-\sigma} > 0$，因此 $\Delta_{\pi_{i_1}} > 0$，即非关税措施对企业 i_1 出口产品 j 的利润造成了负面影响，企业出口相应产品的利润降低，部分未达到赢利条件的企业将选择不出口该商品。由此本书提出假说3。

假说3：在控制其他影响因素的基础上，如果进口国对某产品实施了非关税措施，那么出口国企业出口该产品将承受额外的合规成本。相应的，企业出口该产品所获得的利润将会减少，进而导致部分企业选择不出口该产品，减少出口产品种类，进而选择退出市场。

在式（2-13）基础上，若存在某一企业 i_2，其生产率高于企业 i_1，与前文类似，$1/a_{i_2}(j) > 1/a_{i_1}(j)$，即 $a_{i_1}(j) > a_{i_2}(j)$。在进口国实施非关税措施时，企业 i_2 出口产品 j 的利润可以表示为：

$$\pi'_{i_2}(j) = (1-\alpha)\left[\frac{(\varphi_j + f_j) C_j a_{i_2}(j)}{\alpha p}\right]^{1-\sigma} Y - \varphi_j, \sigma > 1 \qquad (2-15)$$

由式（2-13）减去式（2-15）可得，生产率不同的企业 i_1 与企业 i_2 在面临进口国非关税措施时，出口产品 j 的利润变化。

$$\begin{aligned}
\Delta_\pi &= \pi'_{i_1}(j) - \pi'_{i_2}(j) \\
&= (1-\alpha)\left(\frac{C_j}{\alpha p}\right)^{-\sigma} Y \times \left[\varphi_j^{-\sigma} - (\varphi_j + f_j)^{-\sigma}\right] \\
&\quad \times \left\{\left[1/a_{i_1}(j)\right]^\sigma - \left[1/a_{i_2}(j)\right]^\sigma\right\}
\end{aligned} \qquad (2-16)$$

根据前文分析，$\Delta_\pi < 0$，即 $\pi'_{i_1}(j) < \pi'_{i_2}(j)$。因此，在面临非关税措

施时，生产率高的企业可以克服非关税措施带来的额外成本，从而提高相应利润，并选择出口相关产品。由此本书提出假说4。

假说4：在控制其他影响因素的基础上，企业出口产品的贸易额受到企业生产率的影响。如果企业生产率较高，则可以克服非关税措施带来的额外成本提高，从而继续出口相关产品，增加出口产品种类，继续留在相关市场。

3 美国非关税措施现状与中国企业出口二元边际

从目前世界范围内贸易政策的发展来看，WTO 的建立及世界范围内双边和多边贸易协定的签订使得当前关税水平不断下降，而非关税措施的数量则凭借其隐蔽性的特点逐渐增多。在这一背景下，本章以本书第一章非关税措施概念界定与分类为基础，首先对全球非关税措施的实施现状进行简要叙述，并对"公平对等贸易"特点下的美国非关税措施进行细致分析；其次利用微观数据对中国出口二元边际进行分解；最后指出美国非关税措施与中国出口二元边际的经验证据。

第一节　美国非关税措施现状

非关税措施并不是新鲜事物，在重商主义贸易思想指导下，非关税措施以禁运等形式出现，但早期的非关税措施多以数量管控型措施为主，且并未得到大量使用。随着美国主导的多边贸易体系不断发展，在关税水平逐渐下降的背景下，非关税措施的数量出现快速增长。

从图 3 - 1 可以看到，2000 年后，非关税措施数量快速增长，年均增速达到 23.3%。截至 2018 年底，全球非关税措施总量达到 73600 项。自 2004 年起，每年新增的非关税措施数量总体上呈上升趋势，2011 年、2013 年、2015 年与 2016 年更是超过 4500 项。非关税措施已经成为各个国家最为常用的贸易政策。

从非关税措施各类别的变化情况来看，SPS 措施和 TBT 措施是非关税措施中占比最高的两类。两类措施以 2007 年为分界点，2007 年之前新增非关税措施中，TBT 措施（B）占比最高；2007 年及以后 SPS 措施（A）数量逐渐增多，与 TBT 措施占比相当（见图 3 - 2）。除 SPS 措施和 TBT 措施之外，占比最高的非关税措施类别分别是数量控制措施（E）、装运前检验和其他手续（C）、价格控制措施（F）、临时性贸易保护措施（D）。其中，临时性贸易保护措施（D）主要包括反倾销、反补贴和临时

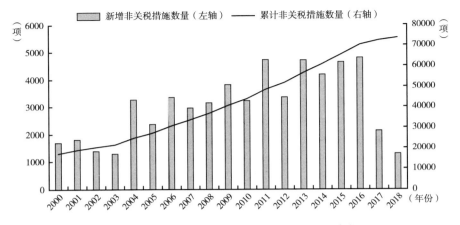

图 3 - 1　2000 ~ 2018 年全球非关税措施数量变化

注：图中的非关税措施包括以 MAST 分类方式的所有非关税措施种类。

资料来源：UNCTAD TRAINS 数据库，https：//trains. unctad. org/。

性贸易保护措施，这类措施在 2012 年后快速增长，实施的国家主要集中在发达国家。

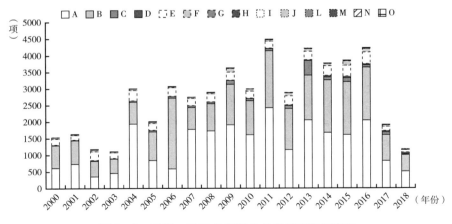

图 3 - 2　2000 ~ 2018 年新增非关税措施类别变化

注：图中 A 至 O 为按照 MAST 分类的非关税措施类别，P 为出口限制措施，在此不做考虑，各类别详细含义见本书第一章非关税措施概念界定。

资料来源：UNCTAD TRAINS 数据库，https：//trains. unctad. org/。

在全球非关税措施数量快速增长的背景下，美国作为世界上最大的发达国家，无论是实施非关税措施的数量还是被实施非关税措施的数量均居世界前列，且相比其他非关税措施的主要实施国家，美国非关税措施有其明显的特点。本节从美国非关税措施整体实施情况以及美中非关税措施实施情况两方面进行分析。

美国贸易政策先后经历了以关税收入为核心目标的时期、以保护国内厂商为主要目标的时期、以互惠为核心目标的时期和以公平对等贸易为目标的时期。在第一个时期，美国贸易政策主要以关税调整为主；从第二个时期开始，美国逐渐引入了数量型非关税措施；在第三个时期，美国虽然以互惠为目标，积极推进了自贸协定和全球多边贸易体系的形成与发展，但仍在相关制度中做出了诸多妥协，这使得美国非关税措施的数量从此出现快速增长；在第四个时期，美国更是意图通过关税政策与非关税政策的双重施压，推行"公平对等"的贸易，这一时期美国非关税政策也出现了诸多新的特点。

图 3-3 展示了美国 1960~2018 年非关税措施的数量变化情况。截至 2018 年，美国共实施了 6757 项非关税措施，是 1960 年 458 项非关税措施数量的约 15 倍。从图 3-3 可以看出，美国非关税措施的增长有三个明显的时期，第一个时期是 1974~1980 年，第二个时期是 1992~1998 年，第三个时期是 2007~2014 年。1974 年，美国颁布了《1974 年贸易法》，该法案虽然是由支持贸易自由的尼克松总统牵头制定，但 20 世纪 70 年代的布雷顿森林体系崩塌使得美国国内诸多产业面临的进口竞争远超以往。在《1974 年贸易法》中，美国引入了多项贸易保护性措施，如"201 条款""301 条款"，同时，该法案还放宽了企业获得倾销救济和贸易援助的标准，这使得 1974 年之后，由美国进口竞争行业所提出的贸易救济措施逐渐增多，从而导致美国非关税措施也出现快速增长。第二个时期，1992 年，美国开启了北美自由贸易协定的谈判，引起了美国国内各方势力的大论战，且导致美国国内多项相关法律制度的变更，这一时期快速增长的

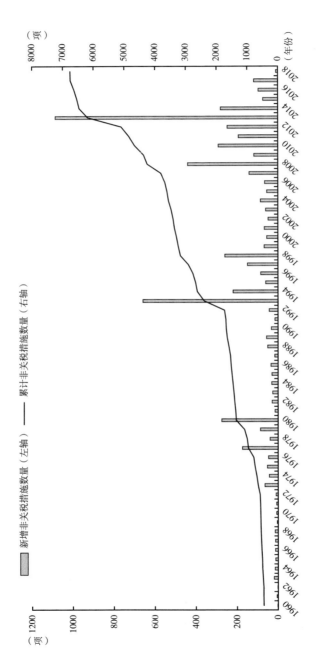

图 3 - 3 美国 1960 ~ 2018 年新增非关税措施与累计非关税措施数量变化

资料来源：UNCTAD TRAINS 数据库，https：//trains. unctad. org/。

措施主要涉及 SPS 措施和 TBT 措施。第三个时期则始于 2007 ~ 2009 年全球金融危机。此次金融危机引发了全球贸易保护主义的兴起，美国则是其中的主要实施者。这一方面是金融危机的出现导致世界经济及美国经济出现波动，非关税措施的引入有助于平抑经济波动，发挥稳定市场的功能；另一方面是由于美国试图依靠更为繁复的非关税措施维持自身在全球的经济地位。2012 ~ 2014 年，美国每年新增的非关税措施数量更是超过 200 项。在关税水平不断下降的情况下，美国非关税措施数量的不断增长反映出美国的贸易保护程度仍在进一步增强。

表 3 - 1 展示了美国非关税措施的具体构成类别，在多边非关税措施中，TBT 措施和 SPS 措施仍是占比最高的两类（合计占比 95%），其中 TBT 措施占比 64%，SPS 措施占比 31%。此外，出口补贴依然是美国常用的多边非关税措施，而且美国依然保留了 29 项价格管控措施，这些措施主要涉及农产品且有效期较长。双边非关税措施中，SPS 措施为占比最高的类别（77%），而 TBT 措施占比仅为 2.5%，表明 TBT 措施的实施更大程度上是针对所有贸易伙伴，而 SPS 措施的使用则既适用于多边贸易伙伴也针对某些特定贸易伙伴。值得注意的是，临时性贸易保护措施在双边非关税措施中占比 14%，排在第二位，这类措施主要包括反补贴、反倾销、特殊贸易保障等措施，表明美国在双边非关税措施中频繁使用"双反"调查等措施。排名第三位的仍是出口补贴等相关措施。

表 3 - 1　美国非关税措施主要类别

多边非关税措施	数量（项）	双边非关税措施	数量（项）
TBT 措施	2559	SPS 措施	1585
SPS 措施	1243	临时性贸易保护措施	287
出口相关措施	131	出口相关措施	61
装运前检验措施	29	TBT 措施	52
价格管控措施	29	装运前检验措施	36
数量管控措施	3	数量管控措施	35
其他措施	1	价格管控措施	2

资料来源：UNCTAD TRAINS 数据库，https：//trains.unctad.org/。

非关税覆盖率和非关税频数占比是衡量非关税措施的两类指标，非关税覆盖率指的是某部门受非关税措施影响的产品进口额占该部门总进口额的比重，非关税频数占比指的是某部门受非关税措施影响的产品税目数量占该部门产品税目总数的比重。表3-2将美国实施的非关税措施进一步细化排序，可以看到 TBT 措施是最常用的措施，其中"标签注明和陈述要求"以及"产品质量或性能要求"较为常用，受影响的税目数量分别为 2286 项和 1663 项。这些措施通常对进口产品的质量或生产过程做出规定，显著提高了出口厂商的合规成本。此外，可追溯性信息要求和出口补贴也影响了较多产品税目。

表3-2　美国非关税措施详细类别

详细措施	覆盖率（%）	频数占比（%）	影响的税目数量（项）
标签注明和陈述要求（B310）	42.83	44.31	2286
产品质量或性能要求（B700）	22.98	32.23	1663
与生产过程相关的技术性贸易措施（B410）	22.27	9.44	487
产品标记要求（B320）	21.01	10.49	541
出口技术要求（P690）	17.40	19.23	998
关于运输和储存的技术性贸易措施（B420）	17.18	4.07	210
测试要求（B820）	14.42	7.62	393
可追溯性信息要求（B850）	14.14	21.50	1109
关于合格评定程序的技术性贸易措施（B890）	13.75	1.38	71
出口补贴（P700）	13.27	20.72	1075

资料来源：WITS 数据库、UNCTAD 数据库。

表3-3 进一步从时间维度考察美国各类非关税措施的变化情况。1997～1999 年亚洲金融危机期间，SPS 措施和 TBT 措施数量快速增加。2007～2009 年全球金融危机期间出现类似情况，临时性贸易保险措施有所增加。2010 年后，美国各类别非关税措施出现常态化大幅增加。其中，2010 年，为促进出口，美国新增出口补贴相关措施 33 项；2013 年，新增限额措施 26 项、SPS 措施 300 项；2014 年，新增 24 项临时性贸易保护措施；2015 年，新增

的非关税措施则全部为临时性贸易保护措施。可见，美国非关税措施的变化呈现多样化、常态化的特点，非关税措施类型不断拓展，从最初的以 SPS 措施和 TBT 措施为主，逐渐发展为临时性贸易保护措施、出口补贴措施、限额措施等多类非关税措施。此外，2008 年金融危机后，美国每年非关税措施的数量均维持高位增长态势。囿于时间，本书未将特朗普上任后的美国非关税措施纳入考虑范围，但从美国与贸易伙伴愈演愈烈的贸易摩擦可以看出，美国非关税措施数量增加的步伐并未停止。

表 3 - 3　1995 ~ 2015 年美国非关税措施变化

单位：项

年份	临时性贸易保护措施	出口补贴措施	装运前检验措施	其他措施（G ~ O 章）	限价措施	限额措施	SPS 措施	TBT 措施	总计
1995	6	8	0	0	0	1	12	40	67
1996	4	10	1	0	0	1	18	61	95
1997	4	4	4	0	0	0	93	45	150
1998	6	1	0	0	2	1	101	156	267
1999	9	1	1	0	0	1	3	53	68
2001	8	2	4	0	0	1	17	32	64
2001	19	1	1	0	0	0	26	67	114
2002	11	3	5	0	0	0	13	27	59
2003	11	2	2	0	1	0	26	32	74
2004	13	8	1	0	0	2	13	61	98
2005	11	4	1	0	0	1	14	42	73
2006	3	8	5	0	0	0	30	25	71
2007	3	4	1	0	0	0	99	38	145
2008	20	11	3	0	3	0	288	156	481
2009	10	7	1	0	9	0	48	46	121
2010	16	33	10	0	3	0	127	56	245
2011	2	12	3	0	0	0	62	109	188
2012	7	9	2	0	1	1	127	98	245
2013	8	8	2	0	3	26	300	117	464
2014	24	2	7	0	0	2	115	84	234
2015	55	0	0	0	0	0	0	0	55

资料来源：UNCTAD TRAINS 数据库，https：//trains. unctad. org/。

将时间锁定在2008年金融危机之后，排除TBT措施和SPS措施，考察美国歧视性非关税措施的占比情况。图3－4中将时间点设为2008年12月至今以及2015年1月至今，并分别与G20国家的平均值相对比。美国2008年12月至今仍处于有效期的非关税措施占比为84.23%，2015年1月至今仍处于有效期的非关税措施占比为92.88%，均高于G20国家的平均值（68.34%），这表明美国实施的歧视性非关税措施具有持续时间较长的特点。从"受歧视性非关税措施影响的产品占比"来看，G20国家几乎所有的产品都受到过歧视性非关税措施的影响，美国在两个时间段内的占比均低于G20国家，但仍超过80%。2008年金融危机后，歧视性非关税措施成为新增非关税措施中的主要类型，美国新增歧视性非关税措施占比分别为79.39%（2015年1月至今）和86.59%（2008年12月至今），G20国家平均值为73.54%。这表明发达国家在金融危机后多采用了歧视性非关税措施。

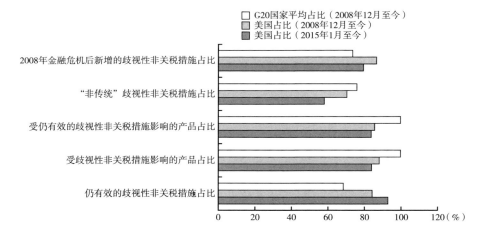

图3－4　美国歧视性非关税措施占比情况

注：歧视性非关税措施指的是非关税措施中除SPS措施、TBT措施和装运前检验措施之外的所有其他措施。"非传统"歧视性非关税措施指的是采用本地化要求、生产补贴和国家贷款等手段的非传统非关税措施。

资料来源：全球贸易预警数据库（Global Trade Alert）。

从表 3 - 4 的国家类别来看，高收入国家仍然是美国非关税措施主要针对的国家类别，其次为中高收入国家和中低收入国家。而在具体措施数量方面，高收入国家所受到的非关税措施数量约为中高收入国家的 2 倍，占比为 59.1%。

表 3 - 4　美国非关税措施针对国家类别

国家类别	国家数量（个）	占比（%）	非关税措施数量（项）	占比（%）
高收入国家/经济体	45	43.69	34126	59.1
低收入国家/经济体	7	6.80	175	0.3
中低收入国家/经济体	20	19.42	6535	11.3
中高收入国家/经济体	31	30.10	16898	29.3

注：表中非关税措施数量包括重复计算的非关税措施。
资料来源：UNCTAD TRAINS 数据库，https：//trains. unctad. org/。

从产品角度而言，美国实施的非关税措施涉及 HS - 2 位产品编码下的 59 种产品。

表 3 - 5 统计了美国非关税措施涉及的产品分布。其中，美国在动植物产品以及食品领域设置了大量的非关税措施，这与前文分析的趋势保持一致。特别是在动物产品方面，各类措施的数量多、占比高，且依然保留着大量的关税配额类措施。植物产品和食品领域的反倾销措施较多，金属产品方面设置的 "双反" 措施以及保障类措施较多，其他产品领域则主要涉及 SPS 措施和 TBT 措施。整体来看，反倾销、反补贴、TBT 措施和 SPS 措施是美国最为常用的 4 类非关税措施，这 4 类措施在所有产品类别中几乎均有涉及。

表 3 - 6 为美国非关税措施对进口各部门的覆盖率和频数占比。整体来看，动物产品、食品和植物产品受非关税措施影响最大。细分来看，对于燃油制品、化学制品、玻璃制品和机器设备制品，虽然非关税措施频数占比较低，即非关税措施所影响的税目较少，但非关税措施覆盖率较高，

表 3 −5　美国非关税措施产品分布（海关章节）

单位：项

海关章节	总数量	反倾销	反补贴	限额类	保障类	SPS	特别保障	TBT	关税配额	出口补贴
动物产品	3210453	407	348	6116	542	2034434	40331	1068362	49518	10395
植物产品	1633261	4240	221	892	592	1161905	0	464088	84	1239
食品	416195	1842	429	90	112	253116	2179	155382	3045	0
矿产品	54	2	0	0	0	0	0	52	0	0
化学制品	663978	771	100	476	0	644703	0	17928	0	0
塑料制品	42665	384	75	0	32	36454	0	5720	0	0
木制品	2563	75	106	240	0	566	0	1576	0	0
纤维制品	21810	1575	65	0	0	19107	0	1063	0	0
纺织品	1689	161	74	0	0	0	0	1454	0	0
石制品	294	57	18	0	0	0	0	219	0	0
金属制品	84853	20492	9676	0	30350	2203	0	22132	0	0
机电产品	7970	294	100	0	14	42	0	7520	0	0
车船产品	5252	30	6	0	0	0	0	5216	0	0
杂项	5731	343	14	0	0	0	0	5374	0	0

注：表中各 HS 章节下的产品受到的非关税措施包括重复记录。

资料来源：UNCTAD TRAINS 数据库，https：//trains. unctad. org/。

说明美国主要针对这些部门中进口额较多的产品实施非关税措施。此外，绝大多数部门零关税产品的非关税措施覆盖率大于部门整体的非关税措施频数占比，这说明针对零关税产品，美国更倾向于实施非关税措施。从零关税产品进口额受非关税措施影响的比重可以看出，动物产品、化学制品、玻璃制品、机器设备制品等仍然是受影响最大的产品。

从以上分析可以得出以下结论，非关税措施目前已经成为全球主要国家最常使用的贸易政策手段，其中 TBT 措施、SPS 措施和临时性贸易保护措施（包括反倾销、反补贴等）是非关税措施的主要类别。2008 年金融危机后，全球非关税措施数量出现常态化的增加，发达国家是全球非关税措施增加的主要主体。美国是全球非关税措施使用较多的国家之一，美国国内贸易政策的变迁也进一步表明，尽管美国不断深入推进自贸协定谈

表 3 - 6 美国非关税措施对进口部门的覆盖率与频数占比

部门	覆盖率（%）	频数占比（%）	影响税目数量（项）	零关税产品频数占比（%）	零关税产品覆盖率（%）	零关税产品进口额受非关税措施影响的比重（%）	零关税产品数量（项）
动物产品	100	100	320	100	100	52.06	182
食品	100	100	210	100	100	28.82	43
植物产品	100	100	350	100	100	39.03	96
燃油制品	99.49	58.97	23	58.33	93.94	7.46	21
运输制品	97.51	75.19	97	72.41	89.15	12.71	42
纺织品	94.50	94.97	755	92.65	97.34	2.78	63
化学制品	82.01	47.87	370	58.97	87.30	55.83	138
玻璃制品	80.28	39.90	77	54.41	92.81	40.16	37
机器设备制品	74.07	45.91	354	38.61	77.36	46.06	144
杂项	59.46	48.02	170	59.66	71.23	46.44	71
皮制品	46.51	88.41	61	100	100	1.90	10
鞋靴制品	44.85	42.55	20	30.77	27.77	1.97	4
塑料橡胶制品	41.06	46.45	98	20	38.27	3.03	9
矿产品	36.93	20.39	21	19.28	41.49	33.86	16
木制品	35.02	33.48	78	31.18	34.88	26.58	58
金属制品	29.20	30.25	170	16.56	16.40	7.52	50
所有部门	77.36	61.52	3174	51.36	74.86	30.15	984

资料来源：WITS 数据库，UNCTAD TRAINS 数据库。

判和多边贸易体制建设，但其国内贸易政策调整中仍难以避免引入妥协性条款，正是这些妥协性条款的引入使得美国非关税措施出现了 3 个明显增长的时期。2008 年金融危机后，美国非关税措施的变化呈现多样化、常态化的特点，非关税措施类型不断拓展，从最初的以 SPS 措施和 TBT 措施为主，逐渐发展为临时性贸易保护措施、出口补贴措施、限额措施等多种非关税措施。从美国非关税措施主要针对的国家来看，主要是高收入国家和中高收入国家，中国是受影响较大的国家之一。从产品角度来看，美国非关税措施一方面覆盖范围广，另一方面又有明显的针对性，SPS 措施主要针对农产品，TBT 措施和其他临时性贸易保护措施则主要针对制造业产品，尤其是钢铁制品。

第二节　美国对中国实施的非关税措施具体表现

将研究视角聚焦于中美两国。中国是美国非关税措施主要针对的国家之一，因此本节进一步分析美国针对中国实施非关税措施的特点。

图 3-5 为美国针对中国实施的非关税措施数量变化。美国针对中国实施的非关税措施有两个明显增长的时间点：一是 2001 年后，随着中国加入 WTO，美国每年针对中国的新增非关税措施超过 100 项；二是 2005 年后，美国每年针对中国的新增非关税措施接近或超过 300 项，特别是 2008 年金融危机之后，美国每年新增非关税措施快速增长，2015 年更是超过 600 项。2001 年美国整体的非关税措施数量并没有出现明显的增长，但针对中国"入世"，美国 2002 年的非关税措施出现一定程度的增长。2008 年金融危机后，美国针对中国的非关税措施的增长与美国整体非关税措施的变化趋势保持一致。

从美国针对中国实施的非关税措施类别及数量来看，SPS 措施和临时性贸易保护措施是最常用的两类措施，其次为出口相关措施和 TBT 措施（见表 3-7）。在美国实施的所有双边非关税措施中，针对中国的数量管控措施占 37.14%，TBT 措施占 44.23%，SPS 措施占 44.04%，出口相关措施占 50.82%，临时性贸易保护措施占 34.84%。可见，美国针对中国的非关税措施占据了美国整体双边非关税措施的重要部分。在美国实施的多边非关税措施中，SPS 措施和 TBT 措施是最为常用的两类，其次是出口相关措施。因此，综合来看，中国不仅受美国 SPS 措施和 TBT 措施的影响较大，也受出口相关措施和临时性贸易保护措施的影响。

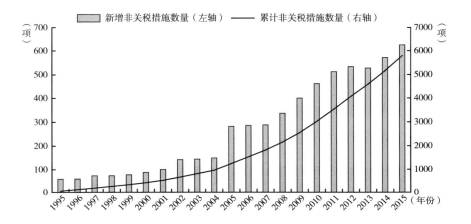

图 3 - 5 1995 ~ 2015 年美国针对中国实施的非关税措施数量变化

注：图中措施数量包括重复记录的非关税措施。

资料来源：UNCTAD TRAINS 数据库，https：//trains. unctad. org/。

表 3 - 7 美国针对中国实施的非关税措施类别及数量

双边非关税措施	数量(项)	针对中国的非关税措施(项)	占比(%)
SPS 措施	1585	698	44. 04
临时性贸易保护措施	287	100	34. 84
出口相关措施	61	31	50. 82
TBT 措施	52	23	44. 23
装运前检验措施	36	5	13. 89
数量管控措施	35	13	37. 14
价格管控措施	2	0	0. 00

资料来源：UNCTAD TRAINS 数据库，https：//trains. unctad. org/。

从产品角度考察美国对中国实施的非关税措施，表 3 - 8 将美国对中国实施非关税措施的产品单独列出。总体来看，各类措施所涉及的产品与表 3 - 5 保持一致，但仍有一些不同。化学制品、植物产品、食品、动物产品、金属制品是受美国非关税措施影响较大的产品类别。细分来看，首先，反倾销措施主要针对纤维制品、金属制品等，保障类措施主要影响金属制品。从前文分析可以看出，钢铁行业是美国非关税措施主要关注的行业，对于中国来说也是如此。其次，动物产品、食品受到的反补贴措施的影响较小，而美国对纺织品、石制品、车船产品实施的反补贴措施则全部针对中国；最后，化学制品和木制品受限额措施影响较大，食品受特别保障和关税配额措施影响较大。其他各类措施的数量占比则基本保持一致。

表3－8　美国对中国实施的非关税措施产品分布（海关章节）

单位：项

海关章节	总数量	反倾销	反补贴	限额类	保障类	SPS	特别保障	TBT	关税配额	出口补贴
动物产品	60509	367	3	112	32	32102	1339	24685	1701	168
植物产品	152591	84	48	18	82	106037	0	46301	21	0
食品	63295	323	26	12	16	36748	743	24503	924	0
矿产品	27	1	0	0	0	0	0	26	0	0
化学制品	157085	296	81	196	0	149640	0	6872	0	0
塑料制品	2090	161	7	0	0	972	0	950	0	0
木制品	2257	65	96	210	0	476	0	1410	0	0
纤维制品	18247	1499	30	0	0	15655	0	1063	0	0
纺织品	957	81	74	0	0	0	0	802	0	0
石制品	259	39	18	0	0	0	0	202	0	0
金属制品	5383	1617	268	0	1610	409	0	1479	0	0
机电产品	2189	116	79	0	14	42	0	1938	0	0
车船产品	1310	30	6	0	0	0	0	1274	0	0
杂项	5077	305	14	0	0	0	0	4758	0	0

资料来源：UNCTAD TRAINS 数据库，https：//trains. unctad. org/。

从美国对中国实施的双边非关税措施涉及的产品来看，美国的反倾销和反补贴措施主要针对动物产品、饮料烟草等制品、化工制品、纸制品、金属制品（见表3－9）。这与前文美国整体非关税措施所涉及的产品基本

一致，但是值得注意的是，在美国整体非关税措施中，对这些产品多施加
SPS 措施和 TBT 措施，而对中国则额外采取了"双反"措施。

表 3 - 9　美国对中国实施的双边非关税措施产品分布（海关章节）

单位：项

海关章节	反倾销措施	反补贴措施	SPS 措施	总数量
动物产品	367	3	0	370
植物产品	84	48	56	188
饮料烟草等制品	323	26	0	349
矿产品	1	0	0	1
化工制品	296	81	0	377
塑料橡胶等制品	161	7	0	168
木制品	65	96	0	161
纸制品	1499	30	0	1529
纺织品	81	74	0	155
玻璃制品	39	18	0	57
金属制品	1617	268	0	1885
机电产品	116	79	0	195
交通运输制品	30	6	0	36
杂项	305	14	0	319

注：表中的非关税措施仅统计了美国针对中国实施的非关税措施，不包括美国实施的针对所
有国家的非关税措施。

资料来源：UNCTAD TRAINS 数据库，https：//trains. unctad. org/。

2018 年，美国对中国制造业多种产品挑起贸易争端并施加惩罚性关
税。为了判断美国实施的非关税措施对不同技术复杂度行业是否存在同样
影响，本节按照 Lall（2001）的分类方法，首先将 HS - 6 位产品转换为
SITC Rev. 3，然后将产品所属行业划分为初级产品行业、资源性产品行
业、低技术产品行业、中等技术产品行业、高技术产品行业，并分析每个
行业非关税措施的数量分布情况。

由表 3 - 10 可以看出，美国对中国实施的非关税措施主要针对低技术产品行业和资源性产品行业，其次为中等技术产品行业。不同行业受非关税措施的影响不同，因此有必要在下文的实证分析中对此进行异质性分析。

表 3 - 10　美国对中国实施的非关税措施产品分布（分行业）

单位：项

行业	反倾销	反补贴	SPS	总数量
初级产品行业	319	18	56	393
资源性产品行业	961	247	0	1208
低技术产品行业	2029	245	0	2274
中等技术产品行业	620	191	0	811
高技术产品行业	29	19	0	48

注：表中的措施数量包括重复统计。
资料来源：UNCTAD TRAINS 数据库，https：//trains. unctad. org/。

总体来看，美国对中国实施的非关税措施与美国整体的非关税措施有一定的相似之处，但也有一定特点。除 TBT 措施和 SPS 措施外，中国也更多地受到美国临时性贸易保护措施的影响。且美国针对中国实施的非关税措施在产品、部门、行业等多个维度上均存在差异化。双重措施的叠加不仅提升了中国出口企业的合规成本，而且在中美贸易摩擦不断加剧的前提下，增加了中国出口企业面临的不确定性。

第三节　中国企业出口二元边际分解

从 1978 年改革开放到 2018 年，中国外贸走过了波澜壮阔的 40 年。随着全球关税水平的不断下降，非关税措施数量快速上升。由于非关税措施主要针对产品实施，因此从微观层面考察中国企业出口的具体情况很有必要。

一 中国企业出口二元边际分解

本节主要利用海关进出口数据库从微观层面考察企业出口的二元边际。海关进出口数据库按月统计了中国从事进出口贸易企业的详尽信息，包括出口产品（HS－8 位产品编码）、出口额、出口市场等。为与非关税措施 TRAINS 数据库对应，本节首先将企业的月进出口额加总为年进出口额，其次将 HS－8 位产品编码汇总至 HS－6 位产品编码并剔除重复值，最后考虑到加工贸易不能有效反映企业主动选择出口产品和市场的决策行为，因此，本节借鉴钟腾龙等（2018）的方法仅保留一般贸易的进出口数据样本。

另外，Ahn 等（2011）指出，中国出口企业中从事中间品出口的企业无论在出口目的地市场的数量还是在出口产品的种类方面均超过直接出口企业，主要原因在于中间商出口企业往往具有更为丰富的国际贸易经验，它们在选择出口产品种类和出口目的地市场时与直接出口企业不同，更多的是依靠自身经验和对贸易伙伴国贸易环境的熟悉度，并不能真实反映中国出口企业在面对美国非关税措施时的决策行为。因此，本节借鉴 Ahn 等（2011）文献中的做法，将企业名称中包含"进出口""贸易""经贸""外贸""外经""工贸""科贸"等关键词的出口企业定义为中间商出口企业，并将其从样本中剔除；此外，本节还剔除了海关进出口数据库中企业编码为空或企业名称为空的样本。

图 3－6 反映了 2000～2014 年从事一般贸易的直接出口企业数量变化趋势。在样本区间内，中国出口企业的数量持续增长，从 2001 年的 4 万家增长至 2014 年超过 23 万家，对美国出口的企业数量也从 2001 年的 9642 家增长至 2014 年的 56885 家。从占比来看，2001 年中国加入 WTO 后，对美国出口企业占出口企业总数的比例持续提升，2007 年达到最大值 33.2%。金融危机后，该比例持续降低，2014 年为 24%。

图 3－7 对出口企业进行分类，反映了从事一般贸易的直接出口企业

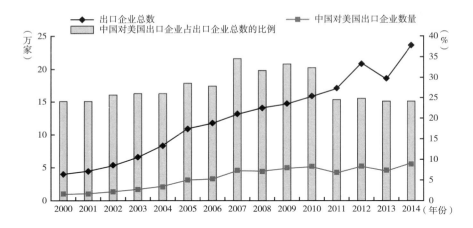

图 3 - 6   2000 ~ 2014 年中国出口企业数量变化

资料来源：根据中国海关进出口数据库整理。

中多产品企业（出口两种及以上产品）和多市场企业（出口至两个及以上目的地）的数量与出口额占比。样本期内，多产品企业数量占出口企业总数的比例为 58.1% ~ 72.2%，多产品企业出口额占总出口额的比例维持在 86.3% ~ 92.6%，两者趋势均较为平稳。多市场企业数量占出口企业总数的比例为 37.5% ~ 69.1%，2008 年金融危机前呈上升趋势，随后逐渐下降；多市场企业出口额占总出口额的比例为 74.6% ~ 88.7%。这表明多产品、多市场企业是中国出口的主要贡献力量。

从表 3 - 11 可以看到，单一产品、单一市场出口企业的数量为 107104 家，占出口企业总数的 23.3%。这表明，绝大多数企业（76.7%）至少出口 2 种产品或出口到 2 个市场，市场层面的扩展维度仅存在于出口产品种类不小于 2 种的企业中。从单一市场出口企业来看，有 16.9% 的企业出口 2 种及以上产品到同一目的地市场，有 10.4% 的企业出口 3 种及以上产品，实现了产品层面扩展边际（出口产品种类）的增长。出口超过 100 种产品至 50 个以上目的地市场的企业数量占出口企业总数的比例仅为 0.6%。

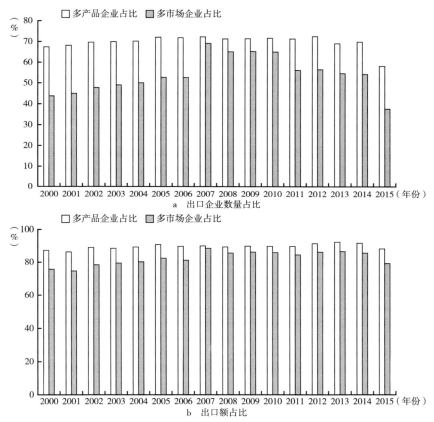

图 3 - 7　2000~2015 年多产品、多市场出口企业数量与出口额占比

资料来源：根据中国海关进出口数据库整理。

表 3 - 11　样本期内不同产品 - 市场组合出口企业数量分布

单位：家

产品数量	市场数量				合计
	1 个	2 个	3~50 个	50 个以上	
1 种	107104	0	0	0	107104
2 种	29975	39069	0	0	69044
3~100 种	47678	49724	175151	2	272555
100 种以上	241	164	8564	2796	11765
合计	184998	88957	183715	2798	460468

资料来源：根据中国海关进出口数据库整理。

从表 3 - 12 可以看出，样本企业平均出口额与出口产品种类和出口目的地市场存在明显的正相关关系，单一产品、单一市场出口企业的平均出口额仅约为 86 万美元，而出口 100 种以上产品到 50 个以上目的地市场的出口企业平均出口额约达到 6994 万美元，前者仅为后者的 1.23%。这进一步表明多产品、多市场出口企业是中国出口快速增长的主要贡献力量。

表 3 -12　样本期内不同产品 - 市场组合出口企业平均出口额

单位：美元

产品数量	市场数量				
	1 个	2 个	3 ~ 50 个	50 个以上	合计
1 种	861334	0	0	0	861334
2 种	1355292	1675101	0	0	3030393
3 ~ 100 种	1719764	2266955	5749971	27000616	36737306
100 种以上	49540464	25448630	35219912	69942952	180151958
合计	53476854	29390686	40969883	96943568	220780991

资料来源：根据中国海关进出口数据库整理。

图 3 -8 从企业类型的角度考察了 2000 ~ 2014 年中国不同类型的出口企业数量的变化，样本期内私营企业、外商独资企业和中外合资企业是出口企业中占比最高的三类。得益于中国加入 WTO，三类出口企业的数量均逐渐增长，其中私营企业出口数量增长最快，2006 年达到 49623 家，占当年出口企业总数的 42.9%。2007 年金融危机使得出口企业数量锐减，私营企业受到的负面影响最大，由最高点跌至 2013 年 17293 家，减少约 65.2%，低于外商独资企业（21003 家）。这表明，面对宏观经济波动，中国国内的私营企业仍缺乏一定的应对能力。国有企业与集体企业则分别列第四位和第五位。2014 年，从事直接出口的国有企业数量为 2354 家，相比 2005 年最高点的 6497 家下降 63.8%，这表明虽然国有企业在整体体量上强于私营企业，但仍缺乏有效应对经济波动的能力。

借鉴 Amador 和 Opromolla（2013）的方法，结合本节主要研究内容，

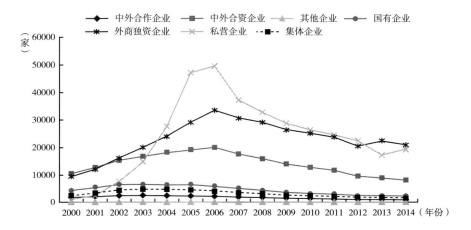

图 3 - 8   2000 ~ 2014 年中国不同类型出口企业数量变化

资料来源：根据中国海关进出口数据库整理。

根据企业、产品在市场的进入和退出行为，分别将出口企业、出口产品和出口目的地市场各划分为 3 个类型。企业层面，将样本企业划分为持续出口企业、准退出出口企业和进入出口企业。持续出口企业指的是连续 3 年存在出口行为的企业，准退出出口企业指的是连续两年出口随后不再出口的企业，其他归为进入出口企业。在出口产品层面和出口目的地市场层面采用同样的分类方法。基于以上分类，可以有效识别各个类别对中国一般贸易出口增长的贡献。

表 3 - 13 报告了 2001 ~ 2014 年出口企业层面出口额增长的二元边际。按照前文提到的分类方法，计算了 3 类企业出口额的变化，持续出口企业的出口额变化为集约边际，准退出出口企业与进入出口企业的出口额变化为扩展边际。具体来看，第一，从事一般贸易的出口企业出口额增长迅速，除 2009 年受金融危机影响增长率为负外，其他年份的增长率处于 18.34% ~ 80% 区间。第二，持续出口企业是中国一般贸易出口额增长的主要力量，这也与已有研究一致。第三，由于本节将准退出企业定义为连

续两年出口但之后年份退出市场的相关企业，因此，准退出出口企业在退出当年仍会出口。从扩展边际来看，除个别年份外，进入出口企业的出口额增长率大于准退出出口企业，这说明进入出口企业是扩展边际的主要贡献来源。第四，受金融危机影响，2009 年出口额为负增长，其中持续出口企业出口额降低 16.98%，是出口额负增长的主要原因，但受 2008 ~ 2010 年中国经济刺激政策的影响，2010 年出口额增速高达 30.83%，降低了金融危机的负面影响。

表 3 - 13　2001 ~ 2014 年出口企业出口额增长的二元边际

单位：%

年份	总增长率	集约边际	扩展边际	
		持续出口企业	准退出出口企业	进入出口企业
2001	30.21	24.36	0.38	5.46
2002	35.73	28.59	0.27	6.86
2003	34.25	30.01	0.48	3.76
2004	34.64	27.14	0.34	7.16
2005	29.84	19.66	1.24	8.94
2006	25.31	27.05	-0.22	-1.52
2007	18.34	16.30	1.50	0.54
2008	20.17	22.66	2.03	-4.52
2009	-21.46	-16.98	-2.23	-2.26
2010	30.83	29.81	0.28	0.74
2011	21.55	18.01	2.14	1.40
2012	80.00	36.68	0.26	43.06
2013	30.15	23.56	3.76	2.83
2014	28.21	25.61	1.86	0.74

资料来源：根据中国海关进出口数据库整理。

持续出口企业内产品维度的出口边际分解。表 3 - 14 报告了持续出口企业样本下，产品维度层面贸易增长的二元边际。集约边际表示同一产品出口规模的变化，扩展边际分为准退出出口企业和进入出口企业，即老产

品退出和新产品进入带来的出口额增长。持续出口企业内产品维度的出口
边际分解存在以下特点：第一，与企业层面类似，产品维度出口额增长主
要来自集约边际的增长；扩展边际中，进入出口的产品出口额的贡献率大
于准退出出口的产品。第二，进一步计算发现，持续出口企业平均每年出
口的产品数量为 3 ~ 9 种，其中持续出口的产品数量为 1 ~ 3 种，进入出口
的产品约 2 种，准退出出口的产品为 1 种，这表明持续出口企业存在多种
产品转换行为，即在出口核心产品外，还尝试调整出口不同种类的产品。
第三，受 2009 年金融危机影响，持续出口企业产品维度出口额总增长率
为 - 16. 98% ，其中，集约边际降低 13. 44% ，扩展边际降低 3. 54% ，这
表明在面对外部经济冲击时，持续进口企业主要采取减少已有出口产品即
核心产品的策略，更倾向于出口多种产品以分散风险。

表 3 - 14　2001 ~ 2014 年持续出口企业产品维度出口额增长的二元边际

单位：%

年份	总增长率	集约边际	扩展边际	
		持续出口产品	准退出出口产品	进入出口产品
2001	24. 36	20. 61	0. 12	3. 63
2002	28. 59	22. 27	- 0. 49	6. 81
2003	30. 01	28. 45	0. 8	0. 76
2004	27. 14	22. 75	0. 22	4. 17
2005	19. 66	17. 5	0. 11	2. 05
2006	27. 05	21. 69	2. 23	3. 13
2007	16. 3	12	- 0. 29	4. 59
2008	22. 66	24. 8	1. 09	- 3. 23
2009	- 16. 98	- 13. 44	- 1. 28	- 2. 26
2010	29. 81	28. 13	0. 72	0. 96
2011	18. 01	11. 85	4. 21	1. 95
2012	36. 68	23. 66	- 0. 65	13. 67
2013	23. 56	22. 91	- 0. 76	1. 41
2014	25. 61	22. 35	1. 46	1. 80

资料来源：根据中国海关进出口数据库整理。

持续出口企业内市场维度的出口边际分解。表3-15报告了2001~2014年持续出口企业在市场维度的出口额增长二元边际，集约边际表示持续出口企业出口至单一市场的贸易额变化，扩展边际表示持续出口企业进入或退出某一市场的出口额变化。从表3-15中可以看出，持续出口企业市场维度的二元边际存在以下特点。第一，持续出口企业市场维度出口额增长迅速。从逐年增长率来看，集约边际出口增速为-11.37%~28.01%，对总增长率的贡献处于41.3%~105.9%；扩展边际出口增速为-5.61%~10.57%，对总增长率的贡献处于-5.9%~58.7%。集约边际出口增速对持续出口企业市场维度总出口额增长的贡献最大，但扩展边际出口增速的贡献度仍不能忽略。第二，在扩展边际中，大部分年份进入出口市场的贡献度最大，但也存在少数年份，如2006年、2008年进入出口市场的贡献度不如准退出出口市场。第三，进一步计算发现，持续出口企业平均每年出口至3~9个市场，其中持续出口市场个数有3~5个，进入出口市场个数有1~3个，准退出出口市场个数有1个。同产品维度类似，持续出口企业同样存在多种市场转换行为。第四，受金融危机影响，2009年持续出口企业市场维度出口额增速为-16.98%，其中集约边际增速为-11.37%，扩展边际中进入出口市场增速为-4.06%，准退出出口市场增速为-1.55%，这表明持续出口企业面对外部经济波动时，倾向于减少已出口市场的出口额，且进入和退出出口市场的调整幅度大于产品层面进入和退出的幅度。

基于前文对中国出口企业、产品和市场维度的总体分析，本节进一步从异质性的角度对行业、企业和出口市场二元边际的差异进行分析。具体来说，从不同要素密集度行业、不同所有制类型的企业以及不同收入水平的出口市场三个方面分析二元边际的异质性特征。

行业异质性。借鉴祝树金和张鹏辉（2013）的方法，本节首先将HS-6位产品编码与国民经济二位码行业对应并将出口额加总至行业层面，随后将29个制造业行业划分为13个劳动密集型和16个资本技术密集型行业，分别计算这两类行业出口的集约边际和扩展边际，如图3-9所示。

表 3 - 15　2001 ~ 2014 年持续出口企业市场维度出口额增长的二元边际

单位：%

年份	总增长率	集约边际	扩展边际	
		持续出口市场	准退出出口市场	进入出口市场
2001	24.36	20.59	1.20	2.57
2002	28.59	21.59	0.76	6.24
2003	30.01	23.90	1.32	4.79
2004	27.14	21.69	0.11	5.34
2005	19.66	15.90	0.13	3.63
2006	27.05	19.86	3.66	3.53
2007	16.30	12.80	- 1.97	5.47
2008	22.66	24.00	1.76	- 3.10
2009	- 16.98	- 11.37	- 1.55	- 4.06
2010	29.81	26.24	0.94	2.63
2011	18.01	7.44	5.20	5.37
2012	36.68	28.01	0.93	7.74
2013	23.56	20.56	- 1.36	4.36
2014	25.61	22.35	2.33	0.93

资料来源：根据中国海关进出口数据库整理。

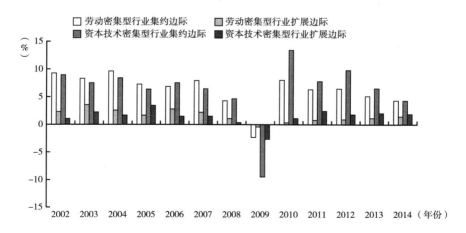

图 3 - 9　2002 ~ 2014 年不同行业层面出口二元边际

资料来源：根据中国海关进出口数据库整理。

整体来看，各类型行业的集约边际变化均大于扩展边际的变化。加入
WTO 后，劳动密集型和资本技术密集型行业的集约边际均快速增长，前
者增速略大于后者。金融危机发生后，两者集约边际增速均为负值，资本
技术密集型行业受影响较大。随后，在国家经济政策的刺激下，两类行业
均快速复苏，其中资本技术密集型行业无论在集约边际还是扩展边际上均
大于劳动密集型行业，这说明我国出口行业要素结构不断优化升级，从传
统的劳动密集型行业转向高附加值的资本技术密集型行业。

企业异质性。基于海关数据库中的企业所有制类型，本节将其汇总为国
有企业、民营企业、外资企业（包括所有与外资相关的企业所有制类型）3
类，并计算不同所有制类型出口企业的二元边际（见图 3 - 10）。总体来看，
与前文的分析结论一致，各类型企业的集约边际均大于扩展边际。金融危机
之前，外资企业的集约边际增长最快，国有企业次之，民营企业最慢；而扩
展边际方面，民营企业增长最快，外资企业次之，国有企业最慢。2009 年三
类企业的集约边际和扩展边际均出现负增长，外资企业和国有企业受到的负
面影响最为严重。金融危机后，虽然三类企业的集约边际均有所恢复，但仍
达不到危机前水平。国有企业和外资企业在 2010 年和 2011 年的扩展边际仍为
负增长，表明国有企业和外资企业对金融危机的冲击较为敏感。

出口市场异质性。按照世界银行公布的分类标准，本节将样本国家分
为高收入国家、中高收入国家、中低收入国家、低收入国家 4 类，并基于
出口市场异质性计算了不同收入水平出口市场的二元边际（见图 3 - 11）。
总体来看，中国出口企业对高收入国家出口的集约边际和扩展边际变化幅
度最大，出口到中高收入国家的二元边际变化幅度居第二位，出口到中低
收入国家的二元边际变化幅度最小，而出口到低收入国家的出口二元边际
贡献率非常低。金融危机后，出口至高收入国家的二元边际有所下降。
"一带一路" 倡议提出后，中国出口企业向中高收入国家和中低收入国家
出口的集约边际和扩展边际均出现了一定幅度的增长，但仍小于出口至高

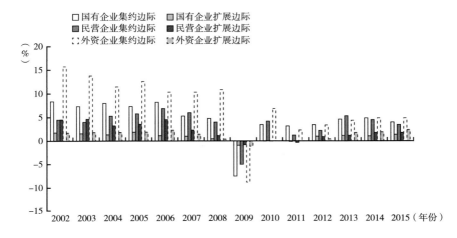

图 3 - 10 2002 ~ 2015 年不同所有制类型出口企业二元边际

资料来源：根据中国海关进出口数据库整理。

收入国家的二元边际。可见，中国出口企业主要依赖高收入国家，且容易受到负面冲击的影响。

二 中国对美国出口企业现状

将中国对美国出口企业样本单独列出，表 3 - 16 报告了中国对美国出口企业类型及数量变化情况。整体来看，外资企业，包括中外合作、中外合资、外商独资企业是中国对美国出口企业的主要类型。具体来看，2001 ~ 2007 年，各类型出口企业数量均呈现快速增长的趋势，特别是私营企业，从 2001 年的 688 家快速增加至 2007 年的 14069 家，超过外商独资企业，成为中国对美国出口企业中占比最高的企业类型。2008 年金融危机后，各类型出口企业数量快速下滑。2011 年，各类型出口企业数量几乎降至 2007 年最高点的一半。2007 年，国有企业数量为 2168 家，而 2011 年仅为 1020 家；外商独资企业 2007 年为 10995 家，而 2011 年仅为 6915 家；私营企业数量降至 6760 家。2011 年后随着世界经济缓慢复苏，各类型出口企业数量呈现缓慢复苏趋势，但仍未恢复至危机前水平。

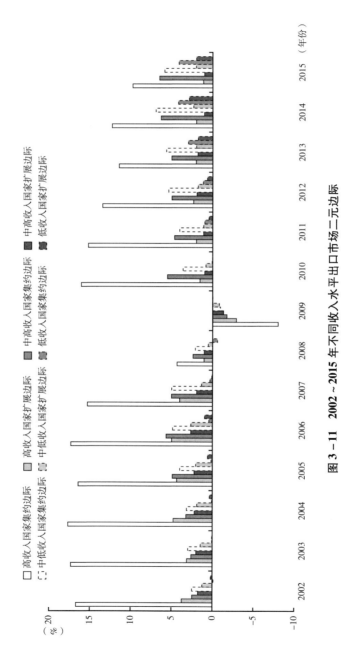

图 3-11 2002～2015 年不同收入水平出口市场二元边际

资料来源：根据中国海关进出口数据库整理。

表3-16　2001~2014年中国对美国出口企业类型及数量变化

单位：家

年份	中外合作企业	中外合资企业	国有企业	外商独资企业	私营企业	集体企业
2001	470	2816	2037	2787	688	908
2002	595	3671	2257	3869	2028	1218
2003	649	4177	2233	4869	3821	1340
2004	638	4635	2085	5997	7139	1331
2005	657	5294	2184	7874	13766	1356
2006	617	5650	1892	9213	13228	1221
2007	702	6272	2168	10995	14069	1245
2008	505	5274	1892	9228	11451	1131
2009	515	4825	1538	9629	10545	947
2010	532	4199	1452	9020	9409	813
2011	354	3159	1020	6915	6760	643
2012	276	2691	839	6099	6710	573
2013	282	2465	829	6734	4717	514
2014	259	2277	750	6386	5518	471

注：由于个体工商户出口企业数量较少（小于10家），故表中并未列出；表中统计的企业数量不包括海关进出口数据库中企业类型缺失的样本。

资料来源：根据中国海关进出口数据库整理。

　　从中国对美国出口企业类型出发，本节进一步将企业类型与出口产品相结合，考察不同企业类型的出口产品是否呈现一定规律性。由于美国实施的非关税措施是针对产品的，因此企业与非关税措施相互联系的"桥梁"便是不同类型企业出口的产品类别。为方便说明，本节将海关进出口数据库中的相关企业类型整合为国有企业、外资企业和民营企业3类。其中民营企业包括个体工商户、私营企业、集体企业，外资企业包括中外合作企业、中外合资企业、外商独资企业。各类企业的出口产品分布（HS章节）见图3-12。

　　由图3-12可以看到，各类型企业出口的农产品均较少，制造业产品较多；民营企业各类型产品均出口最多，外资企业次之，国有企业最少，

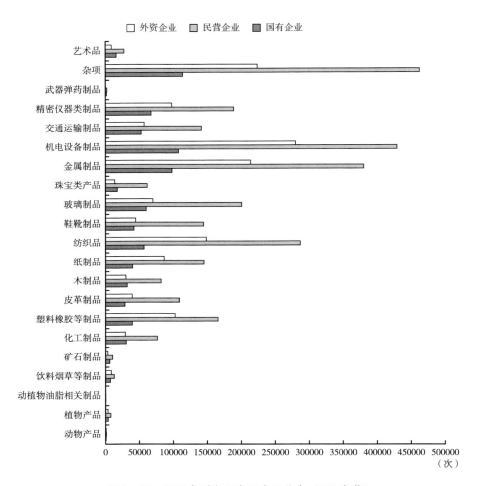

图 3 - 12 不同类型企业出口产品分布（HS 章节）

注：水平轴表示各 HS 章节下产品的出口次数。
资料来源：根据中国海关进出口数据库整理。

这与前文不同类型企业出口额的趋势保持一致。从产品层面来看，机电设备制品、金属制品、纺织品、玻璃制品、精密仪器类制品是占比较高的产品类别，而这些也是美国非关税措施涉及的主要类别。细分来看，国有企业机电设备制品、金属制品和精密仪器类制品的出口较多，此外在玻璃制品、纺织品和交通运输类制品出口也较多；而民营企业和外资企业在塑料橡胶等制品、纸制品、化工制品等方面出口也较多。

第四节 美国非关税措施与中国企业出口的经验证据

无论是从美国整体的非关税措施还是美国对中国实施的非关税措施来看，其数量不断增长，涉及产品范围也呈现不断扩大趋势。而从中国企业出口现状来看，多产品、多市场企业是出口的主要力量。本节进一步说明美国非关税措施与中国对美国出口企业之间存在何种关系。

一 美国非关税措施与中国出口企业层面二元边际的经验证据

为了更为清晰地展示美国非关税措施与中国企业出口的经验证据，本节在参考上一节企业样本的基础上，保留至少连续 5 年出口的中国对美国出口企业样本，以减少偶然出口企业造成的偏误。按照本书第一章第三节对出口二元边际的概念界定，从企业层面二元边际来说明，包括企业进入市场和退出市场以及企业出口额。图 3 - 13 为 2001 ~ 2014 年美国非关税措施数量与中国新增对美出口企业的关系。这里新增对美出口企业指的是每年新进入美国市场的中国出口企业数量，图中采用新增对美出口企业占对美出口企业总数的比重来表示。可以看到，随着美国非关税措施数量的不断增长，中国新增对美出口企业占对美出口企业总数的比重逐渐下降，两者呈现显著的负相关性。从中国新增对美出口企业占对美出口企业总数的比重来看，金融危机前，每年新增企业的比重达到 25% 左右；金融危机后，这一比例快速下降，虽然在 2011 年暂时恢复至 25%，但随后又快速下降，2014 年这一比重仅为 5%。

图 3 - 14 展示了 2001 ~ 2014 年美国非关税措施数量与退出美国市场的中国出口企业的关系。退出美国市场的中国出口企业指的是在样本期内存在对美出口记录，但随后出口为零的企业样本。图中使用退出美国市场

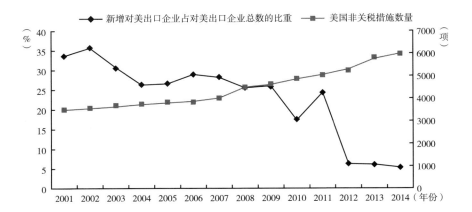

图 3 - 13   2001 ~ 2014 年美国非关税措施数量与中国新增对美出口企业的关系

资料来源：根据中国海关进出口数据库和 TRAINS 数据库整理。

的中国出口企业占对美出口企业总数的比重来表示。可以看到，美国非关税措施数量与退出美国市场的中国出口企业比重呈现显著的正相关关系。随着美国非关税措施数量的不断增长，退出美国市场的中国出口企业的比重虽有波动，但总体呈上升趋势。

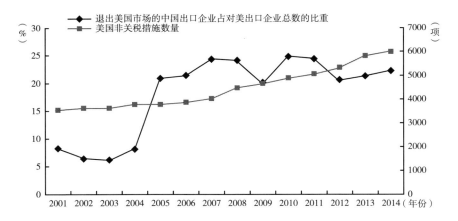

图 3 - 14   2001 ~ 2014 年美国非关税措施数量与退出美国市场的中国出口企业的关系

资料来源：根据中国海关进出口数据库和 TRAINS 数据库整理。

图 3 - 15 展示了 2001 ~ 2014 年美国非关税措施数量与中国对美出口企业出口额的关系，其中企业出口额为年度企业出口额加总。由于样本企业均为从事一般贸易出口的企业，图中进一步使用企业出口额占对美一般贸易总出口额的比重来表示。可以看到，两者呈现明显的负相关关系。实际上，2003 年之后，从事一般贸易的连续出口企业出口额占对美一般贸易总出口额的比重便不断走低，表明中国从事对美一般贸易的出口企业中，短时出口企业或临时出口企业的出口额占主要地位。由于中国刺激出口政策的出台，2011 年该比重出现暂时性上升，随后持续下降，与美国实施的非关税措施数量呈现明显的负相关关系。

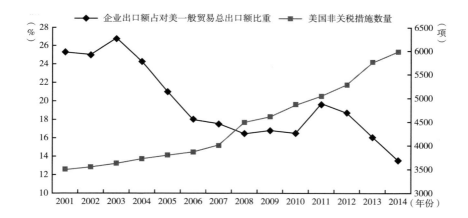

图 3 - 15 2001 ~ 2014 年美国非关税措施数量与中国对美出口企业出口额的关系

资料来源：根据中国海关进出口数据库和 TRAINS 数据库整理。

二 美国非关税措施与中国出口产品层面二元边际的经验证据

本节从出口产品层面出发，分析美国非关税措施与出口产品层面二元边际的经验证据，主要包括出口产品种类、出口产品价格和出口产品质量。图 3 - 16 展示了 2001 ~ 2014 年美国非关税措施数量与样本企业出口产品种类的关系，其中出口产品种类以 HS - 6 位产品编码的种类数量表示，图中采用了样本企业出口产品种类占中国对美出口企业总出口产品种类的比重。可以看到，美国非关税措施数量与样本企业出口产品种类呈现明显的负相关关系。从样本企业出口产品种类占总出口产品种类的比重来看，连续出口企业是中国出口产品种类的主要贡献力量，2006 年占比约为 81%，随后呈现持续下降趋势，尽管如此，2014 年该比例仍约为 77%。

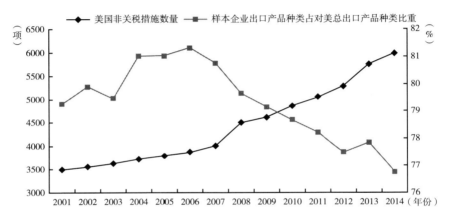

图 3－16　2001～2014 年美国非关税措施数量与样本企业出口产品种类的关系

资料来源：根据中国海关进出口数据库和 TRAINS 数据库整理。

图 3－17 展示了 2001～2014 年美国非关税措施数量与中国出口产品价格的关系，其中出口产品价格以对数形式表示。可以看到，随着美国非关税措施数量的快速增长，中国出口至美国的产品价格也呈上涨趋势，两者有明显的正相关关系。

图 3－18 展示了 2001～2014 年美国非关税措施数量与中国出口产品质量的关系，其中出口产品质量的数据来自 OECD 数据库的出口产品质量指数。可以看到，随着美国非关税措施数量的快速增长，中国出口产品质量呈现上升趋势。

综上所述，通过比较美国非关税措施数量与中国出口企业和出口产品

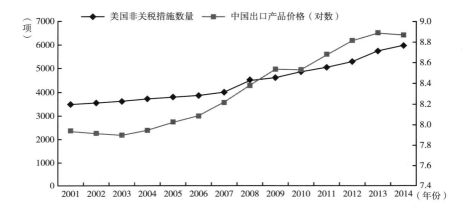

图 3 - 17　2001～2014 年美国非关税措施数量与中国出口产品价格的关系

资料来源：根据中国海关进出口数据库和 TRAINS 数据库整理。

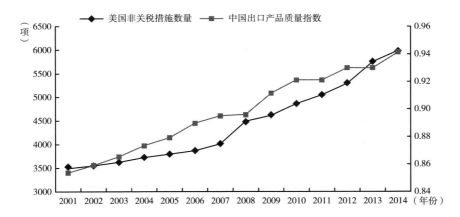

图 3 - 18　2001～2014 年美国非关税措施数量与中国出口产品质量的关系

资料来源：根据 OECD 数据库和 TRAINS 数据库整理。

层面的二元边际，发现美国非关税措施数量与中国出口企业进入市场、出口额和出口产品种类呈现负相关关系，与中国出口企业退出市场、出口产品价格和出口产品质量呈现正相关关系。当然，此处的经验证据只是基于数据的描述性统计，关于美国非关税措施数量对中国出口企业及出口产品层面二元边际的实际影响依然需要在控制其他影响因素的基础上，利用实证模型进行分析，这也是本书接下来要解决的问题。

本章小结

本章主要对美国非关税措施与中国企业出口现状进行分析，首先，对当下全球非关税措施的现状进行简要分析；其次，就本书所着重考察的对象——美国非关税措施的整体实施情况以及美国对中国实施的非关税措施情况进行详细分析；再次，对中国企业出口现状以及中国对美出口企业的现状进行介绍；最后，给出美国非关税措施数量和中国企业出口二元边际的经验证据。得出的主要结论如下。

第一，非关税措施呈现明显的由数量型措施向质量型措施转变的趋势。2001 年之前，非关税措施多以限额类、补贴等形式呈现；2008 年之后，非关税措施以 SPS 措施、TBT 措施、"双反"调查等临时性贸易保护措施的质量型措施呈现。此外，非关税措施的使用与经济发展水平呈现明显的相关性，发达国家如美国与欧盟国家是全球非关税措施的主要实施者，同时也是受非关税措施影响的国家。从产品层面来看，非关税措施覆盖范围广，其中，机械运输设备、农产品、塑料化工制品等受到的影响最大。

第二，将视线聚焦于美国普遍实施以及美国对中国实施的非关税措施。金融危机前，美国实施的非关税措施以 SPS 措施和 TBT 措施为主；金融危机后，美国非关税措施呈现多样化、常态化特点，从最初的以 SPS 措施和 TBT 措施为主，逐渐发展为临时性贸易保护措施、出口补贴、限额等多样化的非关税措施。从产品层面来看，美国实施的非关税措施涵盖了 HS - 2 位产品编码 97 种产品中的 59 种产品，对中国实施的非关税措施也存在明显的行业效应，对低技术产品行业、资源性产品行业和中等技术产品行业实施的非关税措施数量较多。

第三，加入 WTO 和金融危机是影响中国出口增长的主要外部事件，前者显著增加了中国的出口，而后者则显著影响了中国的出口。从企业类型来看，中国出口企业存在显著的类型差异，外商投资企业、外资（独资）企业是中国出口额快速增长的"发动机"，国有企业与中外合资经营企业出口规模相当，但国有企业的出口增速和规模均存在下滑趋势；民营企业的出口规模快速增长，成为推动中国出口增长的新动力。从二元边际的视角进一步考察中国出口企业现状，多产品、多市场企业占据出口的主体地位，是中国出口额的主要贡献力量。将企业划分为持续出口企业、准退出出口企业和进入出口企业，分别计算了中国出口企业层面、产品层面和市场层面的二元边际，发现中国出口主要依靠持续出口企业、产品以及市场的集约边际，扩展边际的贡献有限；进一步，从企业异质性、行业异质性和出口市场异质性的角度考察中国出口二元边际，发现中国出口行业要素结构不断优化升级，从传统的劳动密集型行业转向高附加值的资本技术密集型行业；民营企业和外资企业无论是出口集约边际还是扩展边际均大于国有企业；中国出口增长主要依靠向高收入国家的出口，随着"一带一路"倡议的实施，中国出口企业向中高收入国家和中低收入国家出口的集约边际和扩展边际均出现了一定幅度的增长。

第四，将视线聚焦于中国对美出口企业样本。从企业层面来看，外资企业，包括中外合作、中外合资、外商独资企业是中国对美出口企业的主要类型。从出口产品层面来看，在 HS 编码的 20 个章节下，中国对美出口额占中国总出口额的比例超过 20% 的有 15 个章节，主要涉及机电设备制品、金属制品、纺织品、玻璃制品、精密仪器类制品等美国非关税措施涉及较多的产品。中国不同类型出口企业的出口产品呈现一定规律性，农产品出口较少，制造业产品出口较多，且出口较多的产品同样也是美国非关税措施涉及的产品。

　　第五，从美国非关税措施数量与中国出口企业层面和产品层面的二元边际来看，美国非关税措施数量与中国出口企业进入市场、出口额和出口产品种类呈现负相关关系，与中国出口企业退出市场、出口产品价格和出口产品质量呈现正相关关系。

　　综上所述，从非关税措施数量的变化趋势来看，非关税措施已成为当下影响国际贸易的主要因素。将视线聚焦于中美两国，美国实施的非关税措施数量多，涉及产品范围广，并且呈现明显的行业异质性，而中国对美出口企业也存在企业类型以及出口产品的差异性，这意味着不同类型的企业面对美国非关税措施时受到的影响不同。美国实施的非关税措施与中国出口企业层面和出口产品层面的二元边际存在明显的相关关系。对此，本书将在第五章和第六章运用更为精确的数据，利用实证模型分别从企业层面和产品层面考察美国非关税措施对其二元边际的影响。

4 进口需求弹性测算及美国非关税措施量化

非关税措施针对规格、标准等做出规定，从而给企业生产和出口带来额外成本，进而对一国出口商品的价格和贸易流量产生影响（Fischer 和 Serra，2000；Baldwin 和 Okubo，2005；Ganslandt 和 Markusen，2001）。因此，非关税措施的影响评估方法主要包括价格法（Price-based Approach）与流量法（Quantity-based Approach）。本书拟研究非关税措施对企业出口二元边际的影响，因此本章的后续安排如下：第一，借鉴 Kee 等（2008）的相关方法，采用更具时效性的数据，在解决模型内生性问题的基础上，对 HS – 6 位产品层面进口需求弹性进行重新测算；第二，基于流量法对美国 2001～2015 年各类别非关税措施进行量化，为考察美国非关税措施对中国企业出口二元边际的影响打下基础。

第一节　进口需求弹性测算

进口需求弹性，顾名思义，就是某一进口商品的价格变动引起需求的变动值。Kee 等（2008）利用 1988～2001 年的贸易数据估计了 117 个国家 4900 种商品（HS – 1988 版本）的进口需求弹性。后续的学者多采用其弹性数据。但 Kee 等（2008）文献中使用的数据较早，特别 2008 年金融危机后，国际经济与贸易发生了较大的变化，各国间的进口需求弹性也势必发生了变化。本书在 Kee 等（2008）的基础上，对实证模型中存在的内生性进行有效处理，利用 1995～2014 年的贸易数据，对进口需求弹性进行更新测算。

一　计量模型构建

假定一国共有 M 种生产要素，生产 N 种产品，借鉴 Kohli（1993）的产出最大化方程，在给定世界价格 $\tilde{p}^t$、生产率 A^t 和要素禀赋 v^t 的情况下，实现该国生产产品价值最大化的最优产出 G^t 可以表示为：

$$G^t(p^t, v^t) = \max_{q^t}\{p^t q^t : (p^t, v^t)\} \qquad (4-1)$$

其中，p^t 表示该国的价格指数，可以表示为 $p^t = \tilde{p}^t A^t$。当 q^t 为正时，表示该国产品用于出口；当 q^t 为负时，表示进口产品。假定产品 n 为进口产品，那么式（4-1）对其价格求导，可得：

$$\frac{\partial G^t(p^t, v^t)}{\partial p_n^t} = q_n^t(p^t, v^t) \quad \forall n = 1, \cdots, N \qquad (4-2)$$

参考 Kee 等（2008）的方法，利用超越对数生产函数将式（4-2）分解可得：

$$\begin{aligned}
\ln G^t(p^t, v^t) &= a_{00}^t + \sum_{n=1}^{N} a_{0n}^t \ln p_n^t + \frac{1}{2}\sum_{n=1}^{N}\sum_{k=1}^{K} a_{nk}^t \ln p_n^t \ln p_k^t \\
&+ \sum_{m=1}^{M} b_{0m}^t \ln v_m^t + \frac{1}{2}\sum_{m=1}^{M}\sum_{l=1}^{M} b_{ml}^t \ln v_m^t \ln p_l^t \\
&+ \sum_{n=1}^{N}\sum_{m=1}^{M} c_{nm}^t \ln p_n^t \ln v_m^t
\end{aligned} \qquad (4-3)$$

其中，n 和 k 表示不同的产品，m 和 l 表示要素禀赋。a，b，c 表示超越对数函数的参数。为了使式（4-3）满足 Kohli（1993）产出最大化方程的齐次性和对称性特征，本书进一步参考 Kee 等（2008）的做法，对其设置了一些限制条件①。进一步，可以得到均衡状态下，产品 n 占该国 GDP 的比重 $s_n^t(p^t, v^t)$，即

$$\begin{aligned}
s_n^t(p^t, v^t) &= \frac{p_n^t q_n^t(p^t, v^t)}{G^t(p^t, v^t)} = a_{0n}^t + \sum_{k=1}^{N} a_{nk}^t \ln p_k^t + \sum_{m=1}^{M} c_{nm}^t \ln v_m^t \\
&= a_{0n}^t + a_{nn}^t \ln p_n^t + \sum_{k \neq n} a_{nk}^t \ln p_k^t \\
&+ \sum_{m=1}^{M} c_{nm}^t \ln v_m^t, \forall n = 1, \cdots, N
\end{aligned} \qquad (4-4)$$

---

① 详细的设置条件可见 Kee 等（2008）中式（8）、式（9）。

由式（4-4）可得，产品 n 的进口需求弹性为：

$$\epsilon_{nn}^t = \frac{\partial q_n^t(p^t,v^t)}{\partial p_n^t}\frac{p_n^t}{q_n^t} = \frac{a_{nn}^t}{s_n^t} + s_n^t - 1 \leqslant 0, \forall s_n^t < 0 \qquad (4-5)$$

Kee 等（2008）借鉴 Diewert 和 Wales（1988）的参数化方法，将式（4-5）转化为：

$$s_n^t(p^t,v^t) = a_{0n} + a_{nn}\ln\frac{p_n^t}{p_k^t} + \sum_{m=1,m\neq l}^{M} c_{nm}\ln\frac{v_m^t}{v_l^t}, \forall n = 1,\cdots,N \qquad (4-6)$$

其中，p_n^t 用进口产品 n 的单位价值表示。$\overline{p_k^t}$ 用所有非 n 产品的加权对数价格表示。故进口产品 n 占 GDP 的份额是要素禀赋和产品 n 的价格与非 n 产品价格比的线性函数。根据 Caves 等（1982），在超越对数函数形式的 GDP 核算下，GDP 平减指数是托恩奎斯特价格指数形式，可以表示为：

$$\begin{aligned}
\ln p^t &= \sum_k \bar{s}_k^t \ln p_k^t = \bar{s}_n^t \ln p_n^t + \sum_{k\neq n} \bar{s}_k^t \ln p_k^t \\
&= \bar{s}_n^t \ln p_n^t + (1-\bar{s}_n^t)\sum_{k\neq n} \frac{\bar{s}_k^t}{\sum_{k\neq n}\bar{s}_k^t}\ln p_k^t \\
&= \bar{s}_n^t \ln p_n^t + (1-\bar{s}_n^t)\ln p_{-n}^t
\end{aligned} \qquad (4-7)$$

因此，可以用各国的 GDP 平减指数求得 $\overline{p_k^t}$，表示如下：

$$\ln p_{-n}^t = \frac{(\ln p^t - \bar{s}_n^t \ln p_n^t)}{(1-\bar{s}_n^t)}, \bar{s}_n^t = \frac{(\bar{s}_n^t + \bar{s}_n^{t-1})}{2} \qquad (4-8)$$

其中 p_{-n}^t 表示非 n 产品价格，即前文中提到的 $\overline{p_k^t}$。引入国家和年份固定效应，式（4-6）可以进一步改写为：

$$\begin{aligned}
s_{ni}^t(p_{ni}^t, p_{-ni}^t, v_i^t) &= a_{0n} + a_{ni} + a_n^t + a_{nn}\ln\frac{p_{ni}^t}{p_{-ni}^t} \\
&+ \sum_{m=1,m\neq l}^{M} c_{nm}\ln\frac{v_{mi}^t}{v_{li}^t} + u_{ni}^t, \forall n = 1,\cdots,N
\end{aligned} \qquad (4-9)$$

其中，a_{ni} 表示国家 i 固定效应，a_n^t 表示时间固定效应。v_{mi}^t 表示要素禀赋，包括劳动人数、资本积累数量和农业土地占比。p_{ni}^t 用进口产品单位价格代替。

二 变量说明与数据来源

前文提到，进口需求弹性指的是进口商品价格变动所带来的需求变动。一般情况下，进口产品价格升高，需求减少。但如果一国受到外部正向需求冲击，例如治疗某种急性病的有效药品问世，则会出现价格升高而需求增加的现象，从而造成式（4-9）回归偏误。因此，本书采用工具变量法进行回归。

本书采用的工具变量主要包括两个。一是用样本中其他国家 j 产品 n 的单位价值平均值（Average Unit Value）代替 i 国（$i \neq j$）产品 n 的单位价值。这背后的逻辑在于，相同产品 n 的价格指数存在相关性，而本国受到的外部正向需求冲击不会影响到其他国家产品 n 的价格指数。二是用贸易额加权的两国距离代替 i 国（$i \neq j$）产品 n 的单位价值（Unit Value）。其背后的逻辑在于，距离越远，价格越高，因此距离与价格存在相关性，而距离与本国受到的外部正向需求冲击不存在联系。

本书为保证样本量充足及操作可行性，选取了 OECD 国家和中国共20 个国家 1995～2014 年的双边贸易数据。由于包括零值贸易额，本书在回归中采取 Heckman 两步法：第一步测算非零贸易值的概率，求得逆米尔斯比率（Inverse Mills Ratio）；第二步利用逆米尔斯比率对式（4-9）进行回归，并按照式（4-5）计算进口需求弹性。

进口价值和数量数据来自 CEPII - BACI 数据库，要素禀赋变量劳动力数量、资本积累来自 Feenstra 等（2015）的 Penn World Tables 9.0，农业用地数据来自世界银行发展指数（World Development Indicators），国家间距离数据来自 CEPII - BACI 数据库。本书对各变量进行了对数化处理和标准化处理，以保证各变量大小的一致性。各变量描述性统计见表 4-1。

表 4 – 1　变量描述性统计

变量	含义	观测值	均值	标准差	最小值	最大值
ln*uv*	出口产品单位价值(对数)	1983908	0.437	2.092	0	22.334
ln*value*	双边贸易值(对数)	1983908	3.734	4.782	0	23.726
ln*labor*	劳动力人口数量(对数)	1983908	0	1.119	− 2.903	2.903
ln*capital*	资本积累数量(对数)	1983908	0	0.370	− 1.189	1.189
ln*agri*	农业耕地面积(数量)	1983908	0	2.309	− 6.302	6.302
ln*GDP*	国内生产总值(对数)	1983908	25.353	1.988	20.617	30.487

资料来源：根据 Stata 计算。

三　回归结果分析

在实际回归过程中，本书首先采用固定效应模型在产品层面（1996版本 HS – 6 位编码，共计 5221 种产品）对式（4 – 9）展开回归；其次，利用工具变量法（FEIV）对式（4 – 9）进一步回归，并参考 Ghodsi 等（2017）的做法，利用工具变量 Hansen J – 统计量值大于 0.1 和 Anderson-Rubin F – 统计量小于 0.1 的回归结果替代固定效应模型中的部分回归结果（占比 13%）；最后，采用 Heckman 对式（4 – 9）进行第三次回归，利用逆米尔斯比率回归显著的结果替代固定效应模型中的部分回归结果（占比 15%）。为了避免异常值可能造成的影响，本书剔除了各类产品中排名前 0.5% 和最后 0.5% 的进口需求弹性估计值，并保留了 10% 显著性水平下的相关回归结果，最终形成本书所需要的进口需求弹性。

图 4 – 1 与表 4 – 2 展示了本书测算的进口需求弹性与 Kee 等（2008）的估计结果。可以看出，Kee 等（2008）所测算的进口需求弹性跨度较大，最小值为 – 372.2459，而本书所测算的最小值为 – 25.03。Kee 等（2008）的结果并没有对异常值进行处理，造成了进口需求弹性极端值的出现。但两者的分布图表现出较为一致的趋势。

表 4 – 2 显示，Kee 等（2018）测算的均值约为 – 3.117，本书测算的

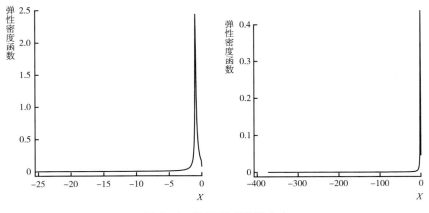

图 4 - 1 进口需求弹性分布

注：左图为本书的估计结果，右图为 Kee 等（2008）的估计结果。
资料来源：根据 Stata 计算。

均值略大于之，约为 - 1. 204，但本书测算结果的方差显著小于 Kee 等
（2018）的测算值，表明本书测算的进口需求弹性波动并不大。

表 4 - 2　进口需求弹性描述性统计

进口需求弹性	观测值	均值	方差	最小值	最大值
本书测算值	548625	- 1. 203883	1. 706488	- 25. 03429	- 1. 93e - 06
Kee 等（2018）的测算值	377616	- 3. 117348	14. 05256	- 372. 2459	- 3. 1e - 05

资料来源：根据 Stata 计算。

本书回归的样本包括 20 个国家，首先，本书计算了每个国家所有商
品进口需求弹性的平均值，详见表 4 - 3。

进口需求弹性表示进口商品价格变动所带来的进口需求变动。进口需
求弹性越高，表示价格越高，进口需求减少越多，相对来说对本国产品的
需求就越多；进口需求弹性越低，表示价格越高，进口需求并未出现较大
减少，也从侧面反映出该国不得不面对进口产品价格的升高。从表 4 - 3

可以看出，进口需求弹性绝对值较高的国家包括印度、日本、巴西、美国、中国、俄罗斯等，较低的国家包括荷兰、法国、西班牙、意大利等。进一步，本书用2011年的进口数据作为权重计算了进口需求弹性的加权平均值。可以看到经过加权计算，各国进口需求弹性基本一致，巴西、美国、瑞士、印度、韩等国家的进口需求弹性加权平均值较高，俄罗斯、澳大利亚、挪威、德国、加拿大等国家的进口需求弹性加权平均值较低。

表4-3　国家层面进口需求弹性

国　　家	进口需求弹性（平均值）	进口需求弹性（加权平均值）
荷兰	-1.068	-0.969
法国	-1.089	-0.966
西班牙	-1.093	-0.954
意大利	-1.138	-0.958
英国	-1.150	-0.961
德国	-1.168	-0.950
加拿大	-1.228	-0.951
瑞士	-1.234	-0.986
墨西哥	-1.301	-0.952
韩国	-1.307	-0.981
土耳其	-1.338	-0.956
挪威	-1.385	-0.949
印度尼西亚	-1.443	-0.979
澳大利亚	-1.494	-0.931
俄罗斯	-1.544	-0.915
中国	-1.621	-0.966
美国	-1.717	-0.997
巴西	-1.903	-1.002
日本	-1.986	-0.977
印度	-1.990	-0.983

资料来源：根据测算结果整理。

其次，本书将国家层面的进口需求弹性与各国 GDP 进行对比，其中 GDP 数值选择以购买力平价（PPP）核算的 2011 年基期值，详见图 4 - 2。

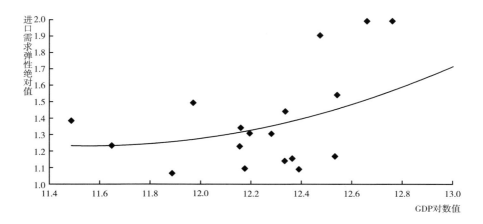

图 4 - 2 进口需求弹性与各国 GDP 的关系

注：图中曲线为根据各国进口需求弹性和 GDP 关系所做的拟合曲线。
资料来源：世界银行全球发展指数数据库，https：//datacatalog. worldbank. org/dataset/ world - development - indicators。

从图 4 - 2 可以看出，进口需求弹性与国家 GDP 之间存在明显的关系，GDP 越高的国家，其进口需求弹性绝对值越高，即越容易因为进口产品价格的提高而减少对进口产品的需求，进而增加对本国产品的需求。这也与逻辑相符，经济发展程度较高的国家通常具有完备的产业体系，因此在面临进口产品价格提高时，可以转而依靠国内产品；相反，经济发展程度较低的国家则只能被动应对进口产品价格的提高。

进一步，本书从产品部门视角考察进口需求弹性的特征。首先，将所有产品部门粗略分为农业部门（HS01 ~ HS24）和制造业部门（HS25 ~ HS97）；其次，分别计算各国在两类部门下的进口需求弹性加权平均值，详细结果见表 4 - 4。

从表 4 - 4 可以看出，在本书测算的 20 个国家中，除瑞士和印度外，农业部门的进口需求弹性绝对值都大于制造业部门。农业部门（HS01 ~ HS24）通常来说较易受到价格变动的影响，这也是为何各国对农业部门均有一定程度的保护，而制造业部门的进口需求弹性绝对值普遍较低。其中，农业部门进口需求弹性加权平均值最大的国家为中国、美国、巴西、韩国、日本，均为对本国农业实施较多保护的国家；最低的国家为澳大利亚、加拿大、荷兰、俄罗斯、西班牙，均是在农业部门具有比较优势的国家。制造业部门进口需求弹性加权平均值最大的国家为巴西、美国、瑞士、印度、韩国，最低的国家为俄罗斯、澳大利亚、挪威、德国、加拿大，中国排在20个国家的第9位。综合来看，巴西和美国无论在农业部门还是制造业部门，其进口需求弹性均较高，而澳大利亚、俄罗斯和加拿大均较低。

表 4 - 4　进口需求弹性平均值（农业部门与制造业部门）

国　　家	农业部门（加权平均值）	制造业部门（加权平均值）
荷兰	− 0.957	− 0.950
法国	− 0.978	− 0.964
西班牙	− 0.960	− 0.954
意大利	− 0.969	− 0.957
英国	− 0.973	− 0.959
德国	− 0.980	− 0.947
加拿大	− 0.953	− 0.950
瑞士	− 0.973	− 0.988
墨西哥	− 0.983	− 0.950
韩国	− 1.002	− 0.980
土耳其	− 0.988	− 0.955
挪威	− 0.968	− 0.947
印度尼西亚	− 0.981	− 0.979
澳大利亚	− 0.945	− 0.930
俄罗斯	− 0.959	− 0.907
中国	− 1.049	− 0.963
美国	− 1.043	− 0.995
巴西	− 1.017	− 1.002
日本	− 0.990	− 0.975
印度	− 0.978	− 0.983

资料来源：根据测算结果整理。

　　其次，本节将 HS - 6 位编码商品加总至 HS - 2 位层面，考察 HS 各章节下进口需求弹性的变化情况，结合本书研究对象，本节主要选取中国和美国的 HS 各章节进口需求弹性，详细结果见图 4 - 3。整体来看，就国家而言，美国多数产品类别的进口需求弹性绝对值比中国和其他国家高；就具体产品而言，动物产品、动植物油脂相关制品和矿石制品是各个国家进口需求弹性绝对值最大的 3 个类别。具体来看，中国进口需求弹性绝对值最高的 5 类产品分别为饮料烟草等制品、植物产品、矿石制品、动植物油脂相关制品和动物产品，最低的 5 类产品分别为珠宝类制品、精密仪器类制品、机电设备制品、皮革制品和塑料橡胶类制品。在 21 个产品大类下，美国有 13 类产品进口需求弹性绝对值大于中国，其他类别的进口需求弹性绝对值多数比较接近，表明美国相对于中国，面临进口产品价格的提高，进口需求下降较多。因此，考虑到美国自 2018 年起屡次对中国发起"双反"调查，以及实施惩罚性关税，如果中国出口至美国的产品因为关税提高而相应提高自身的价格，那么将在一定程度上受到美国较高进口需求弹性的负面影响。

　　最后，考虑到美国对中国实施"301"调查和"双反"调查针对的都是中国制造业的高端产品，因此，本节根据 OECD 对制造业产品技术复杂度的分类（Hatzichronoglou，1997），将制造业细分为高技术行业、中高技术行业、中低技术行业和低技术行业，计算中国与美国在这 4 个行业的进口需求弹性平均值。详细结果见表 4 - 5。整体而言，中美两国在低技术行业的进口需求弹性绝对值均最高，高技术行业的进口需求弹性绝对值均最低；就制造业整体而言，美国的进口需求弹性绝对值依然大于我国。从细分行业来看，高技术行业主要包括飞机和飞行器、医药、计算机设备和医疗等高端光学设备。而在高技术行业领域，中国的进口需求弹性绝对值大于美国，表明中国的高技术行业易受到进口价格的影响；在中高技术行业和中低技术行业，美国进口需求弹性的绝对值均大于中国，这是由于美

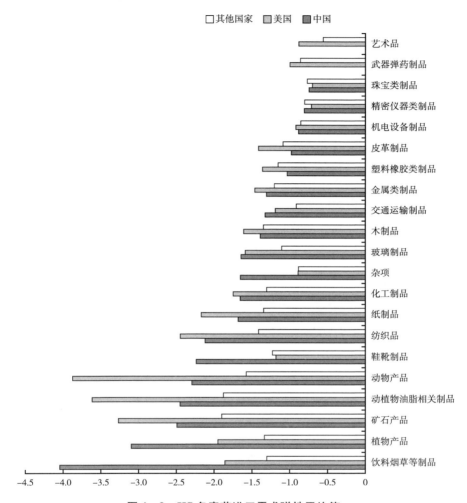

图 4 - 3　HS 各章节进口需求弹性平均值

资料来源：根据测算结果计算。

国在这些领域技术较强，在面对进口产品价格的上涨时，可以有效依靠国内产品。低技术行业主要包括木材制品、食品加工和纺织业等，在低技术行业领域，中国的进口需求弹性绝对值大于美国，表明中国在面对这些领域进口产品价格的上涨时，可以有效依靠国内相关产业。

表4-5 中国与美国进口需求弹性平均值（分行业）

国家	制造业整体	高技术行业	中高技术行业	中低技术行业	低技术行业
中国	-1.564355	-0.8442395	-1.311138	-1.339778	-2.242486
美国	-1.63738	-0.7483624	-1.572804	-1.450132	-2.127221

资料来源：根据测算结果整理。

四 稳健性检验

本节对进口需求弹性的测算中先后采用工具变量和 Heckman 两步法，对模型中可能存在的内生性问题和零值贸易予以处理。为验证本书测算进口需求弹性的稳健性，本节将样本按金融危机前（2001～2007 年）和金融危机后（2008～2014 年）分别进行回归，再测算进口需求弹性，结果发现金融危机后的进口需求弹性平均值为 -2.4，绝对值略大于金融危机前的 -2.0。尽管如此，金融危机前后的进口需求弹性均与前文的趋势一致，证实了前文测算结果的稳健性。

第二节 非关税措施量化

本书采取流量法量化非关税措施，即通过建立非关税措施与贸易流量的回归方程，并利用前文测算的进口需求弹性，以从价等价物（Ad-Valorem Equivalents，AVE）的形式量化非关税措施，即非关税措施变动引起产品价格变动的程度。这样做的优势在于，可以通过从价等价物与关税等传统贸易措施的效果进行比较。

一 计量模型构建

基于国际贸易研究中常用的引力模型，本节首先构建量化非关税措施的基准回归模型如下：

$$\ln Y_{rpk} = \alpha_k + \alpha_r + \alpha_p + \beta_1 NTM_{rk} + \beta_2 \ln(1 + t_{rpk}) + \gamma X_{rp} + \varepsilon_{rpk} \quad (4-10)$$

其中，r 表示进口国；p 表示出口国；k 表示产品（HS – 6 位）；Y_{rpk} 表示贸易流量；α_k、α_r、α_p 分别为产品层面固定效应；NTM_{rk} 为 r 国对 k 产品实施的非关税措施，包括前文提到的 $A \sim P$ 类所有类型非关税措施，用相关措施的实施数量表示，非关税措施的实施数量在一定程度上反映了一国对某一产品的限制程度，数量越多则限制程度越高；t_{rpk} 为 k 产品的关税水平；X_{rp} 为影响 r 国和 p 国之间贸易成本的双边因素，包括距离、是否接壤、官方语言、殖民地关系、是否签订 FTA 等；β_1 表示非关税措施对贸易流量的影响；β_2 表示关税措施对贸易流量的影响；γ 表示其他贸易成本对贸易流量的影响；ε_{rpk} 为残差项，表示未被模型考虑在内的其他影响因素。可以利用前文测算的进口需求弹性计算非关税措施的从价等价物（AVE）如下：

$$e^{\beta_1} - 1 = \frac{\partial \ln Y_{rpk}}{\partial NTM_{rk}} = \frac{\partial \ln Y_{rpk}}{\partial \ln p_k} \frac{\partial \ln p_k}{\partial NTM_{rk}} = \varepsilon_k \cdot AVE_{ntm} \qquad (4-11)$$

式（4 – 11）中，ε_k 为前文测算的进口需求弹性，则 $AVE_{ntm} = \dfrac{e^{\beta_1} - 1}{\varepsilon_k}$。式（4 – 10）中引入进口国和出口国的固定效应以控制可能存在的个体异质性，本书着重考察进口国美国实施的非关税措施对中国企业的影响，而进口国实施的非关税措施不随出口国而改变，仅针对不同产品，即 NTM_{rk} $= NTM_{rpk}$（Bratt，2017）。此外，国家异质性是现有非关税措施量化相关文献忽视的一个方面，发达国家实施的非关税措施对发达国家和发展中国家可能造成不同的影响，因此有必要评估双边的影响，因此本书将在量化非关税措施时考虑国家间异质性。为有效解决上述问题，本书主要借鉴 Leamer（1988，1990）、Kee 等（2008）、Cadot 和 Gourdon（2016）以及 Bratt（2017）等诸多文献的方法，对以上的实证模型进行调整。

第一，加入进口国固定效应，并将其与非关税措施变量交互，从而使得上述实证模型可以测算不同进口国的非关税措施限制程度。

第二，引入国家对固定效应，以控制不随时间改变的国家对影响因素，主要包括两国间距离、是否接壤、殖民地、是否使用同一语言等因素。

第三，加入进口国固定效应和国家对固定效应，可以在最大程度上控制双边贸易中阻力项目和多边阻力项的存在（Feenstra 和 Kee，2004），进一步控制由阻力项引起的估计偏误。本书借鉴 Baier 和 Bergstrand（2009）的 BV – OLS 法，对关税等双边变量进行重新计算，具体计算方法如下：

$$t_{rpk}^{BV-OLS} = \ln t_{rpk} - MRt_{rpk} \qquad (4-12)$$

t_{rpk}^{BV-OLS} 表示经 BV – OLS 方法转化后的关税。其中，$MRt_{rpk} = \sum_{p=1}^{N} \theta_p \ln t_{rpk} + \sum_{r=1}^{N} \theta_r \ln t_{rpk} - \sum_{r=1}^{N} \sum_{p=1}^{N} \theta_r \theta_p \ln t_{rpk}$。根据 Baier 和 Bergstrand（2009），θ_p 为出口国 GDP 占世界 GDP 的比重，θ_r 为进口国 GDP 占世界 GDP 的比重。MRt_{rpk} 为多边阻力项，包括三部分，前两项表示进口国和出口国面临的多边阻力项，最后一项为世界范围内的阻力项，对所有贸易伙伴相同。通过该方法修正后的关税变量包括双边阻力项和多边阻力项。

第四，考虑到随时间改变的国家对影响因素，本书在实证模型中加入以下变量：①进口国和出口国的要素禀赋变量，包括资本形成占 GDP 比重（capital/gdp）、耕地占 GDP 比重（land/gdp）和劳动力占 GDP 比重（labor/gdp），并对这三类变量进行标准化处理；②进口国和出口国的人均 GDP（gdp per capital，gdppc）；③国家对是否同为 WTO 成员、是否签订贸易协定。

第五，为控制产品层面可能存在的影响因素，本书在式（4 – 10）中加入产品层面固定效应，但本书的样本共包括 20 × 19 个双边国家对，包括产品 5221 种（HS1996），因此实证中无法估计如此大规模的产品固定效应。对此，我们借鉴 Kee 等（2008）以及其他文献，对单个产品分别进行回归，即回归 5221 次，那么每次回归得到的常数项即产品层面固定效应的估计系数。

经过以上调整，本书在式（4－10）中加入修改后的双边控制因素以及进口国固定效应和国家对固定效应，并将进口国固定效应与非关税措施变量交互，使得估计不同国家非关税措施的限制程度成为可能，最终构建本书量化非关税措施的实证模型如下：

$$\ln Y_{rpk} = \alpha_k + \beta_1 NTM_{rk} + \beta_2 t_{rpk}^{BV-OLS} + \beta_3 NTM_{rk} \cdot f_r \\ + \beta_4 X_{rp} + \beta_5 NTM_{pk} + f_{rp} + \varepsilon_{rpk} \tag{4－13}$$

二 变量说明与数据来源

式（4－13）中，NTM_{rk}为进口国 r 对 k 产品实施的非关税措施数量，非关税措施的数据来源主要有 3 类。一是 TRAINS 非关税措施数据库，该数据库按照 MAST 的非关税措施分类，以世界各主要国家的贸易措施和法规为基础，以海关编码为对照，收集了包括 SPS 措施和 TBT 措施在内的各类非关税措施，并提供了频数占比和进口覆盖率等非关税措施量化指标。TRAINS 数据库的优势在于全面，包括 MAST 非关税措施分类中的所有类别。二是世界银行、国际贸易中心（ITC）等国际机构的企业调查数据。尽管此类数据为企业层面且真实反映了影响企业出口的非关税措施，但此类数据的搜集缺乏系统性，数据的完整性不足，可能造成模型的估计偏差。三是 WTO 特别贸易通报数据库。该数据库搜集了各成员上报至 WTO 的特别贸易通报数据，主要分为 SPS 措施和 TBT 措施两类。特别贸易通报数据库的优势在于其详尽记录了一国提出的对该国贸易有明显影响的措施，包括实施该措施的国家、实施时间、影响的产品（HS 编码）、是否及何时得到解决等信息，但该数据库中的通报案例是由各成员主动向WTO 提交，因此在数据全面性方面不及 TRAINS 数据库。综合比较，本书选取 TRAINS 数据库。t_{rpk}^{BV-OLS}为根据 Baier 和 Bergstrand（2009）方法修正后的关税变量；X_{rp}代表随时间改变的国家对影响因素，包括资本形成、耕地面积、劳动力数量、人均 GDP、是否为 WTO 成员、是否签订贸易协定等；f_r 为进口国固定效应，f_{rp} 为国家对固定效应。本书在实证方程中加入了出口国实施的非关税措施数量 NTM_{pk}，以控制出口国针对本国企业出口所设置的非关税措施对相关企业出口的影响。详细的变量说明和数据来源见表 4 - 6。

表 4 - 6　变量说明与数据来源

变量名称	变量含义	数据来源
Y_{rpk}	p 国出口至 r 国 k 产品的贸易额	CEPII BACI 数据库
NTM_{rk}	进口国 r 国对 k 产品实施的非关税措施数量	UNCTAD TRAINS 数据库
t_{rpk}^{BV-OLS}	根据 Baier 和 Bergstrand（2009）方法修正后的双边关税水平	WITS 数据库
X_{rp}	双边控制变量，代表随时间改变的国家对影响因素，包括资本形成、耕地面积、劳动力数量、人均 GDP、是否为 WTO 成员、是否签订贸易协定等	CEPII 数据库，Penn World Table 9.0，世界银行数据库
NTM_{pk}	出口国 p 国对 k 产品实施的非关税措施数量	UNCTAD TRAINS 数据库

进一步，我们可以得到非关税措施的从价等价物 $AVE_{ntm} = \dfrac{e^{\beta_3}-1}{\varepsilon_k}$。考虑到 β_3 可随进口国商品变动，因此我们可以获得进口国不同产品的各类非关税措施从价等价物，最终加总得到进口国产品层面整体的非关税措施从价等价物。各变量描述性统计见表 4 - 7。

表 4 - 7　变量描述性统计

变量	含义	观测值	均值	标准差	最小值	最大值
Y_{rpk}	双边贸易额	1983908	3.734	4.782	0	23.726
t_{rpk}^{BV-OLS}	关税	1983908	0.535	0.988	0	8.008
capital	资本积累数量	1983908	0	1.119	-2.903	2.903
agri	农业耕地面积	1983908	0	2.309	-6.302	6.302

续表

变量	含义	观测值	均值	标准差	最小值	最大值
labor	劳动力数量	1983908	0	1.119	− 2.903	2.903
gdppc	人均 GDP	1983908	4.436	0.297	3.661	4.793
fta	是否签订贸易协定	1983908	0.273	0.446	0	1
wto	是否同为 WTO 成员	1983908	0.9	0.3	0	1
NTM	非关税措施数量(A − P)	1983908	2.397	9.912	0	379

资料来源：根据 Stata 计算。

在具体的回归过程中，本书首先按照非关税措施类别，从 A 类开始测算，在产品层面，对单个产品按年度进行回归。例如 2001 年，对每个产品回归，计算 A 类非关税措施的限制程度，随后对 B 类进行测算，循环往复；然后计算 2002 年、2003 年……依此类推。由于是按年度回归，因此也控制了时间固定效应。通过每次回归后的相关系数可以得到产品层面或双边层面的非关税措施从价等价物，同时也可以得到每个国家非关税措施程度的年度变化情况。考虑到回归的可行性以及零值贸易额的存在，本书采用 PPML 方法进行回归。

三 回归结果分析

本书按照时间在产品层面对每个 HS − 6 位产品进行回归，共回归 5221 次，所有回归的平均 R^2 为 0.54，中位数值为 0.44，最大值为 0.91。调整R^2均大于 0，表明模型的拟合程度较好。各变量的平均回归结果见表 4 − 8。

表 4 − 8 非关税措施量化回归结果描述性统计

变量	观测值	均值	标准差	最小值	最大值
t_{rpk}^{BV-OLS}	1011453	− 0.013	0.003	− 1.338	0.783
capital	1001793	0.331	1.119	− 0.471	1.903
agri	900908	0.003	0.334	− 0.014	0.021
labor	1214332	0.006	0.009	− 0.023	0.046

续表

变量	观测值	均值	标准差	最小值	最大值
gdppc	1492633	0.051	0.240	0.001	1.017
fta	1555796	0.068	0.582	0.000	2.011
wto	1612723	0.208	1.769	-0.680	1.334

注：表中各变量的观测值为在10%显著性水平下的显著估计值。
资料来源：根据 Stata 计算。

从表4-8可以看出，各变量回归系数的均值和符号基本符合预期，显著的回归系数占所有回归系数的比例超过85%，且各变量回归系数符号不符合预期的数量占所有回归系数的3%。

就本书的核心解释变量——非关税措施而言，通过对式（4-13）的回归和AVE的计算，本书共测算了20个国家15年5221种HS-6位产品层面的非关税措施AVE。其中，有超过75.3%的AVE为正值，表明非关税措施显著影响了双边贸易。在正值AVE中，有超过2.7%的AVE超过100。在负值AVE中，有超过3.1%的AVE小于-100。为了有效估计非关税措施对企业出口二元边际的影响，本书保留了AVE为正的测算值，并删除了前3%和最后3%的异常值。

表4-9汇报了2001~2015年各类别非关税措施的AVE和整体非关税措施的AVE以及关税平均值的变化情况。

表4-9　2001~2015年各类别非关税措施 AVE 和整体非关税措施 AVE 以及关税平均值变化

年份	观测值	ADP	CVD	QRS	SG	SSG	SPS	TBT	AVE	Tariff
2001	94420	0.168	0.039	0.003	0.001	0.001	0.003	0.005	0.220	0.320
2002	90323	0.258	0.103	0.005	0.003	0.001	0.004	0.006	0.38	0.50
2003	91356	0.081	0.203	0.003	0.001	0.001	0.002	0.009	0.300	0.460
2004	92334	0.037	0.204	0.003	0.004	0.003	0.009	0.010	0.270	0.310

续表

年份	观测值	ADP	CVD	QRS	SG	SSG	SPS	TBT	AVE	Tariff
2005	96558	0.093	0.106	0.001	0.006	0.006	0.018	0.060	0.290	0.30
2006	94667	0.081	0.113	0.004	0.007	0.006	0.029	0.070	0.310	0.270
2007	96138	0.086	0.121	0.006	0.009	0.009	0.019	0.080	0.330	0.250
2008	91778	0.180	0.131	0.016	0.013	0.020	0.030	0.080	0.470	0.240
2009	91068	0.244	0.143	0.013	0.024	0.022	0.053	0.091	0.590	0.210
2010	96337	0.046	0.112	0.029	0.036	0.035	0.130	0.112	0.500	0.170
2011	98667	0.096	0.091	0.022	0.046	0.051	0.103	0.101	0.510	0.130
2012	97328	0.109	0.056	0.021	0.039	0.043	0.111	0.131	0.510	0.120
2013	99106	0.112	0.102	0.027	0.049	0.047	0.102	0.121	0.560	0.090
2014	100103	0.108	0.111	0.021	0.046	0.057	0.105	0.122	0.570	0.050
2015	100236	0.121	0.113	0.019	0.051	0.053	0.109	0.124	0.590	0.050

注：ADP 为反倾销措施，CVD 为反补贴措施，QRS 为限额类措施，SG 为临时保护措施，SSG 为特别保障措施，Tariff 为关税平均值，AVE 代表整体非关税措施的 AVE。表中的观测值保留了 10% 显著性水平下的观测值。

资料来源：根据测算结果整理。

整体来看，在大部分年度的各类别非关税措施 AVE 中，反倾销措施和反补贴措施的 AVE 是最高的，且各类别 AVE 均随时间呈现上升的趋势，而关税平均值则随时间呈现下降趋势。2001～2005 年，整体非关税措施 AVE 与关税平均值变化较小，整体非关税措施 AVE 小于关税平均值。2006 年，整体非关税措施 AVE 开始超过关税平均值。2015 年，整体非关税措施 AVE 达到 0.590，而关税平均值仅为 0.050，这表明非关税措施的限制程度已远远超过关税措施。细分来看，2013 年以后，限额类措施的 AVE 有降低趋势，这是由于在样本国家中，限额类措施逐渐减少。2005 年以后，SPS 措施和 TBT 措施的 AVE 逐渐提高，成为仅次于"双反"措施的非关税措施。从 2008 年开始，受金融危机的影响，各类别非关税措施的 AVE 均出现了较大幅度的上升，特别是"双反"措施，这也与现实中各国贸易保护主义的抬头趋势相契合。金融危机后，各类非关税措施的 AVE 居高不下，这说明，虽然从关税层面来看，各国间的贸易限制程度似乎有所降低，但实际上由于非关税措施，各国间贸易限制程度存在不断上升趋势，只是这一贸易限制变得愈发难以察觉。

接下来从国家收入的角度，考察不同收入水平国家之间 AVE 平均水平的关系。本书采用世界银行对国家收入的分类，将样本国家分为高收入国家、中高收入国家、中低收入国家 3 个类别，并计算了 3 类国家的 AVE 平均值，详见表 4 - 10。可以看出，3 类收入水平国家的 AVE 平均值随时间变化均呈现上升趋势，其中又以中高收入国家的 AVE 水平为最高。2008 年金融危机后，各类收入水平国家的平均 AVE 快速增长，其中，中低收入国家增长最快，超过高收入国家。2011 年后，各类收入水平国家的 AVE 水平均维持高位。非关税措施 AVE 呈现普遍性的特征，并未随国家收入水平变化而显著变化。对各类收入水平国家而言，非关税措施 AVE 均呈现了明显大于关税 AVE 的情况。

表 4 - 10　2008 ~ 2015 年不同收入水平国家 AVE 变化情况

国家类别	2008 年	2009 年	2010 年	2011 年	2012 年	2013 年	2014 年	2015 年
高收入国家	0.348	0.455	0.455	0.341	0.292	0.346	0.426	0.534
中高收入国家	0.510	0.580	0.612	0.570	0.522	0.582	0.644	0.676
中低收入国家	0.375	0.405	0.445	0.450	0.525	0.555	0.630	0.695

资料来源：根据测算结果计算。

从产品层面分析非关税措施的变化情况。首先，计算各年度 HS - 6 位编码产品下的关税 AVE 平均值与非关税措施 AVE 平均值，并按照"关税 > 非关税措施""关税 = 非关税措施""关税 < 非关税措施"3 类分别计算 HS - 6 位编码产品种类占总数的比例。从表 4 - 11 来看，"关税 > 非关税措施"的产品比例随时间不断减少，"关税 < 非关税措施"的比例不

断增大，这与前文非关税措施的变化趋势相一致。与前文相似，2001～2006 年，关税与非关税措施的动态变化较小；金融危机后，非关税措施所占比例出现快速增长，并维持了增长势头。

表 4-11　产品层面（HS-6 位）关税与非关税措施比较

单位：%

年份	关税 > 非关税措施	关税 = 非关税措施	关税 < 非关税措施
2001	43.87	4.65	51.48
2002	45.92	6.11	47.97
2003	46.72	3.47	49.81
2004	46.11	1.79	52.10
2005	42.39	2.16	55.45
2006	34.12	4.33	61.55
2007	31.18	6.13	62.69
2008	30.94	2.37	66.69
2009	17.86	4.79	77.35
2010	19.13	3.17	77.70
2011	22.37	2.14	75.49
2012	28.15	5.16	66.69
2013	29.74	4.31	65.95
2014	21.18	5.11	73.71
2015	27.27	6.31	66.42

资料来源：根据测算结果计算。

其次，本书从产品技术复杂度的角度，考察非关税措施 AVE 在不同行业层面的分布及变化情况。根据 Hatzichronoglou（1997），本书将制造业划分为高技术行业、中高技术行业、中低技术行业和低技术行业 4 类，分别计算这 4 类行业的非关税措施 AVE 及其变化情况，详见表 4-12。从整体上来看，高技术行业的非关税措施 AVE 在多数年份与其他行业持平或高于其他行业，中高技术行业的非关税措施 AVE 在多数年份高于中低技术行业，中低技术行业与低技术行业的非关税措施 AVE 基本持平。这表明，非关税措施对高技术行业的限制程度较大。从时间变化上来看，金融危机后，高技术行业的非关税措施 AVE 虽出现短暂震荡变动，但从 2011 年开始快速增长，2015 年达到 0.726。一般来说，以 SPS 措施和 TBT 措施为主的非关税措施通常对产品标准及生产流程做出规定，而低技术行业涉及的相关产品由于技术含量低，生产流程已经较为成熟，因此非关税措施对高技术行业造成的影响较大，这也对我国高技术行业的产品出口有一定启示。

表 4-12	行业层面非关税措施 AVE 变化情况							
行业类别	2008 年	2009 年	2010 年	2011 年	2012 年	2013 年	2014 年	2015 年
高技术行业	0.412	0.598	0.344	0.413	0.419	0.454	0.513	0.726
中高技术行业	0.391	0.544	0.389	0.472	0.439	0.511	0.567	0.564
中低技术行业	0.41	0.36	0.409	0.371	0.31	0.499	0.517	0.548
低技术行业	0.364	0.399	0.409	0.412	0.386	0.498	0.513	0.542

资料来源：根据测算结果计算。

四 稳健性检验

非关税措施的数量与两国间贸易存在相关关系，特别是贸易额。换句话说，非关税措施的数量与进口贸易额或出口贸易额存在反向因果关系。若一国出口贸易额较高，可能会引起进口国对某一类进口产品实施更多的非关税措施，进而影响该产品出口额。由于本节对非关税措施量化的实证模型中采用的是双边贸易额，因此非关税措施与双边贸易额之间的反向因果关系并不大。尽管如此，为保证测算非关税措施的 AVE 有效，解决可能存在的内生性问题，本节采用非关税措施数量的滞后项代替非关税措施，以减少反向因果关系对实证模型的内生性影响。按照上述步骤，以非关税措施数量滞后项测算的非关税措施 AVE 与原结果的相关度达到 0.91。可以说，采用前文实证模型所测算的非关税措施 AVE 结果比较稳健。

本章小结

为更加全面地考察美国实施的非关税措施对中国微观个体层面出口二元边际的影响，本书摒弃了以往文献仅考察单一类别或单一年度非关税措施的方法，而按照 WTO 对非关税措施的分类，将美国实施的所有类别非关税措施纳入考察范围。当前文献中关于非关税措施的量化方法有价格法和流量法，由于价格法中可比较的 HS - 6 位产品层面价格数据难以获得，因此本章选择更为可行的流量法，以从价等价物（AVE）的形式在 HS - 6 位产品层面对美国实施的各类非关税措施进行量化，最终形成整体的非关税措施 AVE。

第一，本节借鉴 Kee 等（2008）的测算方法，利用 1995~2014 年 20 个国家 HS - 6 位产品的双边贸易额，测算各国进口需求弹性，并对实证模型中的内生性和双边零值贸易额的存在进行处理，构建稳健的进口需求弹性指标，为量化非关税措施打下基础。

从进口需求弹性加权平均值来看，样本国家中，巴西、美国、瑞士、印度、韩国较高，俄罗斯、澳大利亚、挪威、德国、加拿大较低。进口需求弹性与 GDP 之间存在明显的关系，GDP 越高的国家，其进口需求弹性绝对值越高。这是由于 GDP 较高的国家通常经济发展程度较高，国家也拥有较为完备的产业体系，因此面对进口产品价格升高时，可以转而依靠国内产品，减少对进口产品的需求。

从产品部门视角来看，除个别国家外，大多数国家农业部门（HS01~HS24）的进口需求弹性绝对值大于制造业部门，这是由于农业部门更易受到价格波动，因此进口需求弹性通常较高。从中美两国来看，美国在多数产品类别下的进口需求弹性绝对值比中国高，表明中国若提高出口至美国的产品价格，美国就会相应减少对中国产品的需求。进一步，对制造业产品按照技术复杂度进行分类，发现中美两国在低技术行业的进口需求弹性绝对值较高，而在中高技术行业和中低技术行业，美国的进口需求弹性绝对值均高于中国。2018 年后美国针对中国高技术行业出口至美国的产品施加惩罚性关税，则会导致中国此类产品出口到美国的价格提升，进而减少美国对此类产品的需求，最终导致中国出口企业受损，这一点值得警惕。

第二，在进口需求弹性测算的基础上，利用2001～2015 年 20 个国家的双边贸易流量数据，以 AVE 的形式在 HS – 6 位产品层面量化非关税措施，为分析美国非关税措施对中国企业出口的二元边际打下基础。

整体来看，非关税措施的数量呈现随时间上升的趋势，在各类非关税措施中，反倾销措施和反补贴措施的 AVE 在大部分时间是较高的。与传统关税措施对比发现，金融危机后，非关税措施 AVE 快速上升，与此同时，关税则继续呈下降趋势，但非关税措施的这一变化趋势并没有得到较多关注。

从产品视角来看，金融危机后，非关税措施 AVE 快速增长，大于关税。从部门来看，农业部门的非关税措施 AVE 始终大于制造业部门。细分来看，制造业部门中的纺织品、鞋靴制品、塑料橡胶制品、机电设备和精密仪器制品非关税措施 AVE 较高，表明样本国家倾向于对这些产品设置障碍。从产品的技术复杂度来看，高技术行业的非关税措施 AVE 在多数年份与其他行业持平或高于其他行业，中高技术行业的非关税措施 AVE 在多数年份也高于中低技术行业。

综上所述，本章首先基于已有文献测算进口需求弹性，随后利用进口需求弹性量化所有类别的非关税措施，为下文考察非关税措施对中国企业出口二元边际的影响打下基础。在测算和量化过程中，本章考虑了实证模型中可能存在的内生性问题和零值贸易额问题，得到了较为稳健的测算结果和量化结果。

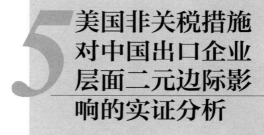

5 美国非关税措施
对中国出口企业
层面二元边际影
响的实证分析

无论从非关税措施的使用还是受到非关税措施针对的数量来看，美国与中国均位于前列。进入 2018 年，中美贸易摩擦愈演愈烈，双方频繁加征关税，但仍要看到，关税战仍是中美贸易摩擦的表象，其主要原因还是背后的非关税措施。关于非关税措施的研究多从宏观层面开展，缺乏对微观企业所受影响的深入探究。因此，本书在对美国非关税措施进行量化的基础上，从微观企业层面实证分析美国实施的非关税措施如何影响中国出口企业的二元边际。

本章后续的安排如下：第一部分为本章计量模型和变量界定，主要包括模型构建、变量定义与测算、变量描述性统计；第二部分实证分析美国实施的非关税措施对中国出口企业二元边际的影响，主要包括企业进入和退出市场的扩展边际以及企业出口额的集约边际；第三至第五部分分别从企业异质性、行业类型异质性、区域效应异质性三个角度，分析美国非关税措施的异质性影响；第六部分为稳健性检验；最后为本章小结。

第一节　计量模型和变量界定

美国非关税措施主要由 TBT 措施和 SPS 措施构成，这些措施对企业的生产流程、出口产品的相应标准等做出规定，增加了企业的合规成本，从而影响企业出口二元边际。基于本书理论模型，本节首先构建计量模型，并对变量含义和数据来源进行说明，最后对相关变量进行描述性统计分析。

一　计量模型构建

本书在分析非关税措施的过程中，发现非关税措施可能对出口国的相关企业存在歧视性待遇，如 2011 年欧盟对美国食用鲜蛋大型生产商的生产和冷藏做出专门规定，要求年产量超过 20 万美元的企业需要额外购置多项设备等。因此，为检验美国实施的非关税措施是否存在对中国出口企业的歧视性待遇，本书在实证模型中对各章节下（HS – 2 位）重要企业进行研究。通过文献回顾和建立理论模型，本书认为，在异质性企业理论框架下，企业自身特征以及企业前期出口情况是决定企业当期是否出口某一产品的主要因素。同样，企业的自身特征也决定了其能否应对技术性措施带来的额外成本提高。因此，根据第二章理论模型，本书设定的实证模型如下：

$$
\begin{aligned}
y_{i,t} = {} & \alpha + \beta_1 \, AVE_{j,t} + \beta_2 \, size_{i,t-1} + \beta_3 (AVE_{j,t} \times size_{i,t-1}) \\
& + \beta_4 \, impor_{i,HS2,t-1} + \beta_5 (AVE_{j,t} \times impor_{i,HS2,t-1}) \qquad (5-1) \\
& + tariff_{i,t} + \delta_i + \phi_{HS2,t} + \varepsilon_{i,j,t}
\end{aligned}
$$

其中，i 代表中国出口企业，t 代表年份，j 代表产品，β 代表相关变量对出口企业层面二元边际的影响，AVE 为非关税措施从价等价物，$size$ 表示由企业出口规模所代表的企业生产率，$impor$ 表示企业重要性，$tariff$ 为企业面临的加权关税，δ_i 为企业层面固定效应，$\phi_{HS2,t}$ 为产品 – 时间固定效应，$\varepsilon_{i,j,t}$ 为误差项。

二　变量界定

$y_{i,t}$ 为被解释变量，共包括三类。一是表示企业进入市场的虚拟变量（enter），若企业 i 在 t 年出口量大于 0，而在（$t-1$）年的出口量为 0，则认为该企业在 t 年进入市场，记为 1。二是表示企业退出市场的虚拟变量（exit），若企业 i 在 t 年的出口量大于 0，而在（$t+1$）年出口量为 0，则认为该企业在（$t+1$）年退出市场，记为 1。前两类表示企业层面的扩展边际。第三类是企业 i 在 t 年 j 产品的出口额（lnvalue），表示企业层面的集约边际。

自变量中，$AVE_{j,t}$ 表示美国 t 年 j 产品的非关税措施从价等价物，由前文测算得到。

$size_{i,t-1}$ 表示由企业出口规模所代表的企业生产率。Mayer 和 Ottaviano

（2008）通过对比意大利和英国不同行业的显性比较优势与估计比较优势，发现企业宏观层面的出口表现与企业的生产率存在正相关，即出口量较大的企业比出口量较小的企业更有能力应对成本的提高。因此，本书用企业出口至所有国家的整体出口量作为衡量企业生产率的代理变量。为控制企业间的异质性特征，本书借鉴 Fontagné 等（2015）的方法，首先计算 t 年企业 i 的整体出口额并取对数，随后计算 t 年中所有企业出口额的均值并取对数，最后用 t 年企业 i 的出口额减去该均值，并取滞后一期值作为最终进入实证回归中的企业规模的指标，利用滞后期的目的是体现企业前期出口表现对当期的影响。进一步，为避免异常值给实证带来的影响，本书剔除了企业规模排名前 1% 及后 1% 的企业样本。

$impor_{i,HS2,t-1}$ 表示企业重要性。本书借鉴 Fontagné 等（2015）的方法，使用企业 i 在 t 年 HS－2 位编码产品的出口量占该年 HS－2 编码产品总出口量的比重来表示，比重越大，则认为企业重要性越高。同企业规模指标的处理方法类似，本书用该比重减去按照 HS－2 年份计算的均值，并剔除了异常值。

根据理论模型与假说，本书在计量模型中加入非关税措施（$AVE_{j,t}$）与企业规模（$size_{i,t-1}$）以及非关税措施（$AVE_{j,t}$）与企业重要性（$impor_{i,HS2,t-1}$）的交互项。第一个交互项的目的是验证本书的假说 3，预期该交互项的系数为正；而第二个交互项的主要目的在于考察美国实施的非关税措施是否对我国的相关企业存在歧视性待遇，相关系数有待实证检验。

此外，本书在计量模型中加入了 3 个控制变量。$tariff_{i,t}$ 表示企业 i 在 t 年面临的加权出口关税。δ_i 表示企业层面固定效应，用以控制除企业规模外，企业层面影响企业出口行为或贸易额的其他变量因素，如所有制结构、企业员工组成、人事变动、生产率等。$\phi_{HS2,t}$ 表示产品－时间固定效应，用以控制产品层面的异质性特征以及随时间变化的其他因素，包括要素价格、物价水平、收入、进口需求冲击及多边贸易阻力等影响贸易的宏观因素等。

三　数据说明与描述性统计

目前文献中常用的企业层面微观数据库包括中国工业企业数据库与中国海关进出口数据库，多数学者采用其中一个或两者合并后的数据进行研究。但聂辉华等（2012）指出，中国工业企业数据库存在缺乏指标的问题，如2004年的工业企业数据缺少工业总产值、工业增加值、出口交货值和研发费用等重要指标。这使得本书无法计算该年度企业生产率，也无法使用出口交货值等指标。此外，聂辉华等（2012）指出，中国工业企业数据库包含130多个指标，但是有相当多的指标存在异常值。尽管如此，本书仍对中国工业企业数据库与中国海关进出口数据库进行了匹配，发现2001～2014年共200多万个观测值中，只有大约8%的企业每年都存在。在这种情况下，难以严格界定企业的"进入"和"退出"等决策行为。而且利用中国工业企业数据库与中国海关进出口数据库合并数据，存在一个问题，即难以找到一个唯一特征以匹配两者，传统的利用企业名称或者法人代表姓名、邮编、电话的方法也无法确保准确性。故本书仅选择中国海关进出口数据库。

本书使用的中国海关进出口数据库可提供2001～2014年中国国内企业进出口的详细数据，包括进出口产品种类（HS－8位产品编码）、数量、单价及其他内容。该样本区间也包括中国出口贸易发展中的两个重要时间节点，即2001年中国加入WTO和2008年全球金融危机，因此可以有效考察伴随着中国出口规模与世界范围内非关税措施数量的快速增长，非关税措施如何影响中国企业出口二元边际。为满足研究中美贸易的需要，本书对其进行如下处理。第一，仅保留中国对美国出口的企业样本。第二，排除HS分类中第98章和第99章的企业（服务行业）。第三，将样本企业出口额由月度加总至年度层面并由HS－8位产品编码加总至

HS－6 位产品编码，剔除重复值；与本书第三章中国企业出口二元边际的测算类似，本书实证样本中仅保留从事一般贸易出口的企业样本，并剔除了从事中间商出口业务的企业样本。第四，本书样本区间跨度长达 14 年，为减少偶然出口企业对估计结果造成的偏误，本书保留连续 5 年对美国出口的企业样本。为便于理解实证方程中各变量的定义，本章将上述变量界定和数据来源汇总于表 5－1 中。

表 5－1 变量定义及数据来源

变量	定义	数据来源
enter	企业进入市场虚拟变量，若 $(t-1)$ 年出口额为 0，而 t 年出口额大于 0，则认为企业在 t 年进入市场，记为 1	中国海关进出口数据库
exit	企业退出市场虚拟变量，若 t 年出口额大于 0，而 $(t+1)$ 年出口额为 0，则认为企业在 $(t+1)$ 年退出市场，记为 1	中国海关进出口数据库
lnvalue	中国企业出口至美国贸易额（对数）	中国海关进出口数据库
AVE	美国非关税措施从价等价物	本书第四章测算得到
size	中国企业出口额，表示企业规模	中国海关进出口数据库
impor	中国出口企业 HS－2 位编码产品的出口比重，表示企业重要性	中国海关进出口数据库
tariff	企业面临的加权关税	WITS 数据库

资料来源：根据 Stata 整理。

表 5－2 汇报了各变量的描述性统计。中国企业出口额和企业重要性变量由于去中心化处理，因此出现负值。这两个变量的最小值与最大值的差距较大，为排除可能存在的异常值影响，本书将排名前 1% 及后 1% 的相关样本剔除。表示贸易政策的非关税政策变量及关税变量也由产品层面按照企业出口额权重加总至企业层面，可以看到无论从均值、最小值还是最大值来看，非关税措施的限制程度已明显超过传统关税措施。

表 5 - 2　变量描述性统计

变量	观测值	均值	标准差	最小值	最大值
enter	724640	0.136	0.343	0	1
exit	724640	0.162	0.368	0	1
lnvalue	322432	11.959	2.394	0	22.262
AVE	724640	0.426	0.779	0	9.963
size	724640	1.213	3.173	-15.814	17.174
impor	724640	0.001	0.007	-0.034	0.682
tariff	724640	0.035	0.050	0	1.096

资料来源：根据 Stata 整理。

第二节　基准模型实证结果分析

区别于以往文献计量模型中堆叠控制变量的做法，本书在计量模型中加入高维度的企业层面固定效应及产品 - 时间固定效应，样本企业数量超过 3 万家，这使得传统 Probit 模型或面板模型无法估计。因此本书利用 Guimaraes 和 Portugal（2010）提出的多维度固定效应估计命令（reghdfe），使用线性概率模型（LPM）进行估计，这样做的优势在于可最大限度控制影响企业出口行为和出口额的其他因素①，从而重点关注非关税措施对企业二元边际的影响。

一　美国非关税措施对中国企业进入市场的影响

按照理论建模的假说 3，非关税措施的实施对企业出口利润造成负面影响，从而导致企业选择不出口相应产品，进而退出市场。表 5 - 3 的回归结果证实了假说 3。具体而言，美国所实施的非关税措施使得中国企业选择进入美国市场的概率降低约 1.8%，即非关税措施给中国企业出口增

---

① reghdfe 为非官方 Stata 命令，下载地址为 https：//github.com/sergiocorreia/reghdfe。

加了额外的成本，提高了出口门槛。关税变量同样为负，但估计系数仅为
0.4%，远远小于非关税措施的负面影响。

表 5-3　美国非关税措施对中国企业进入市场的影响

变量	（1）	（2）	（3）	（4）
	enter	enter	enter	enter
AVE	−0.018 ***	−0.018 ***	−0.018 ***	−0.018 ***
	（0.000）	（0.000）	（0.000）	（0.000）
size		0.010 ***		0.010 ***
		（0.000）		（0.000）
AVE × size		0.001 ***		0.001 ***
		（0.000）		（0.000）
impor			0.429 ***	0.660 ***
			（0.089）	（0.089）
AVE × impor			0.127	0.009
			（0.094）	（0.094）
tariff	−0.004 ***	−0.004 ***	−0.004 ***	−0.004 ***
	（0.000）	（0.000）	（0.000）	（0.000）
企业固定效应	是	是	是	是
产品-时间固定效应	是	是	是	是
观测值	724640	724640	724640	724640
R^2	0.198	0.202	0.198	0.202

注：括号中的数值表示标准差，*** 表示 1% 的显著性水平，** 表示 5% 的显著性水平，
* 表示 10% 的显著性水平。

在表 5-3 第（2）列，本书加入企业规模变量以验证异质性企业情
况下非关税措施对企业出口决策的影响（假说 4）。第（2）列加入企业
规模变量 *size* 以及该变量与非关税措施的交互项。按照预期，（$t-1$）期
的规模较大的企业，在 t 期更倾向于出口，因此该变量的符号预期为正。
同样，规模较大的企业可以克服非关税措施所带来的成本提高，因此企业
规模变量与非关税措施交互项的符号预期为正。表 5-3 第（2）列中企

业规模变量 size 系数为 0.010，交互项的系数为 0.001，表明（$t-1$）期的规模较大的企业，在 t 期的出口概率增加 1%；而规模较大的企业克服非关税措施带来的成本提高，出口概率提高 0.1%，均符合理论预期。

在表 5-3 第（3）列中，本书加入表示企业重要性变量以及该变量与非关税措施的交互项，以验证美国所实施的非关税措施是否具有歧视性的特点。从回归结果看，该交互项的估计系数并不显著，说明美国的非关税措施并没有特别针对中国某一重要企业。此外，无论企业是否重要，非关税措施依然降低了企业出口新产品的概率约 1.8%。

表 5-3 第（4）列将企业规模变量与企业重要性变量一同加入模型估计，作为稳健性检验。由估计结果可以看出，非关税措施对企业出口新产品的消极影响依然存在，且概率依然为 -1.8%。同时，企业规模变量与非关税措施的交互项系数依然为正且十分显著，企业重要性变量与非关税措施的交互项系数同第（3）列类似，依然不显著。第（2）列至第（4）列，关税变量的估计系数均为负值，符合预期。

二 美国非关税措施对中国企业退出市场的影响

进一步，本书从中国企业退出市场的视角考察非关税措施对其影响。按照第二章理论建模的假说 3，非关税措施给企业出口增加了额外成本，提高了出口门槛，从而造成一些企业选择退出市场，即非关税措施增加了企业退出市场的概率。表 5-4 汇报了相关回归结果，可以看出，回归结果证实了这一假说。第（1）列的回归中仅加入非关税措施从价等价物和关税，两者均增加了企业退出的概率，其中非关税措施的估计系数达到 0.062，即非关税措施从价等价物每变动 1%，就会提高企业退出概率约 6.2%，而关税的估计系数仅为 1.9%，远远小于非关税措施的影响。

在表 5-4 第（2）列至第（3）列，本书先后加入控制变量以验证异质性企业理论是否成立。第（2）列的回归结果显示，企业规模变量的估计系数为负，表示企业规模越大，企业越不容易退出市场；企业规模变量与非关税措施的交互项为负，表明异质性企业理论成立，规模较大的企业可以克服非关税措施带来的成本提升。关税变量的效果进一步降低至 1.5%。第（3）列加入企业重要性变量及其与非关税措施的交互项。企业重要性变量显著为负，表明越重要的企业即 HS－2 位编码产品出口占比较高的企业越不容易退出市场；交互项的系数与表 5－3 类似，并不显著，表明美国非关税措施并没有特别针对中国某一重要企业。

表 5－4　美国非关税措施对中国企业退出市场的影响

变量	（1）	（2）	（3）	（4）
	exit	exit	exit	exit
AVE	0.062 ***	0.045 ***	0.061 ***	0.042 ***
	(0.000)	(0.000)	(0.000)	(0.000)
size		－ 0.079 ***		－ 0.077 ***
		(0.000)		(0.000)
AVE × size		－ 0.005 ***		－ 0.004 ***
		(0.000)		(0.000)
impor			－ 2.791 ***	－ 0.771 ***
			(0.113)	(0.105)
AVE × impor			0.466	0.225
			(0.419)	(0.205)
tariff	0.019 ***	0.015 ***	0.019 ***	0.025 ***
	(0.000)	(0.000)	(0.000)	(0.005)
企业固定效应	是	是	是	是
产品－时间固定效应	是	是	是	是
观测值	724640	724640	724640	724640
R^2	0.385	0.469	0.386	0.476

注：括号中的数值表示标准差，*** 表示 1% 的显著性水平，** 表示 5% 的显著性水平，* 表示 10% 的显著性水平。

第（4）列中加入所有控制变量，可以看到非关税措施对企业退出决策的影响依然显著为正，达到 4.2%，关税变量为 2.5%，其他变量的符号和大小均符合预期。整体来看，非关税措施无论是对于企业进入市场还是退出市场的决策影响均已经超过传统关税措施，这一点值得警惕。在关税得到逐渐削减的当下，非关税措施成为影响企业进入和退出市场的重要因素。而由于非关税措施的隐蔽性，这一影响常常被忽略。可以看到，美国实施的非关税措施实质上已经对中国企业对美出口造成影响。在贸易摩擦愈演愈烈的当下，非关税措施已成为中美贸易谈判的重要议题之一。可以预见，关税战仅是贸易摩擦的表面现象，背后的非关税措施将成为日后贸易摩擦的重要内容。

三　美国非关税措施对中国企业出口额的影响

根据假说1，非关税措施对企业出口产品的出口额存在负面影响。表5－5的回归结果显示，美国所实施的非关税措施对中国企业的出口额有显著的负面影响，在第（4）列的全变量回归中，非关税措施使中国企业的出口额减少16.1%，而关税对出口额的影响较小，1%关税水平的增加，仅减少出口额约6%。可见，目前主要影响贸易流量的因素已不再是传统贸易壁垒如关税等，而是更加难以察觉和分辨的TBT措施。

表5－5　美国非关税措施对中国企业出口额的影响

变量	（1）lnvalue	（2）lnvalue	（3）lnvalue	（4）lnvalue
AVE	− 0.286 ***	− 0.160 ***	− 0.285 ***	− 0.161 ***
	(0.006)	(0.007)	(0.006)	(0.006)
size		0.445 ***		0.432 ***
		(0.003)		(0.002)
AVE × size		0.041 ***		0.041 ***
		(0.002)		(0.002)
impor			52.511 ***	44.513 ***
			(0.741)	(0.709)
AVE × impor			6.533	7.990
			(6.531)	(7.960)
tariff	− 0.076 ***	− 0.060 ***	− 0.075 ***	− 0.060 ***
	(0.000)	(0.001)	(0.000)	(0.000)

变量	(1)	(2)	(3)	(4)
	lnvalue	lnvalue	lnvalue	lnvalue
企业固定效应	是	是	是	是
产品－时间固定效应	是	是	是	是
观测值	322432	322432	322432	322432
R^2	0.492	0.540	0.503	0.548

<table continued note>续表</table>

注：括号中的数值表示标准差，*** 表示 1% 的显著性水平，** 表示 5% 的显著性水平，* 表示 10% 的显著性水平。

接下来同样先后在非关税措施对企业出口额影响的回归中加入企业规模变量及企业重要性变量。从表 5－5 第（2）列的回归结果来看，规模较大的企业可以克服非关税措施实施所带来的负面影响，使得其出口额得到提高。从第（3）列的回归结果来看，非关税措施与企业重要性变量的交互项估计系数不显著，再次证明美国所实施的非关税措施并没有针对中国特定企业。第（4）列作为稳健性检验，同时加入企业规模变量及企业重要性变量，发现异质性企业理论依然成立，非关税措施与企业规模的交互项系数为正且显著；同时，与第（3）列回归类似，非关税措施与企业重要性的交互项系数不显著。

第三节　企业所有制类型异质性视角

第三章的中国企业出口现状分析中指出，国有企业、民营企业、外资企业在出口额和出口产品种类上存在差异。此外，在面对外部经济冲击时，三类企业的二元边际也呈现不同的变化趋势。因此，本节从企业类型的角度考察非关税措施对出口企业二元边际的影响。中国海关进出口数据库中主要包括 7 种企业所有制类型，分别为中外合作企业、中外合资企业、国有企业、外商独资企业、私营企业或民营企业、集体企

业、个体工商户。为保证回归中的样本数量足够，本书将以上企业类型
汇总为国有企业、民营企业、外资企业 3 类，其中民营企业包括个体工
商户、私营企业、集体企业，外资企业包括中外合作企业、中外合资企
业、外商独资企业。各类企业的数量分布见表 5 - 6，可以看到 3 类企业
中外资企业最多，民营企业次之，国有企业最少。为了刻画不同类型企
业面临非关税措施时出口二元边际的具体影响，本节将对这 3 类企业分
别进行回归。

表 5 - 6　按企业所有制类型划分的样本企业

企业所有制类型	企业数量（家）	占比（%）
国有企业	2623	7.09
民营企业	15192	41.06
外资企业	19186	51.85

资料来源：根据 Stata 整理。

一　企业进入市场回归结果分析

表 5 - 7 汇报了相关回归结果。同前文类似，非关税措施对各所有制
类型企业进入市场均有显著负面影响。具体来看，国有企业受到的负面影
响最小，概率仅为 1.1%；民营企业为 1.7%；外资企业为 1.8%。这表明
美国实施的非关税措施更大程度上影响了外资企业和民营企业的市场进入
行为。这一点在前文的中国出口企业现状分析中也有一定体现，即外资企
业和民营企业的数量易受外部冲击而发生较大的变动，国有企业的数量变
动则较少。同时，在现有中国经济体制下，国有企业在体量以及出口产品
涉及的行业方面均有不可替代性，这也是国有企业受到负面影响较小的原
因之一。

表 5 - 7 各类型企业回归的第一列中加入了企业规模变量及其与非关
税措施的交互项，企业规模变量均显著为正，同前文的结论一致；企业规

表 5 - 7 美国非关税措施对中国企业进入市场的影响(按企业所有制类型)

变量	国有企业			民营企业			外资企业		
AVE	-0.010*** (0.002)	-0.012*** (0.002)	-0.011*** (0.002)	-0.017*** (0.002)	-0.018*** (0.002)	-0.017*** (0.001)	-0.019*** (0.002)	-0.019*** (0.002)	-0.018*** (0.001)
$size$	0.005*** (0.001)		0.005*** (0.000)	0.011*** (0.001)		0.011*** (0.000)	0.011*** (0.001)		0.010*** (0.000)
$AVE \times size$	0.002*** (0.000)		0.002*** (0.000)	0.002*** (0.000)		0.002*** (0.000)	0.002*** (0.000)		0.002*** (0.000)
$impor$		0.572*** (0.198)	0.572*** (0.198)		2.337*** (0.247)	1.278*** (0.239)		1.149*** (0.217)	0.912*** (0.148)
$AVE \times impor$		0.399 (0.684)	0.176* (0.081)		0.294 (0.311)	0.171 (0.285)		0.947 (0.911)	0.191 (0.178)
$tariff$	-0.005*** (0.000)	-0.006*** (0.000)	-0.005*** (0.000)	-0.003*** (0.001)	-0.003*** (0.000)	-0.003*** (0.000)	-0.004*** (0.000)	-0.005*** (0.000)	-0.004*** (0.000)
企业固定效应	是	是	是	是	是	是	是	是	是
产品-时间固定效应	是	是	是	是	是	是	是	是	是
样本数	41954	41954	41954	242616	242616	242616	306818	306818	306818
R^2	0.175	0.173	0.175	0.181	0.179	0.189	0.192	0.190	0.196

注:括号中的数值表示标准差,*** 表示1%的显著性水平,** 表示5%的显著性水平,* 表示10%的显著性水平。

模变量与非关税措施的交互项同样显著为正，表明异质性企业理论成立；第二列中加入企业重要性变量及其与非关税措施的交互项，企业重要性变量显著为正，交互项虽然为正，但并不显著，这与前文的结论一致。第三列加入所有控制变量，可以看出非关税措施对各类型企业进入市场的负面影响依然显著。关税变量对各类型企业进入市场同样存在显著负面影响，但影响程度均不及非关税措施。3 类所有制企业中，国有企业受关税影响最大，其次为外资和民营，但三者差距不大。

二　企业退出市场回归结果分析

表 5-8 汇报了相关回归结果。同前文类似，非关税措施对各所有制类型企业退出市场均有显著促进作用。具体来看，外资企业受到的影响最大，概率为 1.6%；民营企业和国有企业相同，概率为 1.4%。通常来说，外资企业由于涉及外资投入，因此对母国投资国的政策变动较为敏感，这也解释了外资企业为什么在进入市场和退出市场方面受到的负面影响均是最大的。国有企业凭借其体量优势以及国家补贴，受到的负面影响较小。而对于民营企业来说，笔者认为由于体量较小，在面对外部冲击时反而可以有效转型，提高相应的投资效率，因而受到的负面影响同样较小。

表 5-8 各类型企业回归的第一列中加入了企业规模变量及其与非关税措施的交互项，企业规模变量均显著为负，同前文的结论一致；企业规模变量与非关税措施的交互项同样显著为负，表明异质性企业理论成立；第二列中加入企业重要性变量及其与非关税措施的交互项，企业重要性变量显著为负，交互项虽然为负，但并不显著，这与前文的结论一致。第三列加入所有控制变量，可能看出非关税措施对各类型企业退出市场的促进作用依然显著。

关税变量对各类型企业退出市场有显著的正向促进作用。具体来看，

表5-8 美国非关税措施对中国企业退出市场的影响（按企业所有制类型）

变量	国有企业			民营企业			外资企业		
AVE	0.014***	0.015***	0.014***	0.014***	0.015***	0.014***	0.016***	0.017***	0.016***
	(0.003)	(0.002)	(0.002)	(0.002)	(0.001)	(0.001)	(0.002)	(0.002)	(0.001)
size	-0.007***		-0.007***	-0.002***		-0.002***	-0.002***		-0.002***
	(0.001)		(0.000)	(0.000)		(0.000)	(0.000)		(0.000)
AVE×size	-0.004***		-0.004***	-0.004***		-0.004***	-0.003***		-0.003***
	(0.000)		(0.001)	(0.001)		(0.000)	(0.001)		(0.000)
impor		-0.845***	-0.328***		-0.557***	-0.161***		-2.771***	-0.439***
		(0.300)	(0.212)		(0.107)	(0.002)		(0.597)	(0.140)
AVE×impor		-0.978	-0.191		-1.338	-0.261		-2.146	-0.349
		(0.846)	(0.003)		(1.976)	(0.241)		(5.766)	(0.168)
tariff	0.014***	0.015***	0.014***	0.005***	0.006***	0.005***	0.007***	0.007***	0.007***
	(0.001)	(0.001)	(0.000)	(0.001)	(0.001)	(0.000)	(0.001)	(0.001)	(0.000)
企业固定效应	是	是	是	是	是	是	是	是	是
产品-时间固定效应	是	是	是	是	是	是	是	是	是
样本数	41954	41954	41954	242616	242616	242616	306818	306818	306818
R²	0.280	0.277	0.282	0.499	0.491	0.506	0.377	0.341	0.380

注：括号中的数值表示标准差，*** 表示1%的显著性水平，** 表示5%的显著性水平，* 表示10%的显著性水平。

国有企业受到的关税措施影响最大，达到了与非关税措施相同的回归结果，在政策制定中这一点值得考虑。国有企业作为中国制造业升级以及经济发展的重要力量，进口国非关税措施和关税措施的变化均会对其造成影响。对民营企业和外资企业来说，关税措施对其退出市场的影响虽然为正，但影响较小，不及非关税措施。

三　企业出口额回归结果分析

表5-9汇报了相关回归结果。整体来看，非关税措施对各所有制类型企业的出口额均有显著的负面影响。具体来看，国有企业和外资企业受到的负面影响最大，均降低约15.9%；民营企业受到的影响较小，降低约14.8%。国有企业虽然在进入和退出市场方面受到的负面影响较小，但出口额受到了较大的负面影响。笔者认为原因在于美国实施的非关税措施以SPS措施、TBT措施和临时性贸易保护措施（如"双反"和惩罚性关税）为主，而这些标准类措施和数量类措施主要针对的正是国有企业出口的产品。

表5-9各所有制类型企业回归的第一列中加入了企业规模变量及其与非关税措施的交互项，企业规模变量均显著为正，同前文的结论一致，表明企业规模越大企业越倾向于继续出口；企业规模变量与非关税措施的交互项同样显著为正，表明异质性企业理论成立，规模较大的企业可以克服非关税措施带来的成本提升，进而继续出口相关产品。第二列加入企业重要性变量及其与非关税措施的交互项，企业重要性变量显著为正，交互项虽然为正，但并不显著，这与前文的结论一致。第三列加入所有控制变量，可以看出非关税措施对各所有制类型企业出口额的负面影响依然显著。

关税变量对各类型企业的出口额均有显著的负面影响，但影响均不如非关税措施。3类所有制企业中，国有企业受关税影响最大，其次为外资企业和民营企业，但三者差距不大。

表 5－9 美国非关税措施对中国企业出口额的影响（按企业所有制类型）

变量	国有企业			民营企业			外资企业		
AVE	-0.159***	-0.160***	-0.159***	-0.148***	-0.151***	-0.148***	-0.159***	-0.160***	-0.159***
	(0.028)	(0.029)	(0.027)	(0.011)	(0.011)	(0.010)	(0.010)	(0.013)	(0.011)
size	0.443***		0.442***	0.450***		0.449***	0.441***		0.440***
	(0.010)		(0.009)	(0.004)		(0.004)	(0.004)		(0.004)
AVE×size	0.017**		0.018**	0.041***		0.042***	0.047***		0.047***
	(0.006)		(0.007)	(0.003)		(0.003)	(0.004)		(0.003)
impor		46.771***	33.518***		70.316***	72.357***		60.735***	58.919***
		(2.794)	(1.874)		(5.119)	(1.681)		(5.397)	(1.239)
AVE×impor		8.729	7.556		13.723	9.261		14.537	16.000
		(7.197)	(6.164)		(10.961)	(9.242)		(10.997)	(16.839)
tariff	-0.084***	-0.085***	-0.083***	-0.051***	-0.051***	-0.050***	-0.061***	-0.062***	-0.061***
	(0.006)	(0.007)	(0.005)	(0.002)	(0.002)	(0.001)	(0.001)	(0.002)	(0.002)
企业固定效应	是	是	是	是	是	是	是	是	是
产品－时间固定效应	是	是	是	是	是	是	是	是	是
样本数	20903	20903	20903	109820	109820	109820	145593	145593	145593
R²	0.640	0.613	0.649	0.547	0.519	0.553	0.539	0.521	0.541

注：括号中的数值表示标准差，*** 表示1%的显著性水平，** 表示5%的显著性水平，* 表示10%的显著性水平。

第四节 行业类型异质性视角

自特朗普政府以"301条款"和"232条款"为由对中国发起贸易调查开始，美国主要针对中国的制造业产品实施惩罚性关税，包括航空航天、信息通信技术、机器人技术、工业设备、新材料和汽车等，这也从一个侧面表明特朗普政府引起贸易摩擦的主要目的是遏制中国高技术产品的发展。因此，本书进一步参考Lall（2001）的分类方法，将HS海关编码统一至SITC3位编码，并将出口企业按所属行业划分为初级产品行业、资源性产品行业、低技术产品行业、中等技术产品行业和高技术产品行业5大类。具体分类方法为：若企业在一年内出口多种产品，则以出口额占比最高的产品（HS-6位产品编码）即核心产品划分该企业所属类型；若企业出口产品占比相似，则以出口产品种类数量为标准，按多次出口产品划分行业类型。各行业中企业数量占比见表5-10。可以看到，从事低技术产品行业的企业占比最高，其次为中等技术产品行业的企业，两者共计占比约75.89%，排名第三的为高技术产品行业企业，占比11.26%。在此分类基础上，本节按照设定的实证模型进行了回归检验，以检验美国实施的非关税措施是否对特定产品行业的生产企业造成不同的影响。

表5-10 按行业划分的样本企业

行业	企业数量（家）	占比（%）
初级产品行业	1106	2.44
资源性产品行业	4713	10.41
低技术产品行业	22632	49.99
中等技术产品行业	11724	25.90
高技术产品行业	5100	11.26

资料来源：根据Stata整理。

一 企业进入市场回归结果分析

从表 5 - 11 的回归结果来看,非关税措施对这 5 类行业进入市场均有显著的负面影响。其中对低技术产品行业进入市场的负面影响最大,估计系数为 2.2% ;高技术产品行业次之,估计系数为 2.1% ;中等技术产品行业估计系数为 1.6% ;资源性产品行业为 0.9% ;初级产品行业为 0.6% 。这表明美国非关税措施对中国低技术产品行业进入其国内市场影响最大,也从侧面证实了美国非关税措施中 SPS 措施和 TBT 措施所设定的产品标准对我国低技术产品出口构成了实质性的阻碍。而美国非关税措施同时也对我国高技术产品行业构成了较大的阻碍,这表明虽然中美贸易摩擦从 2018 年开始愈演愈烈,但实际上美国实施的非关税措施早已对中国高技术产品行业造成影响。资源性产品行业与初级产品行业受到的影响较小,笔者认为其原因在于:一方面,资源性产品行业与初级产品行业的相关产品已具有相对成熟的生产标准和流程,受 SPS 措施和 TBT 措施影响较小;另一方面,中国出口至美国的资源性产品和初级产品较多,美国是消费中国此类产品的最大国,因此相关行业受到的影响较小。

表 5 - 11 第一列中加入了企业规模变量及其与非关税措施的交互项。企业规模变量均显著为正,同前文的结论一致;企业规模变量与非关税措施的交互项同样显著为正,表明异质性企业理论成立。第二列中加入企业重要性变量及其与非关税措施的交互项,企业重要性变量显著为正,交互项虽然为正,但并不显著,这与前文的结论一致。第三列加入所有控制变量,非关税措施对相关行业进入市场的负面影响依然显著。

关税措施对所有行业进入市场均有显著的负面影响,但值得注意的是,对资源性产品行业和初级产品行业而言,关税措施与非关税措施的负面影响比较接近。关税措施对于资源性产品行业的影响为 - 0.007,对于初级产品行业的影响为 - 0.003。笔者认为这是由于这些行业的相关产品易受到价格波动的影响。

非关税措施：美国实践及其影响研究

表 5-11　美国非关税措施对中国企业进入市场的影响（按行业）

变量	初级产品行业			资源性产品行业			低技术产品行业		
AVE	-0.005*	-0.004*	-0.006*	-0.008***	-0.008**	-0.009***	-0.020***	-0.021***	-0.022***
	(0.002)	(0.002)	(0.003)	(0.002)	(0.003)	(0.002)	(0.001)	(0.002)	(0.001)
size	0.019***		0.019***	0.012***		0.013***	0.011***		0.010***
	(0.002)		(0.002)	(0.02)		(0.001)	(0.001)		(0.000)
AVE × size	0.003***		0.003***	0.001***		0.001***	0.002***		0.002***
	(0.000)		(0.000)	(0.000)		(0.000)	(0.000)		(0.000)
impor		0.137***	0.360***		2.176***	1.131***		0.792***	0.909***
		(0.002)	(0.106)		(0.201)	(0.223)		(0.144)	(0.166)
AVE × impor		0.405	0.336		0.262	0.082		0.384	0.161
		(0.256)	(0.336)		(0.185)	(0.189)		(0.238)	(0.208)
tariff	-0.002***	-0.002***	-0.003***	-0.006***	-0.006***	-0.007***	-0.004***	-0.004***	-0.004***
	(0.001)	(0.001)	(0.001)	(0.001)	(0.001)	(0.001)	(0.001)	(0.000)	(0.000)
企业固定效应	是	是	是	是	是	是	是	是	是
产品-时间固定效应	是	是	是	是	是	是	是	是	是
样本数	17696	17696	17696	75408	75408	75408	362112	362112	362112
R^2	0.192	0.192	0.204	0.181	0.179	0.189	0.192	0.190	0.196

注：括号中的数值表示标准差，*** 表示1%的显著性水平，** 表示5%的显著性水平，* 表示10%的显著性水平。

续表

变量	中等技术产品行业			高技术产品行业		
AVE	-0.015***	-0.015***	-0.016***	-0.021***	-0.022***	-0.021***
	(0.002)	(0.002)	(0.001)	(0.001)	(0.002)	(0.002)
$size$	0.119***		0.009***	0.010***		0.009***
	(0.001)		(0.000)	(0.002)		(0.001)
$AVE \times size$	0.002***		0.002***	0.002***		0.002***
	(0.000)		(0.000)	(0.000)		(0.000)
$impor$		1.399***	0.838***		1.114***	0.097***
		(0.138)	(0.238)		(0.010)	(0.002)
$AVE \times impor$		2.687	0.098		3.664	3.232
		(1.917)	(0.177)		(2.986)	(3.326)
$tariff$	-0.006***	-0.007***	-0.007***	-0.017***	-0.017***	-0.016***
	(0.000)	(0.000)	(0.000)	(0.002)	(0.002)	(0.001)
企业固定效应	是	是	是	是	是	是
产品－时间固定效应	是	是	是	是	是	是
样本数	187584	187584	187584	81600	81600	81600
R^2	0.217	0.211	0.228	0.217	0.215	0.217

注：括号中的数值表示标准差，*** 表示 1% 的显著性水平，** 表示 5% 的显著性水平，* 表示 10% 的显著性水平。

二 企业退出市场回归结果分析

表 5 – 12 汇报了非关税措施对不同行业中企业退出市场的实证结果。整体来看，非关税措施对各类型行业中的企业退出市场均有显著正向作用。其中，初级产品行业、低技术产品行业和高技术产品行业受影响较大。这表明这些行业的企业在进入市场后，更易受到政策波动的影响。一旦美国对相关产品的非关税措施进行调整，这 3 类行业相对来说更倾向于退出市场。笔者认为原因在于，对于初级产品行业和低技术产品行业来说，由于出口产品技术水平较低，在企业体量方面不如其他行业内企业，面对美国非关税措施，更倾向于选择退出市场以规避风险。而对于高技术产品行业的企业来说，更大程度上是美国非关税措施所带来的"硬退出"，例如，美国 2013 年对中国华为公司颁布的禁售令等。

表 5 – 12 第一列中加入了企业规模变量及其与非关税措施的交互项，企业规模变量均显著为负，同前文的结论一致，表明企业规模越大企业越不会退出市场；企业规模变量与非关税措施的交互项同样显著为负，表明异质性企业理论成立，规模较大的企业可以克服非关税措施带来的成本提升，进而继续留在市场中。第二列中加入企业重要性变量及其与非关税措施的交互项，企业重要性变量显著为负。交互项并不显著。第三列加入所有控制变量，非关税措施对相关行业退出市场的促进作用依然显著。

同前文结论相同，关税措施对各行业内企业退出市场有显著正向作用。从具体的回归结果来看，对中等技术产品行业、高技术产品行业和资源性产品行业而言，关税措施所带来的负面影响与非关税措施相当，这也从侧面印证了美国从 2018 年开始针对中国高技术产品实施惩罚性关税行为。因此，在这些行业的产品出口过程中，除了要对美国关税措施的变化加以注意外，对非关税措施的变化仍不可忽视。

表 5 - 12　美国非关税措施对中国企业退出市场的影响（按行业）

变量	初级产品行业		资源性产品行业			低技术产品行业		
AVE	0.016 ***	0.016 ***	0.010 ***	0.012 ***	0.011 ***	0.016 ***	0.017 ***	0.015 ***
	(0.002)	(0.003)	(0.002)	(0.002)	(0.002)	(0.001)	(0.002)	(0.001)
size	-0.002 ***	-0.002 ***	-0.001 *	-0.001 *	-0.001 *	-0.000 *	-0.000 *	-0.000 *
	(0.000)	(0.000)	(0.001)	(0.001)	(0.001)	(0.000)	(0.000)	(0.000)
AVE × size	-0.004 ***	-0.004 ***	-0.002 ***	-0.002 **	-0.002 ***	-0.004 ***	-0.004 ***	-0.004 ***
	(0.001)	(0.001)	(0.000)	(0.000)	(0.000)	(0.001)	(0.000)	(0.000)
impor	-0.374 ***	-0.491 **		-0.499 ***	-0.352 ***		-0.773	-0.272 *
	(0.103)	(0.199)		(0.117)	(0.106)		(0.223)	(0.146)
AVE × impor	0.166	0.073		0.046	0.021		1.179	0.094
	(0.378)	(0.324)		(0.373)	(0.173)		(1.027)	(0.183)
tariff	0.006 ***	0.005 ***	0.010 ***	0.012 ***	0.011 ***	0.005 ***	0.006 ***	0.005 ***
	(0.001)	(0.001)	(0.000)	(0.000)	(0.000)	(0.001)	(0.000)	(0.000)
企业固定效应	是	是	是	是	是	是	是	是
产品 - 时间固定效应	是	是	是	是	是	是	是	是
样本数	17696	17696	75408	75408	75408	362112	362112	362112
R²	0.383	0.385	0.418	0.417	0.418	0.464	0.460	0.464

注：括号中的数值表示标准差，*** 表示 1% 的显著性水平，** 表示 5% 的显著性水平，* 表示 10% 的显著性水平。

续表

变量	中等技术产品行业			高技术产品行业		
AVE	0.011*** (0.001)	0.013*** (0.001)	0.012*** (0.001)	0.015*** (0.001)	0.015*** (0.001)	0.015*** (0.001)
size	-0.002*** (0.000)		-0.002*** (0.000)	-0.011*** (0.001)		-0.012*** (0.000)
AVE × size	-0.002*** (0.000)		-0.002*** (0.000)	-0.003*** (0.000)		-0.003*** (0.000)
impor		-1.339*** (0.108)	-0.163*** (0.002)		-1.763*** (0.113)	-0.372*** (0.003)
AVE × impor		0.996 (1.793)	0.126 (0.150)		-7.266 (5.996)	-0.152 (0.265)
tariff	0.010*** (0.000)	0.012*** (0.000)	0.011*** (0.000)	0.018*** (0.001)	0.019*** (0.001)	0.018*** (0.001)
企业固定效应	是	是	是	是	是	是
产品-时间固定效应	是	是	是	是	是	是
样本数	187584	187584	187584	81600	81600	81600
R^2	0.506	0.500	0.507	0.500	0.497	0.500

注：括号中的数值表示标准差，*** 表示1%的显著性水平，** 表示5%的显著性水平，* 表示10%的显著性水平。

三 企业出口额回归结果分析

表5-13汇报了相关回归结果。整体来看，非关税措施对各类行业中的企业出口额均有显著的负面影响。具体来看，低技术产品行业、中等技术产品行业和高技术产品行业受到的负面影响较大，初级产品行业和资源性产品行业受到的负面影响较小。笔者认为原因是：一方面，由前文的回归结果可知，低、中、高技术产品行业，特别是低技术产品行业，其进入市场和退出市场均受到非关税措施的影响，这一步造成其出口规模的下降；另一方面，美国是中国初级产品和资源性产品的主要进口国和消费国，且初级产品行业和资源性产品行业由于生产标准及流程已较为成熟，因此受到非关税措施的影响较小。

表5-13的第一列加入了企业规模变量及其与非关税措施的交互项。企业规模变量均显著为正，同前文的结论一致，表明企业规模越大企业越倾向于继续出口；企业规模变量与非关税措施的交互项同样显著为正，表明异质性企业理论成立，规模较大的企业可以克服非关税措施带来的成本提升，进而继续出口相关产品。第二列加入企业重要性变量及其与非关税措施的交互项，企业重要性变量显著为正，交互项虽然为正，但并不显著，这与前文的结论一致。第三列加入所有控制变量，非关税措施对相关行业出口额的负面影响依然显著。

关税措施对各行业的出口额同样有显著负面影响，但细分来看，资源性产品行业和高技术产品行业中，关税措施对出口额造成的负面影响与非关税措施的负面影响相当；在中等技术产品行业中，关税措施的负面影响也不容忽视。前文的回归结果显示关税措施显著影响了资源性产品行业进入市场以及高技术产品行业退出市场。可见，美国仍通过传统关税措施对中国这两个行业的出口造成影响。因此，对这两个行业而言，不仅需要关注美国关税措施的变化，还需要研判非关税措施的变化。

表 5 - 13　美国非关税措施对中国企业出口额的影响（按行业）

变量	初级产品行业			资源性产品行业			低技术产品行业		
AVE	-0.123***	-0.124***	-0.125***	-0.087***	-0.088***	-0.089***	-0.248***	-0.249***	-0.250***
	(0.037)	(0.037)	(0.031)	(0.017)	(0.017)	(0.014)	(0.008)	(0.009)	(0.010)
$size$	0.388***	0.388***		0.401***	0.402***		0.245***	0.245***	
	(0.018)	(0.019)		(0.008)	(0.008)		(0.004)	(0.003)	
$AVE \times size$	0.034***	0.034***		0.000*	0.000*		0.038***	0.039***	
	(0.011)	(0.012)		(0.000)	(0.000)		(0.004)	(0.003)	
$impor$		26.925***	29.311***		56.539***	33.122***		15.486***	32.137***
		(1.541)	(5.133)		(1.598)	(9.337)		(1.196)	(4.258)
$AVE \times impor$		20.987	19.314		11.865	4.658		2.840*	5.841
		(20.205)	(18.333)		(11.725)	(7.637)		(1.583)	(2.771)
$tariff$	-0.076***	-0.076***	-0.076***	-0.087***	-0.086***	-0.086***	-0.057***	-0.058***	-0.059***
	(0.008)	(0.008)	(0.008)	(0.004)	(0.004)	(0.004)	(0.002)	(0.001)	(0.002)
企业固定效应	是	是	是	是	是	是	是	是	是
产品－时间固定效应	是	是	是	是	是	是	是	是	是
样本数	7820	7820	7820	33430	33430	33430	161888	161888	161888
R^2	0.650	0.651	0.644	0.583	0.584	0.580	0.526	0.527	0.521

注：括号中的数值表示标准差，*** 表示 1% 的显著性水平，** 表示 5% 的显著性水平，* 表示 10% 的显著性水平。

续表

变量	中等技术产品行业			高技术产品行业		
AVE	-0.202***	-0.205***	-0.203***	-0.192***	-0.194***	-0.191***
	(0.012)	(0.012)	(0.013)	(0.020)	(0.021)	(0.021)
size	0.253***		0.252***	0.261***		0.260***
	(0.004)		(0.005)	(0.007)		(0.008)
AVE×size	0.028***		0.028***	0.044***		0.043***
	(0.004)		(0.004)	(0.006)		(0.006)
impor		10.667***	8.632***		19.334***	14.624***
		(2.179)	(2.144)		(5.518)	(3.457)
AVE×impor		0.056	0.048		7.346	6.144
		(1.339)	(2.657)		(6.159)	(6.036)
tariff	-0.144***	-0.145***	-0.145***	-0.213***	-0.212***	-0.212***
	(0.004)	(0.004)	(0.004)	(0.009)	(0.009)	(0.009)
企业固定效应	是	是	是	是	是	是
产品-时间固定效应	是	是	是	是	是	是
样本数	82575	82575	82575	36617	36617	36617
R^2	0.513	0.510	0.513	0.558	0.555	0.558

注：括号中的数值表示标准差，*** 表示 1% 的显著性水平，** 表示 5% 的显著性水平，* 表示 10% 的显著性水平。

总的来说，非关税措施由于涉及产品标准等内容，对低、中、高技术产品行业的负面影响较大，而对于初级产品行业和资源性产品行业的负面影响较小。而就关税措施而言，则主要影响高技术产品生产企业的进入和退出市场的行为以及高技术产品和中等技术产品生产企业的出口额。异质性企业理论在所有类型企业中均成立，且美国非关税措施没有特别针对这5类行业。

第五节 区域效应异质性视角

Crowley 等（2018）在研究贸易不确定性对中国企业出口二元边际的影响时，发现中国出口企业在面对进口国贸易政策的变化时存在区域效应。具体而言，东部地区经济发展水平较高，出口企业集聚较多，因此受到贸易政策变化的冲击较大，而西部地区受到的影响则较小。张彬和葛伟（2017）同样指出，东部地区企业由于吸收的外资较多，投资效率高于中部和西部地区，从而更容易产生出口行为，可见中国企业出口存在明显的区域效应。因此，为了研究美国实施的非关税措施对中国出口企业二元边际的影响是否同样存在区域效应，本书参考以上文献，将样本企业按照出口省份所在区域划分为东部、中部和西部。表 5 – 14 列出了样本分类情况，可以看到东部地区的出口企业最多，西部地区最少。本节分别对各区域内出口企业的二元边际进行实证分析。

表 5 – 14　按区域划分的样本企业

区域	企业数量（家）	占比（%）
东部区域	45012	81.32
中部区域	7295	13.18
西部区域	3045	5.50

资料来源：根据 Stata 整理。

一 企业进入市场的回归结果分析

表 5 - 15 反映的是美国非关税措施对中国企业进入市场的影响（按区域），汇报了将样本企业按区域划分为东部企业、中部企业和西部企业后的回归结果。整体来看，美国非关税措施对东部企业、中部企业和西部企业进入美国市场均有显著的负面影响。其中，东部地区的企业受到的负面影响最大（ - 0.015），中部企业次之（ - 0.011），西部企业受到的影响最小（ - 0.007）。这也验证了上述文献的结论。一方面，东部地区经济发展程度较高，出口企业集聚，相关企业对进口国贸易政策的变动也更为敏感；另一方面，与东部地区企业出口产品相比，中部企业和西部企业出口产品的生产工艺以及流程都比较成熟，因此以 TBT 措施和 SPS 措施为主的美国非关税措施对其影响较小。

表 5 - 15 的第一列中加入企业规模变量及其与非关税措施的交互项。可以看到，以企业出口额衡量的企业规模变量对企业进入市场有显著正向促进作用，交互项的系数也均为正值且显著，表明对于东部、中部、西部地区企业来说，企业规模越大越容易克服美国非关税措施带来的成本提高。第二列加入企业重要性变量及其与非关税措施的交互项，企业重要性变量显著为正，表明在 HS - 2 位编码下的企业出口占比越高，该企业越倾向于继续出口；交互项的系数为正但不显著，表明美国非关税措施并没有针对中国特定企业。第三列中加入所有控制变量，非关税措施的负面影响依然显著。

表 5 - 15 的回归结果中，关税措施变量对不同区域中企业进入市场的影响显著为负，且回归系数均小于非关税措施，表明非关税措施的影响程度已超过关税措施。但关税措施的影响在不同区域有明显差别。在东部和中部企业中，关税措施的负面影响较小，回归系数仅分别为 - 0.003 和 - 0.004，远小于非关税措施；而在西部企业中，关税措施的回归结果与非关税措施的回归结果比较接近。笔者认为这是由于西部企业通常体量较小，

表5-15　美国非关税措施对中国企业进入市场的影响（按区域）

变量	东部企业		中部企业		西部企业		
AVE	−0.012*** (0.001)	−0.015*** (0.001)	−0.008*** (0.002)	−0.011*** (0.002)	−0.006* (0.004)	0.005* (0.002)	−0.007* (0.003)
size		0.012*** (0.000)		0.010*** (0.001)			0.010*** (0.001)
AVE × size		0.002*** (0.000)		0.003*** (0.001)			0.003*** (0.001)
impor	0.201*** (0.021)	0.407*** (0.128)	0.041*** (0.006)	0.217*** (0.065)		2.075** (0.883)	2.085** (0.881)
AVE × impor	0.007 (0.122)	0.095 (0.122)	0.301 (0.369)	0.053 (0.371)		1.836 (0.983)	1.706 (0.982)
tariff	−0.003*** (0.000)	−0.003*** (0.000)	−0.004*** (0.000)	−0.004*** (0.000)	−0.006*** (0.001)	−0.006*** (0.001)	−0.006*** (0.001)
企业固定效应	是	是	是	是	是	是	是
产品－时间固定效应	是	是	是	是	是	是	是
样本数	457513	457513	51407	51407	20903	20903	20903
R^2	0.181	0.187	0.233	0.237	0.266	0.263	0.267

注：括号中的数值表示标准差，*** 表示1%的显著性水平，** 表示5%的显著性水平，* 表示10%的显著性水平。

产品同质化程度较高,因此无论是面对非关税措施还是关税措施时均更容易受到影响。

二 企业退出市场的回归结果分析

表 5 - 16 从企业退出市场的角度考察非关税措施对不同区域企业退出市场的影响。整体来看,非关税措施对东部、中部、西部企业退出市场均有显著的正向影响。其中西部企业受到的影响最大,东部企业受到的影响最小,这与前文不同区域企业进入市场的结论相反。笔者认为这是由于企业进入市场通常需要承担沉没成本。在企业进入市场后,若企业体量较大,生产的产品竞争力较强,那么即使在面对进口国贸易政策变动时,也不倾向于退出市场;而西部地区的企业由于竞争力较弱,在承担沉没成本进入市场后,面对非关税措施带来的成本提升,倾向于退出市场。

表 5 - 16 的第一列中加入企业规模变量及其与非关税措施的交互项。可以看到,以企业出口额衡量的企业规模变量对企业退出市场有显著的负面影响,表明企业规模越大越不会退出市场;交互项的系数为负,表明对于东中西部样本企业来说,企业规模越大,越容易克服美国非关税措施带来的成本提高,进而选择留在市场中。第二列中加入企业重要性变量及其与非关税措施的交互项。企业重要性变量显著为负,表明在 HS - 2 位编码产品下的企业出口占比越高,该企业越倾向于继续出口,交互项的系数并不显著,表明美国非关税措施并没有针对中国特定企业。第三列中加入所有控制变量,非关税措施对企业退出的影响依然显著。

表 5 - 16 的回归结果中,关税措施变量对不同区域中企业退出市场的影响显著为正,表明关税措施同样提高了企业退出市场的概率。但关税措施的影响在不同区域有明显差别。在东部和中部企业中,关税措施的影响较小,回归系数仅分别为 0.004 和 0.005,小于非关税措施的影响;而在

表5-16 美国非关税措施对中国企业退出市场的影响（按区域）

变量	东部企业			中部企业			西部企业		
AVE	0.006***	0.007***	0.006***	0.010***	0.011***	0.010***	0.014***	0.014***	0.016***
	(0.001)	(0.001)	(0.001)	(0.002)	(0.002)	(0.002)	(0.002)	(0.002)	(0.004)
size	-0.001***		-0.001***	-0.004***		-0.004***	-0.001***		-0.000*
	(0.000)		(0.000)	(0.001)		(0.001)	(0.000)		(0.000)
AVE × size	-0.001***		-0.001***	-0.001*		-0.001**	-0.003***		-0.004***
	(0.000)		(0.000)	(0.000)		(0.000)	(0.000)		(0.001)
impor		-0.137***	-0.150***	-0.118***	-0.050***			-0.360***	-1.128***
		(0.015)	(0.016)	(0.003)	(0.012)			(0.212)	(0.520)
AVE × impor		0.024	0.031	-0.080	-0.011			0.132	0.522
		(0.110)	(0.110)	(0.317)	(0.315)			(0.091)	(0.368)
tariff	0.004***	0.004***	0.004***	0.005***	0.005***	0.005***	0.005***	0.005***	0.014***
	(0.000)	(0.000)	(0.000)	(0.000)	(0.000)	(0.000)	(0.000)	(0.000)	(0.001)
企业固定效应	是	是	是	是	是	是	是	是	是
产品-时间固定效应	是	是	是	是	是	是	是	是	是
样本数	457513	457513	457513	51407	51407	51407	20903	20903	20903
R^2	0.457	0.396	0.457	0.508	0.409	0.508	0.249	0.380	0.564

注：括号中的数值表示标准差，*** 表示1%的显著性水平，** 表示5%的显著性水平，* 表示10%的显著性水平。

东部和西部地区企业中，关税措施的回归结果与非关税措施的回归结果均比较接近，西部地区企业无论是关税措施还是非关税措施的回归系数均显著高于东部地区。笔者认为这是由于西部企业通常体量较小，产品同质化程度较高，因此无论是面对非关税措施还是关税措施时，均更容易受到影响。

三 企业出口额的回归结果分析

表5-17汇报了美国非关税措施对中国企业出口额的分区域实证结果。整体来看，非关税措施对各区域企业出口额均有显著的负面影响。其中，东部企业和中部企业受到的负面影响较大，西部企业受到的负面影响较小。笔者认为，这是由于西部企业生产的产品同质化程度较高且产品的生产流程和生产标准均已比较成熟，因此非关税措施对其影响较小。

同前文类似，表5-17的第一列中加入企业规模变量及其与非关税措施的交互项。可以看到，以企业出口额衡量的企业规模变量显著增加了企业出口额；交互项的系数为正，表明对于东部、中部、西部地区的企业来说，企业规模越大，越容易克服美国非关税措施带来的成本提高，进而增加出口额。第二列中加入企业重要性变量及其与非关税措施的交互项。企业重要性变量显著为正，表明在 HS-2 位编码下的企业出口占比越高，该企业越倾向于继续出口；交互项的系数为正但不显著，表明美国非关税措施并没有针对中国特定企业。第三列中加入所有控制变量，非关税措施的负面影响依然显著。

表5-17的回归结果中，关税措施变量对不同区域企业的出口额均有显著负面影响。其中，关税措施对东部地区企业的负面影响较大，且与非关税措施相当，对中部地区企业和西部地区企业的影响则相对较小。这一点值得注意，东部地区企业占样本企业的比例高，出口额更易受到美国关税措施的负面影响，从而拉低中国整体出口额。

表 5-17　美国非关税措施对中国企业出口额的影响（按区域）

变量	东部企业			中部企业			西部企业		
AVE	-0.025***	-0.044***	-0.025***	-0.022***	-0.023***	-0.025***	-0.016***	-0.015***	-0.017***
	(0.008)	(0.007)	(0.008)	(0.002)	(0.002)	(0.002)	(0.004)	(0.003)	(0.004)
size	0.457***		0.454***	0.299***		0.300***	0.290***		0.290***
	(0.003)		(0.003)	(0.009)		(0.009)	(0.014)		(0.014)
AVE × size	0.010***		0.011***	0.014**		0.016**	0.009***		0.009***
	(0.002)		(0.002)	(0.006)		(0.006)	(0.002)		(0.001)
impor		28.495***	24.384***		4.638***	4.174***		2.795***	0.909***
		(1.000)	(0.949)		(0.019)	(0.003)		(0.054)	(0.009)
AVE × impor		1.690	2.422		8.557	9.702		0.425	1.935
		(1.096)	(2.034)		(5.575)	(5.526)		(0.239)	(5.087)
tariff	-0.027***	-0.034***	-0.028***	-0.003***	-0.003***	-0.003***	-0.006***	-0.010***	-0.006***
	(0.001)	(0.001)	(0.001)	(0.000)	(0.000)	(0.000)	(0.001)	(0.002)	(0.002)
企业固定效应	是	是	是	是	是	是	是	是	是
产品-时间固定效应	是	是	是	是	是	是	是	是	是
样本数	198903	198903	198903	23704	23704	23704	9697	9697	9697
R²	0.507	0.455	0.510	0.475	0.442	0.476	0.500	0.468	0.500

注：括号中的数值表示标准差，*** 表示 1% 的显著性水平，** 表示 5% 的显著性水平，* 表示 10% 的显著性水平。

第六节　稳健性检验

通过前文实证分析发现，美国实施的非关税措施对中国出口企业进入市场、退出市场以及出口额均存在显著影响，且将出口企业按照区域、行业和所有制类型分类后，该影响依然显著。本章所采用的样本为2001～2014 年中国对美出口企业，尽管在实证模型中加入了产品－时间固定效应，但本书发现金融危机前后，进口需求弹性和非关税措施 AVE 的变化趋势有所不同，因此，为避免 2008 年金融危机对本章实证研究可能造成的影响，本节将样本时间划分为两个阶段，即 2001～2007 年和 2008～2014 年，分别在两个时间段内考察美国实施的非关税措施对中国出口企业二元边际的影响。

另外，本章实证方程出现内生性的可能原因有两点：一是遗漏变量，二是反向因果关系。遗漏变量较好理解，而反向因果关系的出现，是因为本章考察非关税措施对企业出口二元边际的影响，而企业出口规模则可能反过来影响非关税措施的实施。例如，对于某个出口规模较大的企业，特别是在 HS－2 位编码下，占出口比重较大的企业，美国则更可能对其实施非关税措施，比如"双反"调查等。也就是说，非关税措施可能与企业层面的出口规模等存在反向因果关系。本章通过在实证方程中加入多维度的固定效应，最大限度控制可能遗漏的变量；同时，通过在方程中加入企业规模 *size* 指标和企业重要性 *impor* 指标，本章也控制了企业层面影响出口表现的变量（Mayer 和 Ottaviano，2008）。为进一步减少反向因果关系造成的内生性问题，本节进一步采用两种方法对以上回归结果进行稳健性检验。

第一，采用非关税措施的滞后项（AVElag）进行回归，采用滞后项回归可以进一步减少企业规模变量与非关税措施变量之间的反向因果关系，因为非关税措施的滞后项 $(t-1)$ 通常与 $(t-2)$ 期企业出口规模相关，而不影响 t 期的相关变量。第二，采用工具变量法解决模型中可能存在的内生性问题。

一　不同样本区间回归结果分析

表 5 - 18 与表 5 - 19 汇报了不同时间区间内美国非关税措施对中国出口企业二元边际影响的回归结果。整体来看，在两个时间区间中，非关税措施对企业进入市场有显著负面影响，对企业退出市场有显著正向影响，对企业出口额有显著负面影响。相关结果均与前文实证结果保持一致，证明了 2008 年金融危机的发生并没有改变美国非关税措施对中国出口企业层面二元边际的影响，也进一步证明了本书实证结果的稳健性。

对比两个时间区间，金融危机后（2008 ~ 2014 年）非关税措施对企业进入市场、退出市场以及出口额的相关回归系数均大于金融危机前（2001 ~ 2007 年），表明金融危机后，非关税措施的限制程度有所加深，这也与非关税措施数量的变化情况以及第四章非关税措施 AVE 的变化情况一致。金融危机后，非关税措施无论是数量还是 AVE 均有显著的增长，而美国在金融危机后陆续实施的保护性贸易政策无疑也加重了非关税措施的负面影响。

关税措施变量的回归结果无论在金融危机前抑或金融危机后的样本区间内均显著并符合预期，且均小于非关税措施的影响。在金融危机后的样本区间内，关税措施在企业退出方面的负面影响与非关税措施比较接近。对于企业规模变量及其与非关税措施的交互项的回归结果也均符合预期，与前文一致；企业重要性变量与非关税措施的交互项均不显著，表明无论在金融危机前还是金融危机后，美国实施的非关税措施并没有针对中国特定企业。

表5-18 2001~2007年美国非关税措施对中国出口企业层面二元边际的影响

变量	企业进入			企业退出			出口贸易额		
	enter	enter	enter	exit	exit	exit	lnvalue	lnvalue	lnvalue
AVE	-0.012***	-0.012***	-0.012***	0.011***	0.012***	0.011***	-0.137***	-0.258***	-0.137***
	(0.001)	(0.001)	(0.001)	(0.001)	(0.001)	(0.001)	(0.010)	(0.009)	(0.010)
size	0.005***		0.005***	-0.014***		-0.014***	0.546***		0.531***
	(0.000)		(0.000)	(0.000)		(0.000)	(0.004)		(0.004)
AVE×size	0.000*		0.001*	-0.002***		-0.002***	0.043***		0.043***
	(0.000)		(0.000)	(0.000)		(0.000)	(0.003)		(0.003)
impor		1.053***	1.150***		-0.862***	-0.563***		46.491***	36.769***
		(0.148)	(0.148)		(0.111)	(0.111)		(1.034)	(0.969)
AVE×impor		0.027	0.054		0.316	0.213		5.728	6.223
		(0.132)	(0.133)		(0.399)	(0.299)		(5.513)	(6.421)
tariff	-0.004***	0.004***	-0.004***	0.003***	0.004***	0.003***	-0.038***	-0.052***	-0.038***
	(0.000)	(0.000)	(0.000)	(0.000)	(0.000)	(0.000)	(0.001)	(0.001)	(0.001)
企业固定效应	是	是	是	是	是	是	是	是	是
产品-时间固定效应	是	是	是	是	是	是	是	是	是
样本数	362320	362320	362320	36320	36320	362320	138535	138535	138535
R^2	0.109	0.109	0.109	0.619	0.617	0.619	0.657	0.613	0.663

注：括号中的数值表示标准差，*** 表示1%的显著性水平，** 表示5%的显著性水平，* 表示10%的显著性水平。

表5-19　2008~2014年美国非关税措施对中国出口企业二元边际的影响

变量	企业进入		企业退出			出口贸易额		
	enter	enter	exit	exit	exit	lnvalue	lnvalue	lnvalue
AVE	-0.025***	-0.020***	0.017***	0.026**	0.017***	-0.160***	-0.266***	-0.163***
	(0.001)	(0.001)	(0.001)	(0.011)	(0.001)	(0.010)	(0.008)	(0.010)
size	0.008***	0.009***	-0.003***	0.057***	-0.003***	0.376***		0.367***
	(0.000)	(0.000)	(0.000)	(0.004)	(0.000)	(0.005)		(0.005)
AVE×size	0.004***	0.004***	-0.003***	-0.005*	-0.003***	0.036***		0.036***
	(0.000)	(0.000)	(0.000)	(0.002)	(0.000)	(0.003)		(0.003)
impor	0.268*	0.318**	-0.154***	0.207			60.902***	56.416***
	(0.149)	(0.157)	(0.015)	(0.622)			(1.231)	(1.206)
AVE×impor	0.286	0.018	0.091	1.140			8.378	9.897
	(0.248)	(0.149)	(0.149)	(0.915)			(1.447)	(9.425)
tariff	-0.006***	-0.006***	0.013***	0.008***	0.013***	-0.081***	-0.090***	-0.080***
	(0.000)	(0.000)	(0.000)	(0.002)	(0.000)	(0.001)	(0.001)	(0.001)
企业固定效应	是	是	是	是	是	是	是	是
产品-时间固定效应	是	是	是	是	是	是	是	是
样本数	362320	362320	36320	36320	362320	138535	138535	138535
R^2	0.337	0.339	0.377	0.617	0.377	0.568	0.556	0.576

注：括号中的数值表示标准差，*** 表示1%的显著性水平，** 表示5%的显著性水平，* 表示10%的显著性水平。

二 非关税措施滞后项

表 5 - 20 展示了非关税措施滞后项的相关回归结果。首先,本书利用非关税措施对整体样本进行了回归,结果显示非关税措施的滞后项仍然对企业进入市场、退出市场和企业出口额有显著影响,相关回归系数的符号也与前文结论一致,符合预期。在采用非关税措施滞后项的相关回归中,关税措施变量的效果大于非关税措施滞后项的效果。可见,非关税措施的影响主要体现在当期,即非关税措施的使用有立竿见影的效果,且通常能够持续一期。

进一步,利用非关税措施的滞后项对不同所有制类型企业进行重新回归,回归结果显示非关税措施滞后项对企业进入市场、退出市场和出口额都有显著影响,再次验证了前文结论。就企业进入市场而言,非关税措施滞后项的回归结果均大于当期非关税措施的结果,这表明前一期非关税措施更容易影响当期企业进入市场,对于企业退出市场而言也是如此。就企业出口额而言,非关税措施滞后项的回归系数虽然显著但较小。

非关税措施与企业规模变量的交互项显著且符合预期,表明异质性企业理论成立;非关税措施与企业重要性变量的交互项不显著,表明美国实施的非关税措施并没有针对中国特定企业。关税变量的回归结果均显著且符合预期。

其次,本书利用非关税措施滞后项对不同行业中企业进入市场、退出市场和出口额进行回归。相关回归结果见表 5 - 20,可以看到,在各类行业中企业的回归中,非关税措施变量的回归结果依然显著且符合预期,证明了本书模型的稳健性。

就企业进入市场而言,低技术产品行业和高技术产品行业是非关税措施滞后项影响最大的两类,其次为中等技术产品行业,最后为初级产品行业和资源性产品行业,这也与前文结论相同。就企业退出市场和企业出口额而言,非关税措施的滞后项对这 5 类行业的影响均较为显著,这与不同

表5-20 美国非关税措施对中国出口企业二元边际的影响（非关税措施滞后项）

变量	整体样本企业			国有企业			民营企业			外资企业		
	enter	exit	lnvalue	enter	exit	lnvalue	enter	exit	lnvalue	enter	exit	lnvalue
AVElag	-0.023***	0.015***	-0.027***	-0.027***	0.021***	-0.173***	-0.025***	0.011***	-0.024***	-0.024***	0.018***	-0.037***
	(0.001)	(0.001)	(0.025)	(0.004)	(0.003)	(0.021)	(0.001)	(0.001)	(0.008)	(0.001)	(0.001)	(0.009)
size	0.012***	-0.083***	0.442***	0.006***	-0.072***	0.446***	0.012***	-0.073***	0.298***	0.012***	-0.084***	0.296***
	(0.000)	(0.000)	(0.003)	(0.001)	(0.001)	(0.009)	(0.000)	(0.000)	(0.004)	(0.000)	(0.000)	(0.004)
AVElag × size	0.001***	-0.008***	0.070**	0.001*	-0.009***	0.044***	0.001**	-0.008***	0.078***	0.001**	-0.008***	0.087***
	(0.000)	(0.000)	(0.002)	(0.000)	(0.000)	(0.006)	(0.000)	(0.000)	(0.003)	(0.000)	(0.000)	(0.003)
impor	0.643***	-0.866***	45.280***	0.596***	-0.360**	33.730***	1.221***	-1.119***	16.425***	0.890***	-0.910***	13.838***
	(0.096)	(0.111)	(0.727)	(0.213)	(0.164)	(1.964)	(0.253)	(0.281)	(1.628)	(0.158)	(0.186)	(1.199)
AVElag × impor	0.179	-0.670	7.075	0.145	-0.069	-0.712	-0.569	1.239	2.846	-0.517	1.299	0.910
	(0.101)	(0.617)	(7.971)	(0.184)	(0.228)	(2.176)	(0.329)	(1.330)	(1.957)	(0.557)	(1.229)	(1.599)
tariff	-0.005***	0.017***	-0.062***	-0.006***	0.034***	-0.084***	-0.003***	0.012***	-0.006***	-0.005***	0.019***	-0.006***
	(0.000)	(0.000)	(0.001)	(0.001)	(0.001)	(0.005)	(0.000)	(0.000)	(0.001)	(0.000)	(0.000)	(0.001)
企业固定效应	是	是	是	是	是	是	是	是	是	是	是	是
产品-时间固定效应	是	是	是	是	是	是	是	是	是	是	是	是
样本数	679350	679350	316310	39331	39331	19813	227424	227424	108975	287632	287632	141408
R^2	0.197	0.460	0.548	0.172	0.497	0.650	0.203	0.491	0.495	0.171	0.435	0.499

注：括号中的数值表示标准差，*** 表示1%的显著性水平，** 表示5%的显著性水平，* 表示10%的显著性水平。

续表

变量	初级产品行业			资源性产品行业			低技术产品行业		
	enter	exit	lnvalue	enter	exit	lnvalue	enter	exit	lnvalue
AVElag	-0.016***	0.023***	-0.053***	-0.016***	0.013***	-0.026*	-0.028***	0.018***	-0.048***
	(0.003)	(0.004)	(0.002)	(0.002)	(0.002)	(0.014)	(0.001)	(0.001)	(0.008)
size	0.017***	-0.086***	0.239***	0.014***	-0.087***	0.457***	0.012***	-0.074***	0.274***
	(0.002)	(0.002)	(0.018)	(0.000)	(0.001)	(0.008)	(0.000)	(0.000)	(0.003)
AVElag×size	0.000*	-0.007***	0.047***	0.001*	-0.004***	0.014***	0.001***	-0.012***	0.099***
	(0.000)	(0.001)	(0.011)	(0.000)	(0.001)	(0.005)	(0.000)	(0.000)	(0.003)
impor	0.367*	-1.063**	7.764***	1.128***	-0.893***	43.675***	0.845***	-1.383***	15.770***
	(0.119)	(0.268)	(1.554)	(0.238)	(0.280)	(1.435)	(0.177)	(0.207)	(1.214)
AVElag×impor	-0.436	0.618	-1.656	-0.030	0.560	12.089	-0.193	1.156	1.412
	(0.356)	(0.699)	(1.640)	(0.209)	(0.545)	(10.619)	(0.217)	(1.255)	(1.606)
tariff	-0.003***	0.005***	-0.009***	-0.007***	0.033***	-0.096***	-0.004***	0.005***	-0.006***
	(0.001)	(0.001)	(0.001)	(0.001)	(0.001)	(0.004)	(0.000)	(0.000)	(0.001)
企业固定效应	是	是	是	是	是	是	是	是	是
产品-时间固定效应	是	是	是	是	是	是	是	是	是
样本数	16590	16590	7585	70695	70695	32626	339480	339480	161888
R²	0.210	0.400	0.595	0.184	0.436	0.535	0.191	0.416	0.513

注：括号中的数值表示标准差，*** 表示 1% 的显著性水平，** 表示 5% 的显著性水平，* 表示 10% 的显著性水平。

续表

变量	中等技术产品行业			高技术产品行业		
	enter	exit	lnvalue	enter	exit	lnvalue
AVElag	-0.019***	0.013***	-0.028***	-0.023***	0.015***	-0.012*
	(0.001)	(0.001)	(0.010)	(0.002)	(0.002)	(0.006)
size	0.011***	-0.076***	0.281***	0.010***	-0.074***	0.288***
	(0.000)	(0.000)	(0.005)	(0.001)	(0.001)	(0.008)
AVElag × size	0.001***	-0.006***	0.078***	0.001**	-0.007***	0.087***
	(0.000)	(0.000)	(0.003)	(0.000)	(0.001)	(0.005)
impor	0.928***	-0.459***	9.713***	0.303	-0.582*	15.084***
	(0.265)	(0.004)	(2.174)	(0.426)	(0.203)	(3.499)
AVElag × impor	0.037	0.256	-1.551	-0.328	0.618	4.656
	(0.186)	(0.213)	(2.694)	(0.331)	(0.383)	(6.101)
tariff	-0.008***	0.033***	-0.006*	-0.016***	0.059***	-0.016*
	(0.000)	(0.000)	(0.003)	(0.001)	(0.001)	(0.008)
企业固定效应	是	是	是	是	是	是
产品-时间固定效应	是	是	是	是	是	是
样本数	175860	175860	81281	76500	76500	35929
R^2	0.222	0.480	0.501	0.223	0.487	0.521

注：括号中的数值表示标准差，*** 表示1%的显著性水平，** 表示5%的显著性水平，* 表示10%的显著性水平。

所有制类型企业的回归结果类似。

关税措施变量、非关税措施与企业规模变量的交互项、非关税措施与企业重要性变量交互项的回归结果均符合预期。但在高技术产品行业中，企业重要性变量对企业进入市场的影响并不显著，这是由于将非关税措施滞后项加入模型后，高技术产品行业中企业的重要性变量估计系数在样本期内几乎没有变化，高技术产品行业的企业在样本中占比较低，滞后一期后，相关企业的重要性几乎没有发生变化，但这在整体上并未改变本书模型的主要回归结论。

三　工具变量法

在前文基础上，本书进一步采取工具变量法解决内生性问题。选取的工具变量是 WTO 特别贸易通报数据库中其他国家针对美国提出的 HS-4 位编码产品下 TBT 措施和 SPS 措施通报总数（不包括中国提出的 TBT 措施和 SPS 措施，$NTM_{SPS,TBT,hs4}$），即美国在 HS-4 位编码产品下针对其他国家的 TBT 措施和 SPS 措施数量。主要原因有两个。首先，在前文非关税措施数据来源中提到，非关税措施目前的数据来源有两个，一是 WTO 特别贸易通报数据库，二是联合国贸发 TRAINS 数据库。WTO 特别贸易通报数据库仅统计了进口国的 TBT 措施和 SPS 措施，而美国非关税措施中 TBT 措施和 SPS 措施占比超过 95%，可以说 TBT 措施和 SPS 措施构成了企业进入美国市场的主要阻碍。从这一角度而言，本书可以采用 WTO 特别贸易数据库中的 TBT 措施和 SPS 措施通报数量代替本书量化的美国非关税措施。此外，Fontagné 等（2013）指出，一国实施的 TBT 措施和 SPS 措施具有非歧视性，即通常是针对所有贸易伙伴国的，那么美国针对中国某一产品实施技术性措施，则很可能对与该产品类似的 HS-4 位编码产品提出 TBT 措施（相关性）。其次，采取其他国家针对美国提出的 HS-4 位编码产品下 TBT 措施和 SPS 措施通报总数（不包括中国），可以避免美国提出的 TBT 措施和 SPS 措施与中国企业的出口表现之间可能存在的反向因果关系（外生性）。

具体回归中，本书使用 Guimaraes 和 Portugal（2010）提出的 ivreghdfe 命令，该命令使得可以在工具变量回归中加入高维度的企业固定效应和产品－时间固定效应。工具变量的检验和回归结果见表 5－21，由检验结果可以看出，本书所选择的工具变量均通过了相关检验的临界值水平，说明工具变量较好。由回归结果可以看出，就企业层面二元边际而言，以 WTO 特别贸易通报数据库中其他国家对美国提出的 HS－4 位编码产品的 SPS 措施和 TBT 措施通报数量为替代的非关税措施变量对企业进入市场、退出市场和出口额的影响依然显著，且规模较大的企业可以克服负面影响；企业重要性变量与非关税措施替代变量的交互项系数均不显著，表明美国所实施的非关税措施并没有针对中国特定企业；关税措施变量对整体样本和各类型企业进入、退出和出口额的影响也与前文结论相符。整体来看，回归结果与前文模型一致，再次证明了本书实证结论的稳健性。

本章小结

关税的逐渐降低以及非关税措施数量的快速增长，使得当下影响国家之间贸易的主要因素发生变化。非关税措施通过增加企业合规成本，对从事进出口贸易的微观企业主体造成影响。本章以中国对美出口企业为样本，研究美国实施的非关税措施如何影响中国出口企业的二元边际。在异质性企业理论基础上，本章基于前文构建的理论模型，建立实证模型，对以上问题进行了分析。主要结论如下。

第一，利用高维度固定效应模型对中国海关进出口数据库的中国对美出口企业相关样本进行回归分析。实证结果显示，美国非关税措施显著降低了中国企业进入美国市场的概率，显著提高了中国企业退出美国市场的概率，显著降低了中国企业对美出口贸易额。异质性企业理论成立，且美

表5-21 美国非关税措施对中国出口企业层面二元边际影响的实证分析（工具变量法）

变量	整体样本			国有企业			民营企业			外资企业		
	enter	exit	lnvalue	enter	exit	lnvalue	enter	exit	lnvalue	enter	exit	lnvalue
NTM	-0.008***	0.009***	-0.004***	-0.001***	0.014***	-0.046***	-0.012***	0.023***	-0.038***	-0.021***	0.013***	-0.079***
	(0.002)	(0.002)	(0.001)	(0.000)	(0.004)	(0.002)	(0.002)	(0.002)	(0.002)	(0.003)	(0.003)	(0.004)
size	0.014***	-0.084***	0.422***	0.002***	-0.055***	0.423***	0.016***	-0.064***	0.895***	0.011***	-0.046***	0.793***
	(0.000)	(0.000)	(0.003)	(0.000)	(0.001)	(0.010)	(0.001)	(0.001)	(0.013)	(0.001)	(0.003)	(0.005)
$NTM \times size$	0.005***	-0.006***	0.065***	0.003*	-0.004***	0.066***	0.003*	-0.002*	0.083***	0.002*	-0.006*	0.049***
	(0.001)	(0.000)	(0.003)	(0.001)	(0.001)	(0.021)	(0.000)	(0.000)	(0.005)	(0.000)	(0.003)	(0.006)
impor	0.388***	-0.246***	17.687***	0.176***	-0.350***	12.782***	1.424***	-0.473***	14.236***	0.369***	-0.753***	11.432***
	(0.023)	(0.025)	(0.432)	(0.007)	(0.164)	(2.478)	(0.136)	(0.002)	(1.598)	(0.013)	(0.233)	(2.456)
$NTM \times impor$	0.168	-0.792	6.789	0.268	-0.013	-0.143	-0.782	1.793	2.179	-0.478	1.793	0.292
	(0.133)	(0.617)	(6.156)	(0.147)	(0.228)	(2.178)	(0.713)	(1.463)	(1.368)	(0.231)	(1.343)	(1.621)
tariff	-0.003***	0.011***	-0.043***	-0.004***	0.011***	-0.045***	-0.002*	0.011***	-0.004***	-0.003***	0.001*	-0.003***
	(0.000)	(0.000)	(0.003)	(0.001)	(0.001)	(0.001)	(0.000)	(0.002)	(0.001)	(0.001)	(0.000)	(0.001)
企业固定效应	是	是	是	是	是	是	是	是	是	是	是	是
产品-时间固定效应	是	是	是	是	是	是	是	是	是	是	是	是
Sargan统计量(P值)	0.154	0.191	0.112	0.127	0.123	0.283	0.148	0.199	0.633	0.553	0.525	0.795
AR(1)	0.001	0.000	0.001	0.000	0.000	0.001	0.000	0.000	0.000	0.000	0.001	0.001
AR(2)	0.578	0.605	0.680	0.499	0.659	0.222	0.418	0.178	0.646	0.577	0.200	0.729
样本数	724640	724640	322432	41954	41954	20903	242616	242616	109820	306818	306818	145593

注：括号中的数值表示标准差，*** 表示1%的显著性水平，** 表示5%的显著性水平，* 表示10%的显著性水平。

续表

变量	初级产品行业			资源性产品行业			低技术产品行业		
	enter	exit	lnvalue	enter	exit	lnvalue	enter	exit	lnvalue
NTM	-0.068***	0.012***	-0.021***	-0.008**	0.015***	-0.016*	-0.036***	0.018***	-0.065***
	(0.022)	(0.004)	(0.003)	(0.004)	(0.003)	(0.011)	(0.005)	(0.002)	(0.007)
size	0.012***	-0.082***	0.332***	0.013***	-0.089***	0.364***	0.016***	-0.077***	0.789***
	(0.004)	(0.004)	(0.011)	(0.001)	(0.003)	(0.023)	(0.002)	(0.002)	(0.005)
NTM × size	0.009*	-0.002*	0.089*	0.002**	-0.005***	0.014***	0.003***	-0.045***	0.078***
	(0.002)	(0.001)	(0.033)	(0.000)	(0.001)	(0.005)	(0.000)	(0.005)	(0.007)
impor	0.386***	-1.862***	7.566***	1.663***	-0.833***	16.331***	0.078***	-1.864***	6.278***
	(0.100)	(0.122)	(1.666)	(0.122)	(0.105)	(2.498)	(0.006)	(0.108)	(0.246)
NTM × impor	0.132	0.689	-1.122	-0.022	0.834	6.598	-0.345	1.343	0.377
	(0.377)	(0.123)	(1.133)	(0.242)	(0.456)	(6.619)	(0.213)	(1.532)	(1.123)
tariff	-0.003***	0.004***	-0.006***	-0.005***	0.043*	-0.089***	-0.005***	0.006***	-0.005***
	(0.001)	(0.001)	(0.001)	(0.001)	(0.022)	(0.008)	(0.000)	(0.000)	(0.001)
企业固定效应	是	是	是	是	是	是	是	是	是
产品 – 时间固定效应	是	是	是	是	是	是	是	是	是
Sargan 统计量 (P 值)	0.138	0.409	0.225	0.398	0.830	0.777	0.169	0.741	0.656
AR (1)	0.000	0.001	0.000	0.000	0.001	0.001	0.001	0.000	0.000
AR (2)	0.628	0.766	0.836	0.316	0.685	0.956	0.836	0.259	0.345
样本数	17696	17696	7820	75408	75408	33430	362112	362112	161888

注：括号中的数值表示标准差，*** 表示 1% 的显著性水平，** 表示 5% 的显著性水平，* 表示 10% 的显著性水平。

续表

变量	中等技术产品行业			高技术产品行业		
	enter	exit	lnvalue	enter	exit	lnvalue
NTM	-0.016***	0.013***	-0.034***	-0.046***	0.014***	-0.043***
	(0.003)	(0.002)	(0.012)	(0.003)	(0.003)	(0.003)
size	0.012***	-0.033***	0.241***	0.011***	-0.054***	0.231***
	(0.001)	(0.000)	(0.006)	(0.001)	(0.003)	(0.003)
NTM × size	0.004***	-0.006***	0.654***	0.002**	-0.005***	0.343***
	(0.000)	(0.000)	(0.023)	(0.000)	(0.001)	(0.005)
impor	0.003***	-0.367***	9.123***	0.333***	-0.432*	7.498***
	(0.000)	(0.005)	(2.466)	(0.032)	(0.200)	(1.469)
NTM × impor	0.033	0.257	-1.552	0.431	0.542	4.655
	(0.183)	(0.233)	(2.643)	(0.332)	(0.654)	(5.493)
tariff	-0.006***	0.043***	-0.004***	-0.008***	0.043***	-0.013***
	(0.000)	(0.000)	(0.001)	(0.001)	(0.001)	(0.002)
企业固定效应	是	是	是	是	是	是
产品-时间固定效应	是	是	是	是	是	是
Sargan 统计量 (P 值)	0.187	0.136	0.793	0.867	0.278	0.312
AR(1)	0.023	0.001	0.039	0.000	0.013	0.001
AR(2)	0.775	0.908	0.560	0.548	0.918	0.982
样本数	187584	187584	82575	81600	81600	36617

注：括号中的数值表示标准差，*** 表示 1% 的显著性水平，** 表示 5% 的显著性水平，* 表示 10% 的显著性水平。

国实施的非关税措施并没有针对中国特定企业，非关税措施对企业层面二元边际的影响超过传统关税措施。进一步，本章从企业所有制类型、企业所属行业及企业所在区域3个方面进行异质性分析，实证结果依然稳健。为了检验实证结果是否受到2008年金融危机的影响，本书将样本区间分为金融危机前（2001～2007年）和金融危机后（2008～2014年），并分别对两个样本区间进行回归，实证结果与前文保持一致。为了克服实证模型中可能存在的内生性对实证结果的影响，本书首先利用非关税措施的滞后项对原实证模型进行回归，其次利用工具变量法，选取WTO特别贸易数据库中其他国家对美国提出的HS-4位编码产品SPS措施和TBT措施通报数量作为非关税措施的工具变量对原实证模型进行重新回归。两种方法的实证结果均与前文保持一致，证明了本章实证结果的稳健性。

第二，将样本企业按照所有制类型划分为国有企业、民营企业和外资企业。就企业进入市场而言，非关税措施对外资企业的负面影响最大，民营企业次之，国有企业受影响最小。这主要是由于国有企业体量巨大，可以有效应对美国非关税措施带来的成本提升。就企业退出市场而言，非关税措施同样对外资企业的负面影响最大，其次为民营企业和国有企业。这主要是由于民营企业体量较小，在面对外部冲击时可以有效转型。就企业出口额而言，国有企业和外资企业受到的负面影响最大，其次为民营企业。这主要是由于美国实施的非关税措施以SPS措施和TBT措施为主，国有企业受这些措施的影响较大；而外资企业在非关税措施影响下进入和退出市场均受到明显影响，进一步导致其出口额受到影响。外资企业作为中国出口增长的主要力量，无论在企业进入、退出还是出口额方面均受到了非关税措施的显著影响，这一点值得在政策制定中予以考虑。关税措施仅对国有企业退出市场存在较大影响，对其他类型企业的影响均小于非关税措施。

第三，将样本企业按照所属行业划分为初级产品行业、资源性产品行

业、低技术产品行业、中等技术产品行业和高技术产品行业。就企业进入
市场而言，低技术产品生产企业进入市场受到的负面影响最大，之后依次
为高技术产品生产企业、中等技术产品生产企业、资源性产品生产企业、
初级产品生产企业。美国实施的非关税措施以 SPS 措施和 TBT 措施为主，
这些措施对中国出口产品的相关标准和生产流程做出规定，因而更容易影
响低技术产品生产企业进入市场。就企业退出市场而言，初级产品生产企
业、低技术产品生产企业和高技术产品生产企业受影响较大。这主要是由
于前两类企业在进入市场后，面对美国非关税贸易政策的变化，缺乏有效
应对能力；对于高技术产品生产企业来说，面对的则更多是美国政府的完
全"禁令"。就企业出口额而言，低、中、高技术产品生产企业受到的负
面影响较大。对中等技术产品生产企业和高技术产品生产企业而言，美国
关税的变化依然对其有显著的负面影响，不可忽视。

第四，将样本企业按照所在区域划分为东部企业、中部企业和西部企
业。就企业进入市场而言，美国非关税措施对东部企业的影响最大，中部
企业次之，西部企业最小。这是由于一方面东部地区经济发展程度较高，
出口企业集聚，相关企业对进口国贸易政策的变动也更为敏感；另一方
面，与东部地区企业出口产品相比，中部企业和西部企业出口产品的生产
工艺以及流程都比较成熟，因此以 TBT 措施和 SPS 措施为主的美国非关
税措施对中部企业和西部企业影响较小。对西部企业来说，关税措施变量
对企业进入市场的负面影响与非关税措施相当，这是由于西部企业通常体
量较小，产品同质化较高。就企业退出市场而言，西部企业受到的负面影
响最大，其次为中部企业和东部企业。这是由于企业进入市场通常需要承
担沉没成本，在进入市场后，若企业体量较大、生产的产品竞争力较强，
那么即使面对进口国贸易政策的变动，也不倾向于退出市场。而西部地区
的企业由于竞争力较弱，在承担沉没成本进入市场后，面对非关税措施带
来的成本提升，倾向于退出市场。就企业出口额而言，东部企业和中部企

业受到的负面影响较大，西部企业受到的负面影响较小。这是由于西部企业生产的产品同质化程度较高且产品的生产流程和生产标准均比较成熟。关税措施对东部企业出口额的影响与非关税措施相当。

第五，通过稳健性检验发现，美国在金融危机后（2008～2014年）实施的非关税措施限制程度更高，对各类型中国企业进入、退出市场和出口额的影响均大于金融危机前（2001～2007年）的水平。采用非关税措施的滞后项重新回归后发现，美国实施的非关税措施存在时滞效应，特别是在企业进入和退出市场中，这一时滞效应更为明显。就企业所有制类型而言，国有企业和民营企业在进入市场时更容易受到非关税措施时滞效应的影响；就所属行业而言，低技术产品行业和高技术产品行业容易受到非关税措施时滞效应的影响。而关税措施的变化则更多地体现在当期企业的进入市场、退出市场、出口额以及产品价格等方面。这也从侧面佐证了美国为什么从2018年开始以减少贸易逆差为理由对中国屡次挑起贸易摩擦。实际上，受影响最深的是中国出口企业中占比最高的低技术产品行业和中高技术产品行业。

综上所述，本章利用高维度固定效应模型对2001～2014年中国对美出口企业的微观数据进行实证回归，以验证美国非关税措施是否在企业层面和产品层面影响中国出口企业的二元边际，实证结果均验证了本书的理论假说和预期。另外，美国实施的非关税措施对企业层面二元边际的影响存在显著的企业类型差异，且存在一定的时滞效应。外资企业、民营企业、低中高技术产品行业受美国非关税措施影响最大，三种稳健性检验的结果进一步证实了本书实证结论的稳健性。

6

美国非关税措施
对中国出口产品
层面二元边际影
响的实证分析

第五章主要从中国出口企业层面考察美国非关税措施对其二元边际的影响，主要包括企业进入和退出市场的扩展边际以及企业出口额的集约边际。实证发现非关税措施对企业进入市场和企业出口额有显著负面影响，对企业退出市场有显著促进作用。而本书第三章的中国出口现状分析中同样发现，除了企业层面的二元边际外，中国出口企业还存在着出口产品种类的变化，特别是在面对外部经济冲击时。因此，为更加全面地考察美国非关税措施的影响，本章从出口产品的角度出发，实证分析美国实施非关税措施对出口产品层面二元边际有何影响。

本章的安排如下：第一部分为本章计量模型和变量界定，主要包括模型构建、变量界定、数据说明与描述性统计。第二部分实证分析美国实施的非关税措施对中国出口产品二元边际的影响。根据前文的概念界定，本章主要从出口产品种类的扩展边际及出口产品贸易额的集约边际两方面进行考察，而出口产品贸易额由于与企业出口额相同，已在前文中实证分析过。进一步，考虑到非关税措施增加了企业的应对成本，且美国实施的非关税措施以 SPS 措施和 TBT 措施为主，这些措施对出口产品标准和生产流程做出规定，因此，本部分从出口产品价格边际和出口产品质量边际的角度丰富了产品二元边际的研究；第三至第五部分在考虑异质性的情况下，进一步分析美国非关税措施对中国出口产品二元边际的异质性影响；第六部分为稳健性检验；最后为本章小结。

第一节　计量模型和变量界定

本书以企业成本增加构建非关税措施对微观企业主体的影响机制，第五章的实证结论也证实了本书假说。那么对于企业主体来说，这一成本增加是否会影响其出口产品种类？是否会导致出口产品价格升高？以 TBT 措施和 SPS 措施等标准类措施为主的非关税措施是否对出口产品质量造成影响？本章采用企业出口产品层面的数据，通过面板数据方法对以上问题进行实证分析。

一　计量模型构建

本章仍然是以微观企业为考察主体，只是将考察对象由第五章的企业层面变为产品层面，因此本章依然按照第五章的实证模型进行实证分析。

$$
\begin{aligned}
y_{i,j,t} =\ & \alpha + \beta_1\, AVE_{j,t} + \beta_2\, size_{i,t-1} + \beta_3\,(AVE_{j,t} \times size_{i,t-1}) \\
& + \beta_4\, impor_{i,HS2,t-1} + \beta_5\,(AVE_{j,t} \times impor_{i,HS2,t-1}) \qquad (6-1) \\
& + tariff_{i,t} + \delta_i + \phi_{HS2,t} + \varepsilon_{i,j,t}
\end{aligned}
$$

其中，i 代表中国出口企业，j 代表产品（HS-6 编码），t 代表年份，α 为截距项目，β 代表相关变量对出口产品层面二元边际的影响。AVE 为非关税措施从价等价物，$size$ 代表以企业出口规模所代表的企业生产率，$impor$ 代表企业重要性，$tariff$ 为企业面临的加权关税，δ_i 为企业层面固定效应，$\phi_{HS2,t}$ 为产品 - 时间固定效应，$\varepsilon_{i,j,t}$ 为误差项。

二　变量界定

$y_{i,j,t}$ 为被解释变量，共包括三类：一是企业 i 在 t 年的产品种类 $number_t$，以 HS-6 位产品编码区分计算，表示产品层面的扩展边际，产品层面的集约边际为出口额，与第五章相同；二是企业 i 在 t 年 j 产品的价格 $lnprice$，表示出口产品价格；三是企业 i 在 t 年 j 产品的质量 $quality_{jt}$。

自变量中，由于与第五章采用的实证模型一致，因此相关控制变量的含义及处理方法与第五章相同，此处不再赘述。

三　数据说明与描述性统计

企业出口产品的价格数据有两个来源：一是中国海关进出口数据库统计的各企业出口产品的单位价值，二是 CEPII BACI 数据库统计的中国 HS-6 位编码产品的出口单位价值。考虑到本书从微观企业层面开展研究，因此选取第一个数据来源。

对于产品质量的测算，本书参考 Hallak 和 Sivadasan（2013）以及施炳展等（2013）的方法，利用中国海关进出口数据库的数据进行测算。具体计算过程如下。

首先假设消费者效用函数如下：

$$U = \left[\sum_j (\lambda_j q_j)^{\frac{\sigma-1}{\sigma}} \right]^{\frac{\sigma}{\sigma-1}} \qquad (6-2)$$

其中，λ_j 表示产品质量，q_j 表示产品价格，$\sigma > 1$ 表示产品间替代弹性。对应的价格指数可以表示为：

$$P = \sum_j p_j^{1-\sigma} \lambda_j^{\sigma-1} \qquad (6-3)$$

对应的产品 j 的消费数量可以表示为：

$$q_j = p_j^{-\sigma} \lambda_j^{\sigma-1} \frac{E}{P} \qquad (6-4)$$

式（6-4）中，E 为消费者支出。在式（6-4）基础上，可以构建测算产品质量的实证模型如下：

$$\ln q_j + \sigma \ln p_j = \chi_{ct} + \varepsilon_{jt} \qquad (6-5)$$

式（6-5）中，$\ln q_j$ 为出口值，$\ln p_j$ 为出口价格，χ_{ct} 为进口国－时间固定效应，可以控制随进口国变化的变量如两国间距离以及汇率等冲击，也可以控制随进口国的时间变化的变量如进口国 GDP，ε_{ct} 为包含产品质量的残差项，则产品质量可以定义为：

$$quality_{jt} = \frac{\hat{\varepsilon}_{jt}}{(\sigma-1)} \qquad (6-6)$$

企业层面整体质量的变化要求将企业出口产品质量进一步加总，但产品层面质量的单纯加总并不具有经济学意义。因此，本书进一步借鉴施炳展等（2013）的方法，对企业出口产品质量进行标准化处理如下：

$$r - quality_{jt} = \frac{quality_{jt} - \min quality_{jt}}{\max quality_{jt} - \min quality_{jt}} \qquad (6-7)$$

根据式（6-7）标准化处理后的产品质量处于［0，1］区间，并可以以企业出口产品份额为权重加总至企业层面或其他层面。

在回归中，本书参考 Amiti 和 Khandelwal（2013）的做法，令 $\sigma = 5$ 和 $\sigma = 10$，对式（6-5）在产品层面进行 OLS 回归，这也控制了产品层面的特征，如产品复杂度等。其中出口值与出口价格数据来自中国海关进出口数据库。其他变量的处理与第五章相同，表6-1汇总了各变量定义和数据来源。

表6-1　变量定义及数据来源

变量	定义	数据来源
enter	企业进入市场虚拟变量,若$(t-1)$年出口额为0,而t年出口额大于0,则认为企业在t年进入市场,记为1	中国海关进出口数据库
exit	企业退出市场虚拟变量,若t年出口额大于0,而$(t+1)$年出口额为0,则认为企业在$(t+1)$年退出市场,记为1	中国海关进出口数据库
number	中国企业出口产品种类(HS-6位产品编码)	中国海关进出口数据库
lnprice	出口产品价格	CEPII BACI 数据库;中国海关进出口数据库
quality	出口产品质量	测算得到
AVE	美国非关税措施从价等价物	测算得到
size	中国企业总出口额,表示企业规模	中国海关进出口数据库
impor	中国出口企业 HS-2 位编码产品出口比重,表示企业重要性	中国海关进出口数据库
tariff	企业面临的加权关税	WITS 数据库

表6-2汇总了各变量的描述性统计，其中出口产品种类为企业层面出口产品的总数量，最小值为0，最大值为587，存在异常值的可能。因此，本章在回归中剔除了出口产品数量排名前1%和后1%的相关企业样本。价格与质量均为产品层面，因此相比出口产品种类更多。

表 6 – 2　变量描述性统计

变量	观测值	均值	标准差	最小值	最大值
number	724640	1. 898449	6. 684437	0	587
lnprice	1375692	8. 460505	1. 214809	0	17. 82855
quality	1375692	0. 308151	0. 282173	0	1
AVE	1375692	0. 426	0. 779	0	9. 963
size	724640	1. 213	3. 173	– 15. 814	17. 174
impor	724640	0. 001	0. 007	– 0. 034	0. 682
tariff	1375692	0. 035	0. 050	0	1. 096

资料来源：根据测算结果整理。

第二节　基准模型实证结果分析

同第五章的回归方法类似，本章的实证模型同样包括企业层面固定效应和产品 – 时间固定效应，以控制企业层面以及产品层面对企业出口产品种类以及产品价格和质量有影响的其他因素，因此本章继续采用 reghdfe 命令对实证模型进行回归。需要注意的是，在对企业出口产品种类的回归中，关税措施变量和非关税措施变量仍是企业面临的加权关税与非关税措施 AVE；而在产品价格和质量的回归中，关税变量与非关税措施变量是 HS – 6 位编码产品层面的关税数据和非关税措施 AVE。

一　美国非关税措施对中国出口产品种类的影响

从表 3 – 12 中可以看出，多产品、多市场的出口企业是中国出口额快速增长的主要贡献来源，而在面对金融危机等外部冲击时，这些企业出口的产品数量会明显减少。Feng 等（2017）文献中发现了类似的结论，即中国出口企业通常拥有核心产品，在面对外部经济冲击时，会减少其他产品的出口。根据第二章理论建模的假说 3，企业出口该产品的利润减少，则会放弃该产品。本部分利用实证分析佐证以上假说。

　　表6-3展示了具体的回归结果。整体来看，非关税措施对企业出口产品种类有显著的负面影响。同前文分析类似，本节将控制变量一一加入回归中。第（1）列的回归结果显示，非关税措施对企业出口产品种类的负面影响远远大于关税措施的负面影响；第（2）列的回归结果显示，企业规模可以克服非关税措施的负面影响，非关税措施及关税措施的负面影响有所降低；第（3）列的回归结果显示，企业重要性变量与非关税措施变量的交互项同前文回归类似，依然不显著，表明美国实施的非关税措施没有针对中国特定出口企业；第（4）列中加入所有变量，回归结果显示，非关税措施的负面影响依然大于关税措施。

表6-3　美国非关税措施对中国企业出口产品种类的影响

变量	（1）	（2）	（3）	（4）
	number	*number*	*number*	*number*
AVE	-0.608 ***	-0.352 ***	-0.598 ***	-0.351 ***
	（0.008）	（0.008）	（0.008）	（0.009）
size		0.591 ***		0.587 ***
		（0.003）		（0.003）
AVE × size		0.202 ***		0.201 ***
		（0.002）		（0.002）
impor			42.730 ***	26.195 ***
			（1.432）	（1.404）
AVE × impor			15.242	3.932
			（10.513）	（3.486）
tariff	-0.202 ***	-0.171 ***	-0.202 ***	-0.171 ***
	（0.002）	（0.002）	（0.002）	（0.002）
企业固定效应	是	是	是	是
产品-时间固定效应	是	是	是	是
观测值	724640	724640	724640	724640
R^2	0.454	0.479	0.455	0.479

　　注：括号中的数值表示标准差，*** 表示1%的显著性水平，** 表示5%的显著性水平，* 表示10%的显著性水平。

表6-3的回归结果证实了本书的预期，即在面对非关税措施带来的额外成本时，企业确实会选择不出口某些产品，这也证实了前文理论建模中的假说3。此外应注意到，无论在企业层面还是产品层面，关税措施已不再是影响企业决策的主要因素。非关税措施对出口产品种类的负面影响值得引起注意。当下中国企业出口需要进一步拓展扩展边际，包括拓展出口市场和增加出口产品种类。美国实施的非关税措施不仅对中国企业进入市场存在负面影响，同时也显著减少了企业出口产品的种类。

二　美国非关税措施对中国出口产品价格的影响

非关税措施的实施提高了企业的应对成本，相应的，企业可能会将应对成本反映在产品定价中，导致产品出口价格的提升。本部分利用实证分析验证此推论。

表6-4汇报了美国非关税措施对中国企业出口产品价格的回归结果。整体来看，非关税措施显著提高了企业出口产品的价格，换句话说企业将非关税措施带来的合规成本转嫁至产品价格中。

与前文类似，本节将控制变量陆续加入实证回归，第（2）列的回归结果显示，规模较大的企业倾向于提高自身出口产品的价格；而在面对非关税措施时，规模较大的企业反而会降低出口产品的价格。其背后的逻辑在于，规模较大的企业通常可以从容应对非关税措施带来的成本提升。而前文的分析进一步证实，非关税措施的实施会导致一些企业退出市场并减少出口额。那么从企业定价的角度，若自身规模较大，与受非关税措施影响的"幸存"企业相比，降低价格反而可以争取更大的市场份额。第（3）列回归中加入企业重要性变量及其与非关税措施变量的交互项，结果显示企业重要性变量的回归系数显著为负，这同前文的逻辑相符。通常在HS-2位编码产品下出口占比较高的企业，在此产品部门下竞争力较强，因此可以选择降价来争取市场份额；交互项的系数为正但不显著，表明美国实施的非关税措施没有针对中国特定企业。第（4）列加入所有

表 6 - 4　美国非关税措施对中国企业出口产品价格的影响

变量	(1) lnprice	(2) lnprice	(3) lnprice	(4) lnprice
AVE	0.011 ***	0.019 ***	0.012 ***	0.019 ***
	(0.002)	(0.002)	(0.002)	(0.002)
size		0.073 ***		0.074 ***
		(0.000)		(0.000)
AVE × size		- 0.004 ***		- 0.004 ***
		(0.000)		(0.000)
impor			- 0.422 *	- 1.461 ***
			(0.239)	(0.236)
AVE × impor			0.015	0.085
			(0.293)	(0.290)
tariff	0.008 ***	0.006 ***	0.008 ***	0.006 ***
	(0.000)	(0.000)	(0.000)	(0.000)
企业固定效应	是	是	是	是
产品－时间固定效应	是	是	是	是
观测值	1375692	1375692	1375692	1375692
R^2	0.733	0.742	0.734	0.742

注：括号中的数值表示标准差，*** 表示 1% 的显著性水平，** 表示 5% 的显著性水平，* 表示 10% 的显著性水平。

控制变量，非关税措施变量的回归系数依然显著为正，其他变量的回归结果也符合预期。

第（1）列至第（4）列回归结果中，关税措施变量的回归系数同样显著为正，但影响较小（0.006~0.008），明显小于非关税措施。其可能的原因在于，中国出口产品种类排名前三的分别为机器设备、纺织品和金属制品，Martincus 和 Carballo（2008）指出这些产品领域也是中国出口补贴重点关注的，而出口补贴则会在一定程度上降低美国实施关税所带来的价格增长。另外，非关税措施显著提高了中国企业出口至美国的产品价格，而根据前文测算的进口需求弹性，在样本国家中，美国各类产品的进口需求弹性均较高，表明在面对进口产品价格的上涨时，会进一步减少对其需求。美国非关税措施提高了中国企业出口产品的价格，会导致美国对中国出口产品的需求减少，从而减少中国企业的出口额。这也为第五章非关税措施对企业出口额具有负面影响提出了一种可能的影响机制。

三　美国非关税措施对中国出口产品质量的影响

非关税措施对企业生产流程和产品规格等标准做出规定，对企业进入市场和出口额均带来负面影响，而进入市场的"幸存"企业则达到了美国制定的非关税措施标准。相应的，其出口产品质量也会得到提高。本部分节利用实证分析验证此推论。

表6-5的回归结果验证了这一推论。整体来看，非关税措施变量的回归结果均显著为正，表明非关税措施显著提高了出口产品质量，但相关系数较小，非关税措施 AVE 提升 1%，产品质量提升约 0.8%。值得思考的是，非关税措施对企业进入市场和企业出口规模均有负面影响，但提高了中国出口产品的质量，表明中国出口企业在面对美国实施的非关税措施时，存在"倒逼"效应，即为了顺利进入美国市场，"被迫"提高其产品质量。这为政策制定者提供了新的思路，非关税措施的内在属性使得进口国进口产品质量提升，提升了消费者福利，因此在面对进口国实施的非关税措施时也不能全面反对，而是要视情况而定。

表6-5的第（2）列至第（4）列回归中陆续加入控制变量，相关回归结果均与前文保持一致。规模较大的企业面对美国实施的非关税措施，倾向于提升自身出口产品质量，第（3）列企业重要性变量和非关税措施变量交互项估计系数虽然为正，但仍不显著，表明美国实施的非关税措施并不针对中国特定企业，与前文结论一致。第（4）列加入全部控制变量，非关税措施仍然显著提高了出口产品质量。

表 6 - 5　美国非关税措施对中国企业出口产品质量的影响

变量	(1) quality	(2) quality	(3) quality	(4) quality
AVE	0.009 ***	0.008 ***	0.010 ***	0.008 ***
	(0.001)	(0.001)	(0.002)	(0.001)
size		0.040 ***		0.040 ***
		(0.000)		(0.000)
AVE × size		0.001 ***		0.001 ***
		(0.000)		(0.000)
impor			0.003 *	0.532 ***
			(0.001)	(0.102)
AVE × impor			0.192	0.271
			(0.127)	(0.225)
tariff	- 0.003 ***	- 0.002 ***	- 0.003 ***	- 0.002 ***
	(0.000)	(0.000)	(0.000)	(0.000)
企业固定效应	是	是	是	是
产品 - 时间固定效应	是	是	是	是
观测值	1375692	1375692	1375692	1375692
R^2	0.081	0.132	0.086	0.132

注：括号中的数值表示标准差，*** 表示 1% 的显著性水平，** 表示 5% 的显著性水平，* 表示 10% 的显著性水平。

关税措施变量的估计结论符合预期，关税措施增加了企业应对成本，降低了企业的出口产品质量。关税措施与非关税措施对出口产品质量的影响截然不同，为政策制定提供了新的思路。频繁使用关税措施除了提升企业出口产品价格外，并不会对出口产品质量有正面影响；而非关税措施虽然有一定负面影响，但仍然提高了企业出口产品的质量，因此要积极利用非关税措施对出口产品质量的"倒逼"效应。

第三节　企业所有制类型异质性视角

按照第五章企业所有制类型分类，本节继续将样本企业划分为国有企业、民营企业和外资企业。第五章的实证结果显示非关税措施对外资企业和民营企业进入、退出市场以及出口额有显著影响，那么非关税措施对不同所有制类型的企业出口产品层面的二元边际是否有不同的影响，本节利用实证分析方法加以验证。

一　出口产品种类回归结果分析

表6–6汇报了相关回归结果。整体来看，非关税措施对各所有制类型企业的出口产品种类均有显著负面影响。具体来看，民营企业受非关税措施的负面影响最大，回归系数为 – 0.45；其次为外资企业，回归系数为 – 0.402；国有企业受到的影响最小，为 – 0.287。这表明在面对非关税措施时，民营企业更倾向于减少出口产品的种类，这与Feng 等（2017）的研究结论一致。民营企业由于体量小，一方面难以应对非关税措施带来的成本提升，另一方面也得益于体量小，可以快速调整出口产品组合。这一点可以从非关税措施变量和企业规模变量的交互项估计系数看出，民营企业的估计系数为0.202，仅次于国有企业0.588。国有企业凭借其体量优势和出口产品的不可替代性受到的影响最小。

表6–6各所有制类型企业的回归中，第一列加入了企业规模变量及其与非关税措施的交互项，企业规模变量均显著为正，同前文的结论一致；企业规模变量与非关税措施的交互项同样显著为正，表明异质性企业理论成立；第三列加入所有控制变量，非关税措施对相关企业出口产品种类的负面影响依然显著。

关税措施同样对所有类型企业的出口产品种类有显著负面影响。但具体来看，国有企业受到的影响最大，外资企业次之，民营企业最小。国有企业样本中，关税措施的回归系数为 – 0.461，影响显著大于非关税措施，说明国有企业在面对美国数量型贸易措施如关税措施时更倾向于减少出口产品种类。

表 6-6 美国非关税措施对中国企业出口产品种类的影响（按企业所有制类型）

变量	国有企业			民营企业			外资企业		
AVE	-0.288***	-0.293***	-0.287***	-0.450***	-0.461***	-0.450***	-0.403***	-0.411***	-0.402***
	(0.104)	(0.105)	(0.105)	(0.014)	(0.013)	(0.015)	(0.010)	(0.011)	(0.009)
size	1.126***		1.126***	0.508***		0.508***	0.395***		0.395***
	(0.035)		(0.034)	(0.007)		(0.006)	(0.004)		(0.003)
AVE × size	0.588***		0.588***	0.203***		0.202***	0.119***		0.119***
	(0.024)		(0.025)	(0.005)		(0.005)	(0.004)		(0.003)
impor		35.912***	27.771***		9.103***	7.572***		11.773***	8.414***
		(8.092)	(7.858)		(3.312)	(3.598)		(3.176)	(1.374)
AVE × impor		9.212	3.233		10.861	9.705		1.911	1.277
		(7.091)	(6.989)		(9.221)	(9.181)		(1.103)	(1.596)
tariff	-0.462***	-0.442***	-0.461***	-0.058***	-0.060***	-0.058***	-0.164***	-0.170***	-0.163***
	(0.024)	(0.025)	(0.024)	(0.003)	(0.003)	(0.002)	(0.002)	(0.003)	(0.002)
企业固定效应	是	是	是	是	是	是	是	是	是
产品-时间固定效应	是	是	是	是	是	是	是	是	是
样本数	41954	41954	41954	242616	242616	242616	306818	306818	306818
R^2	0.583	0.511	0.584	0.421	0.411	0.423	0.447	0.431	0.449

注：括号中的数值表示标准差，*** 表示1%的显著性水平，** 表示5%的显著性水平，* 表示10%的显著性水平。

二 出口产品价格回归结果分析

表6-7为相关回归结果。整体来看，非关税措施对各所有制类型的企业出口产品价格均有显著的提升作用。具体来看，外资企业更倾向于提高价格，转嫁成本，相关回归系数为0.035，国有企业和民营企业的回归系数比较接近。笔者认为，外资企业由于涉及外资投入，因此对出口国的贸易措施变动更为敏感，且外资企业多为大型跨国公司，更易受到政策波动的影响；而民营企业由于开拓市场等前期沉没成本的存在，则不倾向于提高价格，避免造成市场份额的减少。

表6-7各类型企业回归的第一列仅加入企业规模变量及其与非关税措施的交互项。可以看到，以企业出口值衡量的企业规模对企业的出口产品价格起显著的正向促进作用，企业规模越大，越倾向于提高其出口产品价格；交互项的系数均为负值且显著，与前文相同，表明对于各所有制类型企业来说，企业规模越大越容易克服美国非关税措施带来的成本提高，进而选择降低出口产品价格以争夺市场份额。各类型企业回归的第二列仅加入企业重要性变量及其与非关税措施的交互项。企业重要性变量显著为正，表明在 HS-2 位编码产品下的企业出口占比越高，该企业越倾向于提高其出口产品价格；交互项的系数为正但不显著，表明美国非关税措施并没有针对中国特定企业。各类型企业回归的第三列加入所有控制变量，非关税措施的正向影响依然显著。

关税措施变量同样对各所有制类型企业的出口产品价格有显著的正向影响，但影响程度均小于非关税措施。各所有制类型企业的关税措施变量回归系数也相差较小。

三 出口产品质量回归结果分析

表6-8为相关回归结果。整体来看，非关税措施对各所有制类型的企业出口产品质量均有显著的提升作用，但作用较小。相比之下，非关税措施对民营企业的出口产品质量提升影响较大，回归系数为0.010，国有

非关税措施：美国实践及其影响研究

表6-7 美国非关税措施对中国企业出口产品价格的影响（按企业所有制类型）

变量	国有企业			民营企业			外资企业		
AVE	0.029***	0.033***	0.029***	0.027***	0.030***	0.026***	0.035***	0.038***	0.035***
	(0.014)	(0.012)	(0.013)	(0.004)	(0.005)	(0.004)	(0.005)	(0.005)	(0.004)
size	0.043***		0.044***	0.069***		0.069***	0.055***		0.056***
	(0.004)		(0.004)	(0.003)		(0.002)	(0.002)		(0.001)
AVE×size	-0.009***		-0.009***	-0.005***		-0.005***	-0.007***		-0.007***
	(0.002)		(0.003)	(0.001)		(0.000)	(0.002)		(0.001)
impor		2.943***	1.109***		0.339***	0.251***		4.111***	2.170***
		(0.761)	(0.555)		(0.101)	(0.091)		(1.011)	(0.362)
AVE×impor		1.988	1.017		1.762	0.777		1.781	1.436
		(1.763)	(0.749)		(2.017)	(0.793)		(1.235)	(1.580)
tariff	-0.001	-0.003	-0.003*	0.004***	0.005***	0.004***	0.006***	0.008***	0.006***
	(0.002)	(0.002)	(0.002)	(0.001)	(0.000)	(0.000)	(0.002)	(0.001)	(0.001)
企业固定效应	是	是	是	是	是	是	是	是	是
产品-时间固定效应	是	是	是	是	是	是	是	是	是
样本数	215969	215969	215969	444286	444286	444286	523823	523823	523823
R^2	0.281	0.260	0.282	0.725	0.710	0.726	0.741	0.733	0.742

注：括号中的数值表示标准差，*** 表示1%的显著性水平，** 表示5%的显著性水平，* 表示10%的显著性水平。

- 192 -

表6-8 美国非关税措施对中国企业出口产品质量的影响（按企业所有制类型）

变量	国有企业			民营企业			外资企业		
AVE	0.0006*** (0.001)	0.0006*** (0.001)	0.001*** (0.000)	0.010*** (0.001)	0.013*** (0.002)	0.010*** (0.002)	0.003*** (0.001)	0.004*** (0.001)	0.003* (0.002)
size	0.0001* (0.000)	0.0001* (0.000)		0.025*** (0.002)		0.025*** (0.001)	0.032*** (0.002)		0.032*** (0.001)
AVE × size	0.001* (0.000)	0.000* (0.000)		0.002*** (0.000)		0.002*** (0.000)	0.001** (0.000)		0.001** (0.000)
impor		0.035*** (0.016)	0.099*** (0.021)		0.991*** (0.004)	0.407*** (0.025)		1.006*** (0.213)	0.594*** (0.156)
AVE × impor		0.016 (0.018)	0.058 (0.044)		0.973 (0.771)	0.699 (0.634)		1.892 (1.777)	0.312 (0.212)
tariff	-0.000* (0.000)	-0.000* (0.000)	-0.001*** (0.000)	-0.001*** (0.000)	-0.002*** (0.000)	-0.001*** (0.000)	0.006*** (0.001)	0.008*** (0.001)	-0.006*** (0.000)
企业固定效应	是	是	是	是	是	是	是	是	是
产品－时间固定效应	是	是	是	是	是	是	是	是	是
样本数	215969	215969	215969	444286	444286	444286	523823	523823	523823
R^2	0.060	0.061	0.051	0.087	0.081	0.088	0.104	0.098	0.105

注：括号中的数值表示标准差，*** 表示1%的显著性水平，** 表示5%的显著性水平，* 表示10%的显著性水平。

企业为 0.0006，外资企业为 0.003。笔者认为有两方面的原因。一方面，国有企业是早期中国出口额快速增长的主要贡献力量之一，也是得到国内补贴和扶植较多的企业，因此出口产品的质量已达到了较高的标准；外资企业也是如此，由于涉及外资和技术投入，外资企业的相关产品标准相比民营企业更高，因此非关税措施对其出口产品质量的提升作用有限。另一方面，民营企业可以说是"后起之秀"，对中国出口额的贡献在 2008 年金融危机后才逐渐提升；而 2008 年后美国针对中国的非关税措施特别是 SPS 措施和 TBT 措施也快速增加。在这一过程中，民营企业想要开拓市场就必须提高自身产品质量。

表 6 - 8 各类型企业回归的第一列仅加入企业规模变量及其与非关税措施的交互项。可以看到，以企业出口值衡量的企业规模对企业出口产品质量起显著正向促进作用，企业规模越大，越有能力提高其出口产品质量；交互项的系数也均为正值且显著，表明对于各类型企业来说，企业规模越大越容易克服美国非关税措施带来的成本提高，进而提升出口产品质量。各类型企业回归的第二列仅加入企业重要性变量及其与非关税措施的交互项。企业重要性变量显著为正，表明在 HS - 2 位编码产品下的企业出口占比越高，该企业越有能力提高其出口产品质量；交互项的系数为正但不显著，表明美国非关税措施并没有针对中国特定企业。各类型企业回归的第三列加入所有控制变量，非关税措施对出口产品质量的提高效应依然显著。

关税措施整体上对各类型企业的出口产品质量有显著负面影响，但影响较小。对于外资企业来说，关税措施的回归系数为 - 0.006，影响大于其他类型企业。

第四节　行业类型异质性视角

第五章的实证分析中，将企业分为多个行业并分别进行回归，实证结果显示非关税措施对出口企业层面的二元边际存在行业效应。为进一步探究出口企业产品层面的二元边际，本书按照第五章的分类方法，将出口企业分为 5 种行业，即初级产品行业、资源性产品行业、低技术产品行业、中等技术产品行业和高技术产品行业，并分别进行实证回归，以考察非关税措施对其出口产品种类、价格和质量的影响。

一 出口产品种类回归结果分析

表 6 - 9 为相关回归结果。整体来看，非关税措施对这 5 个行业的出口产品种类均有显著的负面影响。具体来看，低技术产品行业受到的负面影响最大，其次为高技术产品行业，再次为中等技术产品行业，初级产品行业和资源性产品行业受到的负面影响相当。这表明，中国出口企业在面对美国非关税措施时存在减少出口产品种类、专注核心产品的行为。其中，低技术产品行业受到的负面影响达到 - 0.528，这意味着在面对非关税措施时，低技术产品行业倾向于削减其出口产品种类的一半。这主要是因为中美两国之间产品标准差距较大，而非关税措施对产品标准和生产流程的规定对低技术产品的影响较大。初级产品行业和资源性产品行业受影响较小的原因在于，一方面初级产品和资源性产品包括消费者以及国家经济发展所必需的相关产品；另一方面，由于美国是中国出口的初级产品和资源性产品的主要消费国，第五章的回归结果同样显示，非关税措施对初级产品行业和资源性产品行业进入市场的影响较小。对于高技术产品行业和中等技术产品行业而言，非关税措施对出口产品种类也造成较大的负面影响，这是由于虽然这些行业在产品标准上并不会受到 SPS 措施和 TBT 措施的影响，但更多情况下会受到美国临时性贸易保护措施的影响，这些措施对这些行业所涉及的产品通常直接限制进入。这一点也可以从第三章美国非关税措施所涉及的产品中得到佐证。

表 6 - 9 各行业回归中的第一列加入了企业规模变量及其与非关税措施的交互项。企业规模变量均显著为正，同前文的结论一致；企业规模变

表6-9　美国非关税措施对中国企业出口产品种类的影响（按行业）

变量	初级产品行业			资源性产品行业			低技术产品行业		
AVE	-0.188 ***	-0.191 ***	-0.188 ***	-0.195 ***	-0.198 ***	-0.195 ***	-0.529 ***	-0.530 ***	-0.528 ***
	(0.019)	(0.018)	(0.018)	(0.016)	(0.017)	(0.017)	(0.016)	(0.023)	(0.016)
size	0.261 ***		0.260 ***	0.301 ***		0.300 ***	0.646 ***		0.646 ***
	(0.009)		(0.009)	(0.007)		(0.007)	(0.005)		(0.005)
AVE × size	0.037 ***		0.037 ***	0.085 ***		0.085 ***	0.272 ***		0.271 ***
	(0.007)		(0.006)	(0.006)		(0.005)	(0.005)		(0.005)
impor		9.201 ***	6.297 ***		10.428 ***	9.468 ***		42.196 ***	39.557 ***
		(2.331)	(1.117)		(4.009)	(2.009)		(5.187)	(3.126)
AVE × impor		5.195	3.349		3.987	1.319		7.932	6.272
		(3.904)	(2.253)		(3.276)	(1.917)		(6.174)	(3.861)
tariff	-0.119 ***	-0.120 ***	-0.119 ***	-0.256 ***	-0.260 ***	-0.258 ***	-0.162 ***	-0.165 ***	-0.162 ***
	(0.007)	(0.007)	(0.006)	(0.006)	(0.005)	(0.005)	(0.002)	(0.003)	(0.002)
企业固定效应	是	是	是	是	是	是	是	是	是
产品－时间固定效应	是	是	是	是	是	是	是	是	是
样本数	17696	17696	17696	75408	75408	75408	362112	362112	362112
R^2	0.625	0.599	0.628	0.430	0.410	0.433	0.504	0.497	0.510

注：括号中的数值表示标准差，*** 表示1%的显著性水平，** 表示5%的显著性水平，* 表示10%的显著性水平。

续表

变量	中等技术产品行业			高技术产品行业		
AVE	-0.318*** (0.015)	-0.317*** (0.014)	-0.317*** (0.014)	-0.421*** (0.022)	-0.421*** (0.024)	-0.421*** (0.024)
size	0.358*** (0.007)		0.358*** (0.006)	0.433*** (0.009)		0.432*** (0.009)
AVE×size	0.117*** (0.005)		0.117*** (0.004)	0.202*** (0.007)		0.201*** (0.007)
impor		9.013*** (3.112)	6.052*** (2.928)		43.565*** (6.814)	36.617*** (5.615)
AVE×impor		5.985 (4.674)	2.480 (2.336)		7.893 (6.474)	5.446 (4.398)
tariff	-0.307*** (0.005)	-0.311*** (0.006)	-0.307*** (0.005)	-0.584*** (0.013)	-0.560*** (0.014)	-0.585*** (0.013)
企业固定效应	是	是	是	是	是	是
产品-时间固定效应	是	是	是	是	是	是
样本数	187584	187584	187584	81600	81600	81600
R^2	0.403	0.396	0.406	0.217	0.215	0.217

注：括号中的数值表示标准差，*** 表示 1% 的显著性水平，** 表示 5% 的显著性水平，* 表示 10% 的显著性水平。

量与非关税措施的交互项同样显著为正，表明异质性企业理论成立。第二列加入企业重要性变量及其与非关税措施的交互项，企业重要性变量显著为正，交互项虽然为正，但并不显著，这与前文的结论一致。第三列加入所有控制变量，非关税措施对各行业出口产品种类的负面影响依然显著。

关税措施对各行业出口产品种类均有显著的负面影响。在具体行业层面，关税措施对初级产品行业、中等技术产品行业和资源性产品行业的负面影响与非关税措施相当。在高技术产品行业中，关税措施的回归系数达到了 -0.585，这表明美国的关税措施和非关税措施均对中国高技术产品行业出口产品种类产生明显影响，这一点值得在政策制定中予以考虑。

二　出口产品价格回归结果分析

表6-10汇报了相关回归结果。整体来看，非关税措施显著推高了各行业出口产品的价格。具体来看，高技术产品行业、初级产品行业受到的影响较大，其次为低技术产品行业和中等技术产品行业，最后为资源性产品行业。原因在于，对高技术产品行业，由于产品单位价格高，任何有关产品标准及生产流程的非关税措施变动都会导致高技术产品生产成本的大幅增加，进而推高其价格；对初级产品行业而言，由于涉及农产品较多，极易受政策带来的成本变化影响，从而提高出口价格；对资源性产品行业而言，其出口规模通常较大，且美国是我国出口的资源性产品的主要消费国，因此其价格不易受美国非关税措施的影响。

表6-10各行业回归的第一列仅加入企业规模变量及其与非关税措施的交互项。可以看到，以企业出口值衡量的企业规模变量对各行业企业的出口产品价格起显著正向促进作用，企业规模越大，越倾向于提高其出口产品价格；交互项的系数均为负值且显著，与前文相同，表明对于各行业企业来说，企业规模越大越容易克服美国非关税措施带来的成本提高，并进而选择降低出口产品价格以争夺市场份额。各行业回归的第二列仅加入

表 6 – 10　美国非关税措施对中国企业出口产品价格的影响（按行业）

变量	初级产品行业			资源性产品行业			低技术产品行业		
AVE	0.036 ***	0.039 ***	0.035 ***	0.015 ***	0.017 **	0.014 ***	0.024 ***	0.028 ***	0.023 ***
	(0.012)	(0.011)	(0.012)	(0.006)	(0.007)	(0.006)	(0.003)	(0.004)	(0.003)
size	0.065 ***		0.065 ***	0.068 ***		0.068 ***	0.076 ***		0.076 ***
	(0.007)		(0.006)	(0.004)		(0.003)	(0.001)		(0.001)
AVE × size	– 0.005 **		– 0.005 **	– 0.003 ***		– 0.003 ***	– 0.003 ***		– 0.003 ***
	(0.002)		(0.002)	(0.001)		(0.001)	(0.001)		(0.001)
impor		– 1.233 **	– 0.188 *		5.961 **	2.726 ***		– 4.567 ***	– 2.809 ***
		(0.502)	(0.101)		(2.221)	(0.519)		(1.003)	(0.446)
AVE × impor		1.784	0.244		1.742	0.522		1.993	1.504
		(1.277)	(0.769)		(1.579)	(0.590)		(2.682)	(1.582)
tariff	0.014 ***	0.017 ***	0.014 ***	0.013 ***	0.015 ***	0.013 ***	0.001 ***	0.002 ***	0.001 ***
	(0.003)	(0.004)	(0.003)	(0.001)	(0.002)	(0.001)	(0.000)	(0.000)	(0.000)
企业固定效应	是	是	是	是	是	是	是	是	是
产品 – 时间固定效应	是	是	是	是	是	是	是	是	是
样本数	19514	19514	19514	95037	95037	95037	802813	802813	802813
R^2	0.882	0.851	0.889	0.415	0.410	0.418	0.714	0.710	0.717

注：括号中的数值表示标准差，*** 表示 1% 的显著性水平，** 表示 5% 的显著性水平，* 表示 10% 的显著性水平。

续表

变量	中等技术产品行业			高技术产品行业		
AVE	0.023***	0.026***	0.022***	0.047***	0.050***	0.047***
	(0.005)	(0.004)	(0.005)	(0.008)	(0.007)	(0.008)
size	0.078***		0.078***	0.054***		0.053***
	(0.003)		(0.002)	(0.003)		(0.003)
AVE × size	-0.010***		-0.010***	-0.001*		-0.001*
	(0.001)		(0.001)	(0.000)		(0.000)
impor		-2.873***	-1.667***		5.941***	3.307***
		(0.761)	(0.580)		(1.394)	(1.294)
AVE × impor		1.943	0.922		6.913	3.508
		(1.122)	(0.670)		(7.012)	(2.176)
tariff	0.014***	0.015***	0.014***	0.061***	0.062***	0.060***
	(0.002)	(0.001)	(0.001)	(0.003)	(0.004)	(0.003)
企业固定效应	是	是	是	是	是	是
产品-时间固定效应	是	是	是	是	是	是
样本数	306074	306074	306074	152051	152051	152051
R^2	0.401	0.382	0.406	0.216	0.199	0.217

注：括号中的数值表示标准差，*** 表示 1% 的显著性水平，** 表示 5% 的显著性水平，* 表示 10% 的显著性水平。

企业重要性变量及其与非关税措施的交互项。企业重要性变量对不同行业出口产品价格的影响不同。对初级产品行业、低技术产品行业和中等技术产品行业而言,由于产品技术水平较低,面临的竞争也较小,出口量较大的企业只能"以价取胜",走"性价比"路线;对资源性产品行业和高技术产品行业而言,一方面产品需求量大,另一方面产品难以被替代,因此可以实现"价量同取"。交互项的系数为正但不显著,表明美国非关税措施并没有针对中国特定企业。各行业回归的第三列加入所有控制变量,非关税措施对出口产品价格的提高作用依然显著。

关税措施显著推高了出口产品价格,但需要注意的是,关税变量对高技术产品行业出口价格的升高起到显著推动作用且大于非关税措施。

三 出口产品质量回归结果分析

表6-11为相关回归结果。可见,非关税措施显著提高了各行业出口产品质量,但回归系数较小。具体来看,初级产品行业受到的影响最大,其次为低技术产品行业,中等技术产品行业和高技术产品行业受到的影响相当,资源性产品行业受到的影响最小。对初级产品行业而言,由于涉及的农产品较多,因此以 SPS 措施为主的非关税措施提高了出口产品质量。对资源性产品生产企业而言,非关税措施对其产品质量的提高仅为 0.004。笔者认为其原因在于,资源性产品多被用来生产其他产品,是生产其他产品的原材料,而美国多对制成品实施 SPS 措施和 TBT 措施,因而非关税措施对资源性产品的质量提高作用有限。对中等技术和高技术产品生产企业而言,非关税措施对其出口产品质量提高的作用有限,一方面是由于这些产品技术水平已足够高,另一方面从中美贸易结构来说,部分中等技术和高技术产品的贸易形式为进口来料加工再出口。美国实施的非关税措施对我国初级产品和低技术产品的质量的提升作用较大,对中国来说值得重视。

表6-11各行业回归的第一列中仅加入企业规模变量及其与非关税措施的交互项。可以看到,以企业出口值衡量的企业规模变量对企业出口产

表6-11 美国非关税措施对中国企业出口产品质量的影响（按行业）

变量	初级产品行业			资源性产品行业			低技术产品行业		
AVE	0.028***	0.029***	0.027***	0.004**	0.005*	0.004*	0.023***	0.023***	0.023***
	(0.006)	(0.005)	(0.006)	(0.002)	(0.003)	(0.003)	(0.003)	(0.003)	(0.003)
size	0.034***		0.033***	0.035***		0.035***	0.077***		0.076***
	(0.003)		(0.002)	(0.001)		(0.001)	(0.002)		(0.001)
AVE × size	0.002		0.002	0.001*		0.001*	-0.004***		-0.003***
	(0.002)		(0.002)	(0.000)		(0.000)	(0.001)		(0.001)
impor		0.962***	0.413**		0.874***	0.453***		-4.689***	-2.809***
		(0.331)	(0.177)		(0.235)	(0.233)		(1.101)	(0.446)
AVE × impor		1.165	0.391		1.974	0.102		2.596	1.504
		(1.003)	(0.233)		(1.836)	(0.262)		(2.224)	(1.582)
tariff	-0.002*	-0.003***	-0.002*	-0.000***	-0.001***	-0.000***	0.001***	0.002***	0.001***
	(0.001)	(0.001)	(0.001)	(0.000)	(0.000)	(0.000)	(0.000)	(0.000)	(0.000)
企业固定效应	是	是	是	是	是	是	是	是	是
产品-时间固定效应	是	是	是	是	是	是	是	是	是
样本数	19514	19514	19514	95037	95037	95037	802813	802813	802813
R^2	0.650	0.613	0.651	0.126	0.120	0.127	0.120	0.101	0.120

注：括号中的数值表示标准差，*** 表示1%的显著性水平，** 表示5%的显著性水平，* 表示10%的显著性水平。

续表

变量	中等技术产品行业			高技术产品行业		
AVE	0.011 ***	0.014 ***	0.010 ***	0.014 ***	0.018 **	0.014 ***
	(0.002)	(0.002)	(0.002)	(0.004)	(0.004)	(0.003)
$size$	0.030 ***		0.030 ***	0.043 ***		0.043 ***
	(0.001)		(0.000)	(0.002)		(0.001)
$AVE \times size$	0.002 ***		0.002 ***	0.002 ***		0.002 ***
	(0.001)		(0.001)	(0.001)		(0.001)
$impor$		0.772 ***	0.508 ***		1.327 **	0.860 *
		(0.108)	(0.264)		(0.551)	(0.492)
$AVE \times impor$		1.754	0.188		2.894	0.258
		(1.441)	(0.304)		(2.017)	(0.827)
$tariff$	-0.004 ***	-0.006 ***	-0.004 ***	-0.008 ***	-0.009 ***	-0.008 ***
	(0.001)	(0.001)	(0.001)	(0.001)	(0.002)	(0.001)
企业固定效应	是	是	是	是	是	是
产品-时间固定效应	是	是	是	是	是	是
样本数	306074	306074	306074	152051	152051	152051
R^2	0.102	0.092	0.102	0.146	0.140	0.148

注：括号中的数值表示标准差，*** 表示 1% 的显著性水平，** 表示 5% 的显著性水平，* 表示 10% 的显著性水平。

品质量起显著正向促进作用，企业规模越大，越有能力提高其出口产品质量；交互项的系数也均为正值，表明对于各行业的企业来说，企业规模越大越容易克服美国非关税措施带来的成本提高，进而提升产品质量。各行业回归的第二列中仅加入企业重要性变量及其与非关税措施的交互项。企业重要性变量显著为正，表明在 HS－2 位编码产品下的企业出口占比越高，该企业越有能力提高其出口产品质量；交互项的系数为正但不显著，表明美国非关税措施并没有针对中国特定企业。各行业回归的第三列中加入所有控制变量，非关税措施对出口产品质量的提高效应依然显著。

关税措施整体上对各行业的出口产品质量有显著负面影响，但影响较小。在高技术产品行业，关税措施的负面影响为 －0.008，高于其他行业。

第五节　产品用途异质性视角

全球价值链的深入发展使得以中间品为中介的国际生产体系逐渐形成。自 2018 年以来，中美贸易摩擦不断升级，双方均对对方出口的产品实施高额关税。Chad（2018）根据联合国广义经济类别（Broad Economic Classification，BEC）分类，将产品分为中间品、资本品和消费品，并统计了美国针对中国实施高额关税的产品构成。结果显示 2018 年 4 月 3 日，美国对中国设置的高关税产品目录中，中间品占 41%，资本品占 43%，消费品占 12%；而 2018 年 6 月 15 日公布的产品清单中，中间品比例提高至 52%，资本品为 43%，消费品降为 1%。可见，美国对中国出口中间品的关注程度较高（Chad，2018）。本书第三章美国非关税措施针对的产品中，中间品、资本品和消费品受到的非关税措施数量同样存在差异。因此，为进一步从产品用途的角度考察非关税措施的影响，本书借鉴 Chad（2018）的分类方法，将中国出口产品分为中间品、资本品和消费品，分别分析非关税措施对不同用途产品的二元边际影响。

一 出口产品种类回归结果分析

表 6 - 12 汇报了相关回归结果。整体来看，美国非关税措施对中国出口的各类用途出口产品种类均有显著的负面影响。其中，消费品受到的负面影响最大，中间品次之，资本品最小。本书第三章的美国非关税措施分析指出，TBT 措施、"双反"措施和 SPS 措施是美国对中国实施非关税措施的三个主要类型。这些措施或对最终消费品的标准等做出规定，或对相关产品直接提起"双反"调查，因此消费品受影响最大。对于资本品和中间品来说，在全球价值链下，这些产品是生产最终消费品的投入品，因此非关税措施对其影响不如最终消费品。尽管如此，美国实施的非关税措施仍显著减少了资本品和中间品的出口产品种类。中国出口资本品和中间品的种类减少，将促使美国转向其他国家寻求相关产品，减少对中国的依赖。

表 6 - 12 各类用途产品回归的第一列中仅加入企业规模变量及其与非关税措施的交互项。可以看到，以企业出口值衡量的企业规模变量对出口产品种类起显著正向促进作用，企业规模越大，越倾向于出口多种产品；交互项的系数也均为正值且显著，表明对于生产不同用途产品的企业来说，企业规模越大，越容易克服美国非关税措施带来的成本提高，进而增加出口产品种类。各类用途产品回归的第二列中仅加入企业重要性变量及其与非关税措施的交互项。企业重要性变量显著为正，表明在 HS - 2 位编码产品下的企业出口占比越高，该企业越倾向扩展出口产品种类；交互项的系数为正但不显著，表明美国非关税措施并没有针对中国特定企业。各类用途产品回归的第三列中加入所有控制变量，非关税措施的负面影响依然显著。

表 6 - 12 的回归结果中，关税措施变量对不同用途出口产品种类的影响虽显著为负，但存在明显差别。在资本品和中间品出口中，关税措施对其产品种类的负面影响大于非关税措施；而在消费品中，关税措施的负面影响小于非关税措施。可以看到，对于资本品和中间品出口企业来说，关税措施的影响仍不容忽视。由于这些产品是作为消耗品用于最终消费品的

表6-12　美国非关税措施对中国企业出口产品种类的影响（按产品用途）

变量	资本品			中间品			消费品		
AVE	−0.097***	−0.101***	−0.097***	−0.122***	−0.124***	−0.122***	−0.196***	−0.201***	−0.195***
	(0.021)	(0.013)	(0.020)	(0.011)	(0.018)	(0.010)	(0.015)	(0.011)	(0.016)
size	0.437***		0.436***	0.400***		0.399***	0.675***		0.674***
	(0.006)		(0.006)	(0.004)		(0.004)	(0.007)		(0.006)
AVE × size	0.066***		0.066***	0.058***		0.058***	0.141***		0.114***
	(0.005)		(0.006)	(0.004)		(0.003)	(0.005)		(0.005)
impor		9.137***	6.432***		4.765***	3.547**		5.761***	5.784***
		(2.119)	(1.750)		(1.507)	(1.609)		(1.661)	(1.004)
AVE × impor		9.942	4.965		1.778	2.053		9.121	8.596
		(7.634)	(5.331)		(6.334)	(1.502)		(7.334)	(7.143)
tariff	−0.219***	−0.237***	−0.229***	−0.244***	−0.259***	−0.245***	−0.054***	−0.061***	−0.057***
	(0.008)	(0.007)	(0.007)	(0.005)	(0.005)	(0.004)	(0.002)	(0.006)	(0.002)
企业固定效应	是	是	是	是	是	是	是	是	是
产品-时间固定效应	是	是	是	是	是	是	是	是	是
样本数	457513	457513	457513	51407	51407	51407	20903	20903	20903
R^2	0.520	0.477	0.525	0.468	0.461	0.484	0.527	0.521	0.530

注：括号中的数值表示标准差，*** 表示 1% 的显著性水平，** 表示 5% 的显著性水平，* 表示 10% 的显著性水平。

生产，因此贸易成本的提升均会对其种类产生影响。兰宜生和徐小锋（2019）、倪红福等（2018）的文献均得到了相似的结论。

二 出口产品价格回归结果分析

表6-13考察了非关税措施对不同用途产品出口价格的影响。回归结果显示，非关税措施显著提高了各类用途产品的出口价格，表明出口企业倾向于将非关税措施带来的成本提升转嫁到产品价格中。具体来看，消费品出口价格受非关税措施的影响较大，资本品和中间品受非关税措施的影响相当。同前文类似，非关税措施的主要实施对象为最终消费品，因此出口企业需要支付更多的成本以满足美国的进口要求，自然消费品价格受影响最大。对于资本品和中间品来说，尽管面对的非关税措施数量较少，但非关税措施仍显著提高了其出口产品价格。而美国对相关产品的进口需求弹性大于中国，这使得美国对中国相关产品的需求减少，不利于中国企业出口相关产品。

表6-13各类用途产品回归的第一列中仅加入企业规模变量及其与非关税措施的交互项。可以看到，以企业出口值衡量的企业规模变量对出口产品价格具有显著正向促进作用，企业规模越大，越倾向于提高其出口产品价格；交互项的系数均为负值且显著，与前文相同，表明对于各类用途产品的生产企业来说，企业规模越大越容易克服美国非关税措施带来的成本提高，进而选择降低出口产品价格以争夺市场份额。各类用途产品回归的第二列中仅加入企业重要性变量及其与非关税措施的交互项。企业重要性变量显著为正，表明在 HS-2 位编码产品下的企业出口占比越高，该企业越倾向于提高其出口产品价格；交互项的系数为正但不显著，表明美国非关税措施并没有针对中国特定企业。各类用途产品回归的第三列中加入所有控制变量，非关税措施对出口产品价格的提高作用依然显著。

表6-13的回归结果中，关税措施变量对不同用途出口产品价格的影响显著为正，符合预期，且关税措施对不同用途出口产品价格的影响小于非关税措施，仅在资本品的回归中两者的影响较为接近，值得相关企业引起注意。

表6-13　美国非关税措施对中国企业出口产品价格的影响（按产品用途）

变量	资本品			中间品			消费品		
AVE	0.027***	0.029***	0.027***	0.030***	0.037**	0.030***	0.038***	0.049***	0.039***
	(0.008)	(0.007)	(0.008)	(0.004)	(0.003)	(0.004)	(0.004)	(0.012)	(0.004)
$size$	0.074***	0.074***	0.074***	0.072***		0.072***	0.056***		0.054***
	(0.003)	(0.003)	(0.003)	(0.001)		(0.002)	(0.002)		(0.002)
$AVE \times size$	-0.004***	-0.004***	-0.004***	-0.004***		-0.004***	-0.004***		-0.004***
	(0.001)	(0.001)	(0.001)	(0.001)		(0.001)	(0.001)		(0.001)
$impor$		10.198***	11.587***		1.931***	1.078***		3.741***	5.404***
		(6.775)	(4.334)		(0.191)	(0.345)		(1.102)	(0.477)
$AVE \times impor$		4.397	3.957		2.131	1.211		4.237	2.338
		(3.989)	(12.787)		(1.915)	(2.401)		(5.179)	(3.462)
$tariff$	0.022***	0.025***	0.022***	0.016***	0.019***	0.017***	0.001*	0.005**	0.001**
	(0.001)	(0.001)	(0.002)	(0.001)	(0.002)	(0.001)	(0.000)	(0.002)	(0.000)
企业固定效应	是	是	是	是	是	是	是	是	是
产品-时间固定效应	是	是	是	是	是	是	是	是	是
样本数	878135	878135	878135	96382	96382	96382	43402	43402	43402
R^2	0.655	0.610	0.660	0.710	0.694	0.717	0.706	0.677	0.720

注：括号中的数值表示标准差，*** 表示 1% 的显著性水平，** 表示 5% 的显著性水平，* 表示 10% 的显著性水平。

三 出口产品质量回归结果分析

表6-14为相关回归结果。整体来看，美国非关税措施对出口资本品、中间品和消费品的质量提高均有显著的正面效应。与前文类似，消费品受到的正面影响最大，中间品与资本品受到的影响相当。对于消费品来说，如前文所言，非关税措施多针对最终消费品的标准等做出规定，从而提高了其产品质量，而大部分资本品和中间品均是生产最终消费品的投入品，因此受到非关税措施的影响较小。整体来看，非关税措施存在对不同用途产品质量的"倒逼"效应。不同于关税措施，标准型非关税措施对中国出口产品的质量均有显著提高，因此应客观看待并有效、合理利用标准型的非关税措施。

表6-14各用途产品回归的第一列中仅加入企业规模变量及其与非关税措施的交互项。可以看到，以企业出口值衡量的企业规模变量对出口产品质量起显著正向促进作用，企业规模越大，越有能力提高其出口产品质量；交互项的系数也均为正值且显著，表明对于生产不同用途产品的企业来说，企业规模越大越容易克服美国非关税措施带来的成本提高，进而提高出口产品质量。各类用途产品回归的第二列中仅加入企业重要性变量及其与非关税措施的交互项。企业重要性变量显著为正，表明在 HS-2 位编码产品下的企业出口占比越高，该企业越有能力提高其出口产品质量；交互项的系数为正但不显著，表明美国非关税措施并没有针对中国特定企业。各类用途产品回归的第三列中加入所有控制变量，非关税措施对出口产品质量的提高作用依然显著。

表6-14的回归结果中，关税措施变量对不同用途出口产品质量的影响均显著为负，符合预期，且对各类用途产品影响的差别较小。

表6-14　美国非关税措施对中国企业出口产品质量的影响（按产品用途）

变量	资本品			中间品			消费品		
AVE	0.021*** (0.003)	0.023*** (0.002)	0.024*** (0.001)	0.024*** (0.003)	0.027*** (0.004)	0.024*** (0.001)	0.030*** (0.001)	0.034** (0.003)	0.030*** (0.001)
size	0.027*** (0.002)		0.027*** (0.004)	0.034*** (0.003)		0.021** (0.001)	0.033*** (0.003)		0.032*** (0.001)
AVE × size	0.004*** (0.001)		0.003*** (0.001)	0.003*** (0.001)		0.003*** (0.000)	0.005*** (0.000)		0.005*** (0.000)
impor		0.579* (0.221)	0.262*** (0.076)		1.772*** (0.411)	0.224*** (0.014)		0.992** (0.401)	0.480** (0.209)
AVE × impor		1.479 (1.399)	0.301 (0.193)		0.762 (0.400)	0.344 (0.400)		2.307 (2.121)	0.335 (0.299)
tariff	-0.002*** (0.000)	-0.004*** (0.000)	-0.002*** (0.000)	-0.002*** (0.001)	-0.004*** (0.002)	-0.002*** (0.000)	-0.004*** (0.003)	-0.017*** (0.002)	-0.003*** (0.000)
企业固定效应	是	是	是	是	是	是	是	是	是
产品-时间固定效应	是	是	是	是	是	是	是	是	是
样本数	878135	878135	878135	96382	96382	96382	43402	43402	43402
R^2	0.106	0.100	0.107	0.100	0.098	0.101	0.117	0.109	0.120

注：括号中的数值表示标准差，*** 表示1%的显著性水平，** 表示5%的显著性水平，* 表示10%的显著性水平。

第六节　稳健性检验

前文实证发现，美国实施的非关税措施对中国企业出口产品种类、出口产品价格和出口产品质量均存在显著影响，且将出口企业样本按照企业所有制类型、行业和产品用途划分后，该影响依然显著。参照第五章的稳健性检验，本章实证模型仍然可能易受金融危机以及内生性的影响，因此，与第五章稳健性检验类似，本章首先将样本区间分为金融危机前（2001~2007 年）和金融危机后（2008~2014 年）两个区间，分别在两个区间内考察美国实施的非关税措施对中国出口产品层面二元边际的影响，并采用非关税措施滞后项和工具变量法解决可能存在的内生性问题。

一　不同样本区间回归结果分析

表 6 - 15 与表 6 - 16 汇报了不同时间区间内非关税措施对中国出口产品层面二元边际影响的回归结果。整体来看，2008~2014 年，非关税措施对企业出口产品种类的回归中，第一列回归为负，但加入所有控制变量后，结果为正，与前文回归结果有所不同。非关税措施对企业出口产品价格和出口产品质量的提高作用显著，表明仍需进一步使用其他方式验证本书模型的稳健性。

对比两个时间区间，金融危机后（2008~2014 年）非关税措施对出口产品种类以及出口产品价格影响更为显著，相关回归系数均大于金融危机前（2001~2007 年）；而在出口产品质量方面，非关税措施在金融危机前（2001~2007 年）的提升作用明显高于金融危机后（2008~2014 年）。这表明，一方面，金融危机后非关税措施的限制程度有所加深，这也与非关税措施数量的变化情况以及第四章非关税措施 AVE 的变化情况一致。

表6-15　美国非关税措施对中国出口产品二元边际的影响（2001~2007年）

变量	出口产品种类			出口产品价格			出口产品质量		
	number	number	number	lnprice	lnprice	lnprice	quality	quality	quality
AVE	-0.258***	0.533***	-0.258***	0.006*	0.000*	0.006*	0.019***	0.024***	0.019***
	(0.013)	(0.012)	(0.013)	(0.003)	(0.000)	(0.003)	(0.002)	(0.000)	(0.002)
size	0.494***	0.492***	0.492***	0.017***		0.017***	0.018***		0.018***
	(0.007)	(0.007)	(0.007)	(0.002)		(0.002)	(0.001)		(0.001)
AVE × size	0.168***	0.168***	0.168***	-0.003***		-0.003***	0.003***		0.003**
	(0.004)	(0.004)	(0.004)	(0.001)		(0.001)	(0.001)		(0.001)
impor		26.773***	17.110***		0.408*	0.210**		0.374***	0.251**
		(2.458)	(2.438)		(0.191)	(0.092)		(0.001)	(0.101)
AVE × impor		11.162	0.469		0.467	0.587		0.337	0.506
		(2.326)	(2.316)		(0.460)	(0.462)		(0.244)	(0.279)
tariff	-0.285***	-0.305***	-0.285***	0.008***	0.009***	0.008***	-0.005***	-0.006***	-0.005***
	(0.003)	(0.003)	(0.003)	(0.001)	(0.000)	(0.001)	(0.000)	(0.000)	(0.000)
企业固定效应	是	是	是	是	是	是	是	是	是
产品－时间固定效应	是	是	是	是	是	是	是	是	是
样本数	362320	362320	362320	1375693	1375693	1375693	1375693	1375693	1375693
R²	0.549	0.540	0.549	0.759	0.759	0.759	0.099	0.095	0.099

注：括号中的数值表示标准差，*** 表示1%的显著性水平，** 表示5%的显著性水平，* 表示10%的显著性水平。

表6-16 美国非关税措施对中国出口产品二元边际的影响（2008~2014年）

变量	出口产品种类			出口产品价格			出口产品质量		
	number	number	number	lnprice	lnprice	lnprice	quality	quality	quality
AVE	-0.308***	0.374***	0.307***	0.010***	0.010**	0.010***	0.000**	0.000*	0.000*
	(0.010)	(0.011)	(0.010)	(0.003)	(0.003)	(0.003)	(0.000)	(0.000)	(0.000)
size	0.688***		0.684***	0.051***		0.051***	0.000***		0.000***
	(0.006)		(0.006)	(0.001)		(0.001)	(0.000)		(0.000)
AVE × size	0.163***		0.163***	-0.004***		-0.003***	0.001**		0.002**
	(0.003)		(0.003)	(0.001)		(0.001)	(0.000)		(0.000)
impor		35.424***	19.901***		0.632*	0.048***		0.006***	0.009**
		(1.972)	(1.932)		(0.299)	(0.002)		(0.001)	(0.002)
AVE × impor		8.933	1.664		1.029	1.101		0.017	0.018
		(8.768)	(1.736)		(0.667)	(0.966)		(0.012)	(0.010)
tariff	-0.109***	-0.129***	-0.109***	0.004***	0.005***	0.004***	-0.001***	-0.001***	-0.001***
	(0.002)	(0.002)	(0.002)	(0.000)	(0.000)	(0.000)	(0.000)	(0.000)	(0.000)
企业固定效应	是	是	是	是	是	是	是	是	是
产品-时间固定效应	是	是	是	是	是	是	是	是	是
样本数	362320	362320	362320	1375693	1375693	1375693	1375693	1375693	1375693
R^2	0.639	0.622	0.639	0.836	0.834	0.836	0.099	0.091	0.094

注：括号中的数值表示标准差，*** 表示1%的显著性水平，** 表示5%的显著性水平，* 表示10%的显著性水平。

金融危机后，非关税措施无论是数量还是 AVE 均有显著的增长，而美国在金融危机后陆续实施的保护性贸易政策无疑也加重了非关税措施对产品种类和产品价格的影响。另一方面，金融危机后，美国实施的非关税措施以"双反"调查等数量型贸易措施为主，相对于 SPS 措施和 TBT 措施对产品标准和生产流程的规定，以"双反"调查为主的非关税措施对产品质量的提高几乎没有作用。

关税措施变量的回归结果无论在金融危机前还是金融危机后的样本区间内均显著并符合预期。在金融危机前的样本区间内，关税措施对企业出口产品种类、出口价格的负面影响均与非关税措施相当，甚至超过。在金融危机后的样本区间内，关税措施对企业出口产品种类、出口价格的负面影响则较小。这表明，在金融危机后，随着美国非关税措施实施数量的快速增长，关税措施已不再是影响出口产品层面二元边际的主要因素。对于企业规模变量及其与非关税措施交互项的回归结果也均符合预期，与前文一致；企业重要性变量与非关税措施的交互项均不显著，表明无论在金融危机前还是金融危机后，美国实施的非关税措施并没有针对中国特定企业。

二 非关税措施滞后项

表 6 - 17 展示了相关回归结果。本书利用非关税措施对整体样本进行了回归。可以看到，非关税措施滞后项对出口产品数量、价格和质量均有显著的影响。非关税措施滞后项与企业规模变量、非关税措施滞后项与企业重要性变量交互项的回归系数和显著性均符合预期，相关回归结论也与前文一致，证实了本书模型的稳健性。具体来看，就企业出口产品种类而言，非关税措施滞后项的影响不及非关税措施当期；而就企业出口产品价格和出口产品质量来说，非关税措施滞后项的影响比当期更大，这表明非关税措施对出口产品价格和质量存在时滞效应。关税措施变量的回归系数整体上与前文保持一致。

表6-17 美国非关税措施对中国出口产品二元边际的影响（非关税措施滞后项）

变量	整体样本 number	整体样本 lnprice	整体样本 quality	国有企业 number	国有企业 lnprice	国有企业 quality	民营企业 number	民营企业 lnprice	民营企业 quality	外资企业 number	外资企业 lnprice	外资企业 quality
AVElag	-0.185***	0.019***	0.026***	-0.521***	0.005*	0.019***	-0.166***	0.025***	0.025***	-0.134***	0.033***	0.024***
	(0.009)	(0.002)	(0.001)	(0.094)	(0.002)	(0.003)	(0.014)	(0.007)	(0.001)	(0.008)	(0.009)	(0.001)
size	0.618***	0.057***	0.020***	1.221***	0.449***	0.010***	0.616***	0.461***	0.039***	0.473***	0.344***	0.032***
	(0.003)	(0.001)	(0.000)	(0.033)	(0.009)	(0.001)	(0.006)	(0.004)	(0.001)	(0.003)	(0.004)	(0.001)
AVElag × size	0.231***	-0.001*	0.004***	0.559***	-0.043***	0.002*	0.233***	-0.071***	0.003***	0.158***	-0.087***	0.001***
	(0.003)	(0.000)	(0.000)	(0.023)	(0.006)	(0.001)	(0.005)	(0.000)	(0.000)	(0.002)	(0.003)	(0.000)
impor	27.750***	1.331***	0.307***	51.883***	14.771***	0.461***	31.404***	73.191***	0.614***	20.091***	10.252***	0.580***
	(1.476)	(0.247)	(0.108)	(8.945)	(1.190)	(0.173)	(3.682)	(1.695)	(0.239)	(1.426)	(1.110)	(0.156)
AVElag × impor	7.819	0.505	0.160	0.616	2.258	0.162	-9.008	9.171	-0.268	8.460	1.744	0.227
	(7.548)	(0.338)	(0.147)	(7.715)	(1.618)	(0.211)	(9.335)	(9.256)	(0.267)	(8.757)	(1.505)	(0.211)
tariff	-0.177***	0.006***	-0.002***	-0.087***	0.090***	-0.008***	-0.139***	0.052***	-0.005***	-0.161***	0.002*	-0.005***
	(0.002)	(0.000)	(0.000)	(0.025)	(0.005)	(0.000)	(0.002)	(0.001)	(0.000)	(0.002)	(0.001)	(0.000)
企业固定效应	是	是	是	是	是	是	是	是	是	是	是	是
产品-时间固定效应	是	是	是	是	是	是	是	是	是	是	是	是
样本数	679350	1348999	1348999	39331	204811	204811	227424	441138	441138	287632	511442	511442
R^2	0.488	0.737	0.098	0.599	0.600	0.078	0.439	0.551	0.131	0.455	0.458	0.108

注：括号中的数值表示标准差，*** 表示1%的显著性水平，** 表示5%的显著性水平，* 表示10%的显著性水平。

续表

变量	初级产品行业			资源性产品行业			低技术产品行业		
	number	lnprice	quality	number	lnprice	quality	number	lnprice	quality
AVElag	-0.099***	0.034***	0.026***	-0.102***	0.026*	0.021***	-0.235***	0.042***	0.026***
	(0.017)	(0.003)	(0.005)	(0.016)	(0.004)	(0.002)	(0.015)	(0.008)	(0.001)
size	0.322***	0.311***	0.032***	0.363***	0.457***	0.035***	0.793***	0.324***	0.037***
	(0.009)	(0.016)	(0.002)	(0.007)	(0.008)	(0.001)	(0.006)	(0.003)	(0.001)
AVElag × size	0.055***	-0.058***	0.006***	0.101***	-0.014***	0.000	0.324***	-0.094***	0.002***
	(0.005)	(0.011)	(0.002)	(0.005)	(0.005)	(0.001)	(0.005)	(0.003)	(0.000)
impor	12.450***	4.971***	0.525***	16.433***	43.675***	0.434*	59.376***	13.291***	0.480*
	(1.119)	(1.131)	(0.179)	(2.174)	(1.435)	(0.232)	(3.209)	(1.224)	(0.192)
AVElag × impor	6.999	-0.823	-0.287	3.180	12.089	-0.099	3.007	1.028	-0.093
	(6.826)	(1.404)	(0.222)	(3.174)	(12.619)	(0.260)	(3.932)	(1.599)	(0.251)
tariff	-0.119***	0.016*	-0.003***	-0.251***	0.095***	-0.008***	-0.153***	0.004***	-0.008***
	(0.006)	(0.008)	(0.001)	(0.005)	(0.004)	(0.001)	(0.002)	(0.001)	(0.000)
企业固定效应	是	是	是	是	是	是	是	是	是
产品-时间固定效应	是	是	是	是	是	是	是	是	是
样本数	16590	18818	18818	70695	92638	92638	339480	786057	786057
R^2	0.641	0.518	0.140	0.440	0.535	0.129	0.518	0.473	0.131

注：括号中的数值表示标准差，*** 表示 1% 的显著性水平，** 表示 5% 的显著性水平，* 表示 10% 的显著性水平。

续表

变量	中等技术产品行业			高技术产品行业		
	number	lnprice	quality	number	lnprice	quality
AVElag	-0.139 ***	0.023 ***	0.023 ***	-0.148 ***	0.008 *	0.020 ***
	(0.013)	(0.010)	(0.001)	(0.022)	(0.002)	(0.002)
size	0.432 ***	0.359 ***	0.050 ***	0.493 ***	0.354 ***	0.045 ***
	(0.005)	(0.004)	(0.001)	(0.009)	(0.007)	(0.001)
AVElag × size	0.152 ***	-0.079 ***	0.003 ***	0.231 ***	-0.089 ***	0.003 ***
	(0.004)	(0.003)	(0.001)	(0.007)	(0.006)	(0.001)
impor	22.074 ***	6.702 ***	0.502 *	62.080 ***	12.868 ***	0.876 ***
	(3.284)	(1.871)	(0.272)	(5.754)	(3.443)	(0.489)
AVElag × impor	6.675	-0.977	-0.144	-19.897	1.711	1.790
	(6.305)	(2.420)	(0.352)	(19.466)	(5.777)	(0.920)
tariff	-0.299 ***	0.005 *	-0.012 ***	-0.574 ***	0.005	-0.020 ***
	(0.005)	(0.003)	(0.000)	(0.013)	(0.007)	(0.001)
企业固定效应	是	是	是	是	是	是
产品 - 时间固定效应	是	是	是	是	是	是
样本数	175860	301804	301804	76500	149489	149489
R^2	0.410	0.472	0.173	0.490	0.490	0.160

注：括号中的数值表示标准差，*** 表示 1% 的显著性水平，** 表示 5% 的显著性水平，* 表示 10% 的显著性水平。

进一步，本节按照企业所有制类型，从国有企业、民营企业和外资企业角度利用非关税措施滞后项进行重新回归，主解释变量和主要控制变量的回归符号和系数与前文保持一致。具体来看，就出口产品种类而言，国有企业受非关税措施滞后项的影响最大，其次为民营企业，外资企业受影响最小，这与前文的结论不一致。笔者认为原因在于，相比国有企业，民营企业和外资企业在市场中更为灵活，更易调整相关产品组合，因此非关税措施对它们的影响主要体现在当期；而国有企业通常体量较大，比较"笨重"，因此非关税措施的滞后项对其影响较大。就出口产品价格和质量而言，同整体样本的回归结果相似，在各所有制类型企业中，非关税措施滞后项的影响比当期更大，特别是产品质量方面。这表明不同所有制类型的企业存在根据上期非关税措施调整本期产品的行为。

按照前文的行业划分，本节利用非关税措施滞后项对各行业出口产品的二元边际进行回归。从相关回归结果来看，利用非关税措施滞后项进行重新回归，主解释变量和主要控制变量的回归符号与显著性也与前文保持一致。具体来看，就出口产品种类而言，低技术产品行业、高等技术产品行业和中技术产品行业受到的负面影响较大，初级产品行业与资源性产品行业受到的影响较小，这与前文结论相同。就出口产品价格和质量而言，非关税措施的滞后项与当期回归结果基本一致。关税变量的回归结果均符合预期，对初级产品行业、资源性产品行业、中等技术产品行业和高技术产品行业出口产品种类的负面影响大于非关税措施滞后项，这一点也与前文结论一致。

三　工具变量法

本节继续采用第五章稳健性检验的工具变量，回归结果以及对工具变量的检验见表 6 - 18。由回归结果可以看出，本书所选择的工具变量均通过了相关检验的临界值水平，说明工具变量较好。由回归结果可以看出，以WTO 特别贸易通报数据库中其他国家对美国提出的 HS - 4 位编码产品的

表6-18 美国非关税措施对中国出口产品二元边际的影响（工具变量法）

变量	整体样本			国有企业			民营企业			外资企业		
	number	lnprice	quality	number	lnprice	quality	number	lnprice	quality	number	lnprice	quality
NTM	-0.132***	0.013***	0.033***	-0.237***	0.007***	0.013***	-0.102***	0.033***	0.021***	-0.144***	0.054***	0.033***
	(0.002)	(0.003)	(0.002)	(0.008)	(0.001)	(0.004)	(0.003)	(0.005)	(0.003)	(0.006)	(0.006)	(0.003)
size	0.756***	0.032***	0.021***	0.144***	0.123***	0.001*	0.456***	0.543***	0.033***	0.467***	0.264***	0.046***
	(0.004)	(0.001)	(0.000)	(0.002)	(0.003)	(0.000)	(0.006)	(0.006)	(0.001)	(0.005)	(0.006)	(0.004)
NTM×size	0.112***	-0.003***	0.004***	0.135***	-0.021***	0.001*	0.247***	-0.211***	0.005***	0.089***	-0.079***	0.002**
	(0.003)	(0.000)	(0.000)	(0.004)	(0.003)	(0.000)	(0.005)	(0.000)	(0.000)	(0.004)	(0.005)	(0.000)
impor	20.146***	0.323***	0.103*	44.689***	11.237***	0.112***	22.369***	23.128***	0.167*	16.752***	7.658***	0.579***
	(1.778)	(0.001)	(0.008)	(9.923)	(1.189)	(0.002)	(4.687)	(6.237)	(0.009)	(4.655)	(1.145)	(0.106)
NTM×impor	6.145	0.543	0.142	0.322	3.896	0.697	-6.318	4.364	-0.495	7.033	1.078	0.133
	(6.178)	(0.333)	(0.143)	(0.932)	(1.444)	(0.864)	(6.178)	(4.268)	(0.543)	(6.021)	(1.881)	(0.120)
tariff	-0.121***	0.003***	-0.004***	-0.088***	0.053***	-0.004***	-0.131***	0.043***	-0.005***	-0.003*	0.004***	-0.004***
	(0.003)	(0.000)	(0.000)	(0.05)	(0.001)	(0.000)	(0.003)	(0.002)	(0.000)	(0.002)	(0.001)	(0.000)
企业固定效应	是	是	是	是	是	是	是	是	是	是	是	是
产品－时间固定效应	是	是	是	是	是	是	是	是	是	是	是	是
Sargan 统计量(P值)	0.131	0.385	0.449	0.550	0.443	0.777	0.195	0.287	0.193	0.219	0.396	0.216
AR(1)	0.005	0.031	0.000	0.003	0.001	0.000	0.001	0.002	0.001	0.002	0.001	0.000
AR(2)	0.372	0.690	0.594	0.970	0.463	0.685	0.955	0.959	0.913	0.710	0.415	0.987
样本数	724640	1375692	1375692	41954	215969	215969	242616	444286	444286	306818	523823	523823

注：括号中的数值表示标准差，*** 表示1%的显著性水平，** 表示5%的显著性水平，* 表示10%的显著性水平。

续表

变量	初级产品行业			资源性产品行业			低技术产品行业		
	number	lnprice	quality	number	lnprice	quality	number	lnprice	quality
NTM	-0.112**	0.032***	0.029***	-0.167***	0.037***	0.012***	-0.256***	0.044***	0.021***
	(0.043)	(0.003)	(0.004)	(0.013)	(0.006)	(0.001)	(0.011)	(0.003)	(0.002)
size	0.336***	0.343***	0.021***	0.567***	0.163***	0.032***	0.896***	0.378***	0.054***
	(0.005)	(0.008)	(0.004)	(0.007)	(0.002)	(0.001)	(0.007)	(0.004)	(0.003)
NTM×size	0.065***	-0.041***	0.002*	0.108***	-0.014***	0.000	0.333***	-0.049*	0.001*
	(0.005)	(0.004)	(0.001)	(0.003)	(0.005)	(0.001)	(0.005)	(0.005)	(0.000)
impor	10.326***	7.891***	0.346***	5.321***	31.278***	0.211*	46.117***	11.246***	0.412*
	(2.147)	(2.131)	(0.110)	(1.166)	(2.430)	(0.004)	(3.796)	(1.265)	(0.001)
NTM×impor	7.868	-0.893	-0.285	6.457	10.663	-0.201	2.108	1.021	-0.096
	(7.815)	(1.332)	(0.231)	(5.998)	(6.549)	(0.230)	(2.932)	(1.47)	(0.123)
tariff	-0.143***	0.015***	-0.004***	-0.045***	0.059***	-0.004***	-0.122***	0.005***	-0.004***
	(0.003)	(0.004)	(0.001)	(0.003)	(0.004)	(0.001)	(0.002)	(0.001)	(0.000)
企业固定效应	是	是	是	是	是	是	是	是	是
产品-时间固定效应	是	是	是	是	是	是	是	是	是
Sargan 统计量（P 值）	0.249	0.169	0.208	0.200	0.346	0.333	0.456	0.548	0.334
AR(1)	0.001	0.002	0.000	0.000	0.000	0.001	0.000	0.000	0.001
AR(2)	0.529	0.621	0.590	0.890	0.398	0.145	0.456	0.365	0.457
样本数	17696	19514	19514	75408	95037	95037	362112	802813	802813

注：括号中的数值表示标准差，*** 表示1%的显著性水平，** 表示5%的显著性水平，* 表示10%的显著性水平。

续表

变量	中等技术产品行业			高技术产品行业		
	number	lnprice	quality	number	lnprice	quality
NTM	-0.214***	0.032***	0.033***	-0.192***	0.033***	0.030***
	(0.011)	(0.005)	(0.002)	(0.006)	(0.005)	(0.005)
size	0.789***	0.378***	0.051***	0.136***	0.145***	0.046***
	(0.006)	(0.005)	(0.003)	(0.003)	(0.002)	(0.003)
NTM×size	0.121***	-0.089***	0.005***	0.446***	-0.046***	0.004***
	(0.003)	(0.006)	(0.001)	(0.009)	(0.003)	(0.001)
impor	6.457***	6.113***	0.135***	45.698***	10.317***	0.137***
	(1.559)	(1.110)	(0.005)	(5.466)	(2.443)	(0.005)
NTM×impor	4.667	-0.782	-0.118	-10.785	3.711	1.432
	(6.301)	(0.460)	(0.109)	(6.318)	(5.777)	(0.874)
tariff	-0.144**	0.006**	-0.005***	-0.477***	0.006*	-0.005***
	(0.007)	(0.003)	(0.000)	(0.012)	(0.003)	(0.001)
企业固定效应	是	是	是	是	是	是
产品-时间固定效应	是	是	是	是	是	是
Sargan 统计量（P 值）	0.134	0.204	0.187	0.298	0.198	0.188
AR(1)	0.001	0.001	0.001	0.000	0.000	0.000
AR(2)	0.203	0.256	0.247	0.566	0.754	0.621
样本数	187584	306074	306074	81600	152051	152051

注：括号中的数值表示标准差，***表示 1% 的显著性水平，**表示 5% 的显著性水平，*表示 10% 的显著性水平。

SPS 措施和 TBT 措施通报数量为替代的非关税措施变量对中国企业出口产品种类、价格和质量的影响依然显著，且规模较大的企业可以克服其负面影响。企业重要性变量与非关税措施变量的交互项系数均不显著，表明美国所实施的非关税措施并没有针对中国特定企业。关税措施变量的回归结果也与前文结论相符。整体来看，回归结果与前文模型一致，再次证明了本书实证结论的稳健性。

本章小结

非关税措施除了对出口企业层面二元边际有明显影响，是否进一步影响企业出口产品层面的二元边际？以 SPS 措施和 TBT 措施为主的美国非关税措施是否会通过增加企业合规成本而影响企业出口产品的价格？标准型非关税措施的实施是否会在一定程度上提高出口产品质量？本章利用实证模型，对以上问题进行一一检验，得到的主要结论如下。

第一，利用微观层面的企业样本及相关出口产品对上述问题进行回归分析，实证结果显示，美国实施的非关税措施显著减少了中国企业出口产品种类，显著提高了中国出口至美国产品的价格，并在一定程度上提高了中国出口至美国的产品质量。异质性企业理论成立，且美国实施的非关税措施并没有针对中国特定企业；非关税措施对企业产品层面二元边际的影响超过传统关税措施。进一步，本章从企业所有制类型、企业所属行业以及企业生产产品用途三个方面进行异质性分析，实证结果依然稳健。为了检验本书实证结果是否受到 2008 年金融危机的影响，本书将样本区间分为金融危机前（2001～2007 年）和金融危机后（2008～2014 年），并分别对两个样本区间进行回归，实证结果与前文保持一致。为了克服实证模型中可能存在的内生性对实证结果的影响，本书首先利用非关税措施的滞后项对原实证模型进行回归，其次利用工具变量法，选取 WTO 特别贸易数据库中其他国家对美国提出的 HS－4 位编码产品的 SPS 措施和 TBT 措施通报数量作为非关税措施的工具变量，对原实证模型进行重新回归，两种方法的实证结果均与前文保持一致，证明了本章实证结果的稳健性。

第二，将样本企业按照企业所有制类型划分为国有企业、民营企业和外资企业，分别对以上问题进行回归。实证发现，就不同所有制类型企业的出口产品种类而言，民营企业受非关税措施的负面影响最大，其次为外资企业，国有企业受到的影响最小。民营企业由于体量小，一方面难以应对非关税措施带来的成本提升，另一方面也得益于体量小，可以快速调整出口产品组合。就企业出口产品价格来说，面对非关税措施时，外资企业更倾向于提高价格，转嫁成本。外资企业由于涉及外资投入，因此对出口国的贸易措施变动更为敏感，且外资企业多为大型跨国公司，更易受到政策波动影响。就企业出口产品质量而言，非关税措施仅对民营企业的出口产品质量有显著的正向促进作用。一方面，国有企业是早期中国出口额快速增长的主要贡献力量之一，也是较多得到国内补贴和扶植的企业，因此出口产品的质量已达到了较高的标准；外资企业也是如此，由于涉及外资和技术投入，外资企业的相关产品相比民营企业的产品具有更高的质量，因此非关税措施对其出口产品质量的提升作用有限。另一方面，民营企业可以说是"后起之秀"，对中国出口额的贡献也主要是在 2008 年金融危机后才逐渐提升；而 2008 年后美国针对中国的非关税措施特别是 SPS 措施和 TBT 措施快速增加。在这一过程中，民营企业想要开拓市场就必须提高自身产品质量。

第三，将企业所属行业按出口产品划分为初级产品行业、资源性产品行业、低技术产品行业、中等技术行业和高技术产品行业。就不同行业出口产品种类而言，低技术产品行业受到的负面影响最大，其次为高技术产品行业，再次为中等技术产品行业，初级产品行业和资源性产品行业受到的负面影响相当。这主要是因为中美两国之间产品标准差距较大，而非关税措施对产品标准和生产流程的规定对低技术产品的影响较大，对初级产品行业和资源性产品行业影响较小。原因在于，一方面初级产品和资源性产品包括消费者以及国家经济发展所必需的相关产品；另一方面，美国是中国出口的初级产品和资源性产品的主要消费国。就企业出口产品价格而言，高技术产品行业、初级产品行业受到的影响较大，其次为低技术产品行业和中等技术产品行业，最后为资源性产品行业。原因在于，对高技术产品行业，由于产品单位价格高，任何有关产品标准及生产流程的非关税措施变动都会导致高技术产品生产成本的大幅增加，进而推高其价格；对初级产品行业而言，由于涉及农产品较多，极易受政策带来的成本变化影响，从而提高出口价格；对资源性产品行业而言，其出口规模通常较大，且美国是我国出口的资源性产品的主要消费国，因此其价格不易受美国非关税措施的影响。就企业出口产品的质量而言，初级产品行业受到的影响最大，其次为低技术产品行业，中等技术产品行业和高技术产品行业受到的影响相当，资源性产品行业受到的影响最小。对初级产品行业而言，由于涉及的农产品较多，因此以 SPS 措施为主的非关税措施提高了出口产品质量。

第四，将样本企业出口产品按照用途分为资本品、中间品和消费品。就企业出口产品种类而言，消费品受到非关税措施的负面影响最大，中间品次之，资本品最小。而关税措施对中间品和资本品的产品种类有较大的负面影响。一方面，TBT 措施、"双反"措施和 SPS 措施是美国对中国实施的 3 种主要非关税措施，这些措施或对最终消费品的标准等做出规定，或对相关产品直接提起"双反"调查，因此消费品受影响最大。另一方面，资本品和中间品产品种类的减少不利于中美两国在全球价值链背景下的产业升级。对于美国来说，由于市场力量强，对中国出口中间品的需求可以进一步转移至其他国家，这会造成中国出口中间品相关企业的被动。

就企业出口产品价格而言，消费品出口价格受非关税措施的影响较大，资本品和中间品受非关税措施的影响相当。同前文类似，非关税措施的主要实施对象为最终消费品，因此出口企业需要支付更多的成本以满足美国的进口要求，自然消费品价格受影响最大。对于资本品和中间品来说，尽管面对的非关税措施数量较少，但非关税措施仍显著提高了其出口产品价格。而美国对相关产品的进口需求弹性大于中国，这使得美国对中国相关产品的需求减少，不利于中国企业出口相关产品。就出口产品质量而言，消费品受到的正面影响最大，中间品与资本品受到的影响相当。对于消费品来说，非关税措施多针对最终消费品的标准等做出规定，从而提高了其产品质量，而大部分资本品和中间品均是生产最终消费品的投入品，因此受到非关税措施的影响较小。整体来看，非关税措施存在对不同用途产品质量的"倒逼"效应。不同于关税措施，标准型非关税措施对中国出口产品的质量均有显著提高，因此应客观看待并有效合理利用标准型的非关税措施。

第五，稳健性检验发现，美国实施的非关税措施在金融危机后（2008～2014年）限制程度更高，对各类型企业出口产品种类、产品价格和产品质量的影响均大于金融危机前（2001～2007年）。采用非关税措施滞后项的回归发现，非关税措施对企业出口产品层面的二元边际同样存在时滞效应。就具体行业而言，低技术产品行业和高技术产品行业容易受到非关税措施滞后项的影响；就所有制类型而言，国有企业受到非关税措施的负面影响最大。

综上所述，本章在企业层面二元边际的基础上，进一步利用实证模型分析了非关税措施对产品层面二元边际的影响，并考察了非关税措施对企业出口产品种类、价格和质量的影响。本章与第五章企业层面的实证分析共同构成非关税措施对中国企业出口影响的完整分析，相关实证结果以及稳健性检验均证实了本书的理论假说。

7 结论与政策建议

自 1978 年改革开放、1992 年社会主义市场经济体制确立以来，尤其是 2001 年加入 WTO 以来，中国出口占世界市场的份额持续增长。美国是中国最大的出口贸易伙伴，中美两国之间双边贸易额也得到快速增长。但中国出口的快速增长难以掩盖存在的危机，2008 年金融危机后，以美国为首的发达国家挥舞贸易保护主义大旗，中国出口增速也出现下滑。2018 年后，美国以"贸易逆差"和"不公平贸易政策"为由，对中国挑起贸易摩擦，对中国出口至美国的相关产品施加高额关税。伴随着全球贸易保护主义的兴起，传统贸易政策如关税等已不再是影响双边贸易的主要因素，非关税措施随着其数量的增长日益成为当下贸易保护主义的政策选择，并对微观企业主体的出口增长产生巨大影响。本章在总结本书实证分析结论的基础上，结合中国贸易发展现状，有针对性地提出相关政策建议。

第一节　主要结论

不同于传统关税措施，非关税措施由于其"合法性"和"隐蔽性"，使用时通常不会受到限制或主动公开，这就造成企业出口产品在面临进口国非关税措施时需要承担额外的应对成本。以 SPS 措施和 TBT 措施为主的美国非关税措施对美国进口产品标准、生产流程等做出规定，使得出口企业只有在符合美国国内相关规定的情况下才能出口产品至美国。因此，"成本增加型"的非关税措施通过提高企业合规成本对出口企业以及产品出口造成影响。本书在新新贸易理论的基础上，从贸易二元边际的视角切入，研究美国实施的非关税措施如何影响中国出口企业层面二元边际以及产品层面二元边际，为从微观企业视角考察非关税措施的影响以及应对中美贸易摩擦提供参考。

本书的主要结论如下。

第一，面对非关税措施数量的快速增加，以新新贸易理论为基础的贸易二元边际研究多为考察贸易成本对二元边际的影响，这些研究忽视了"成本增加型"非关税措施对二元边际的影响。此外，面对以 SPS 措施和 TBT 措施等标准型措施为主的非关税措施，贸易二元边际的研究需要从已有文献中的企业层面和产品层面，扩展包括产品价格和产品质量在内的变化。因此，本书以新新贸易理论为基础，在 Melitz（2003）、Helpman 等（2008）理论模型的基础上，构建非关税措施对企业层面出口二元边际以及产品层面出口二元边际的理论模型，发现非关税措施对企业进入市场和出口额有负面影响，对企业退出市场有促进作用，对出口产品种类有负面影响，提高了出口产品价格并在一定程度上提高了出口产品质量。

第二，非关税措施的变化贯穿于 WTO 各轮谈判，从最初的数量型措施转变为当下的标准型措施。2008 年金融危机后，诸如"双反"调查等临时性贸易保护政策成为非关税措施的重要组成部分，美国非关税措施也同样呈现这一趋势。对中国出口的二元边际进行分解发现，多产品、多市场企业是中国出口快速增长的主要力量，且中国出口增长主要沿集约边际实现而非扩展边际，金融危机等外部经济冲击对中国不同类型企业的二元边际存在差异化影响。从非关税措施所涉及的产品分布以及中国各类型企业出口产品分布来看，美国对中国实施的非关税措施对中国出口企业覆盖广、影响深，且存在明显的行业效应和企业类型效应。

第三，为了验证理论假设，本书参考 Kee 等（2008）的文献，采用更为合理的样本数据，建立实证模型，在有效处理模型内生性问题的基础上，测算进口需求弹性；在此基础上，利用"流量法"以 AVE（从价等价物）的形式对 2001～2015 年美国实施的各类非关税措施进行量化，为考察非关税措施对企业出口二元边际的影响打下基础。测算发现，进口需求弹性与 GDP 存在明显的正向关系，GDP 水平越高，进口需求弹性越大。从部门视角看，农业部门进口需求弹性大于制造业部门。就中美两国而言，美国在多数产品类别下的进口需求弹性均大于中国。就非关税措施而言，非关税措施 AVE 呈现随时间而不断上升的趋势，即限制程度逐渐增加。与进口需求弹性类似，高收入国家和中高收入国家的非关税措施 AVE 较高，农产品部门的非关税措施 AVE 较高。

第四，利用高维度固定效应模型对中国对美出口企业的相关样本进行实证回归。实证结果显示，美国非关税措施显著降低了中国企业进入美国市场的概率，显著增加了中国企业退出美国市场的概率，显著降低了中国企业对美出口额。将企业按照地区、行业和所有制类型划分，发现非关税措施存在差异化的影响。就企业分布地区而言，东部地区企业受影响最大，中部企业次之，西部企业最小；就行业分布而言，低技术产品行业、中等技术产品行业和高技术产品行业受影响较大，初级产品行业和资源性产品行业受影响较小；就企业所有制类型而言，外资企业受到的影响最大，民营企业次之，国有企业受影响最小。为检验本书结论是否受到金融危机的影响，本书将样本区间分为金融危机前（2001～2007 年）和金融危机后（2008～2014 年）。实证结果显示，本书模型的结论稳健，但金融危机后，美国非关税措施的限制程度更高，对企业层面二元边际的影响超过金融危机前。为避免模型内生性造成的估计偏误，本书进一步使用非关税措施滞后项和工具变量法对实证模型进行重新估计，相关结果证实了结论的稳健性。

第五，从传统贸易二元边际出发，本书进一步考虑美国实施的非关税措施对产品层面二元边际的影响。其中扩展边际为企业出口产品种类，对于集约边际，不同于传统文献中将集约边际定义为产品贸易额，本书扩展了其概念，将集约边际定义为产品价格和质量的变动。非关税措施一方面增加了企业应对成本，另一方面对产品标准和生产流程做出规定，从而给产品价格和质量带来影响。利用相关实证模型，本书发现，美国实施的非关税措施显著降低了中国企业出口至美国的产品种类，显著提升了中国出口至美国的产品价格，并在一定程度上提高了中国出口至美国的产品质量。这一研究发现拓展了以往文献的结果：第一，由于美国对多数产品的进口需求弹性大于中国，因此中国出口至美国的产品价格提升将导致美国对中国所出口产品的需求降低；第二，对美国实施的非关税措施要客观全面看待，不同于关税措施，非关税措施对一些产品的质量的确有提高作用，这也有助于中国相关产品的升级。同企业层面的实证相似，本书将样本按照企业所有制类型和行业划分，并从产品用途的角度分别进行回归。结果显示，从产品层面二元边际来看，民营企业、低技术产品行业和消费品受到的负面影响最大。将样本区间按照金融危机前后划分，金融危机后的非关税措施负面影响较大，这与企业层面实证结果一致。

第二节　政策建议

面对美国实施的非关税措施，我们要客观对待。一方面要认识到自身与美国在标准、技术水平等方面的差距；另一方面，要区别对待，对诸如"双反"调查等临时性贸易保护措施要有效应对。这主要依赖于国家、行业和企业三个层面的工作。从国家层面来看，要加强学习，建立完备的非关税措施应对和实施体制；从行业层面来看，要警惕美国实施的非关税措施对不同行业的差异化影响；从企业来看，要加深对美国非关税措施的认知，增强意识，提高自身技术水平。

一　建立完备的非关税措施预警及防控体系，促进外贸提质增速

从国家层面看，中国应掌握和运用 WTO 规则，特别是 WTO 中《SPS协定》和《TBT 协定》等非关税措施的规则及应对机制。一方面，美国实施的非关税措施中，SPS 措施与 TBT 措施占比较高；另一方面，从WTO 特别贸易通报数据库的相关数据可以看出，中国无论是自身提出贸易通报的数量还是受到其他国家提出的贸易通报数量均比较少。这反映出，第一，中国没有有效利用 WTO 关于非关税措施专门设立的应对机

制；第二，中国没有完备的非关税措施体系，所实施的 TBT 措施和 SPS 措施未对进口产品产生实质性的影响。由本书实证结果可知，美国实施的非关税措施在对中国出口企业和产品产生负面影响的同时，也对中国出口产品质量的提高有一定促进作用。因此，中国应在清晰研判美国非关税措施效应的基础上，对其区别对待，有效利用相关措施，实现外贸提质增速。

第一，熟悉国际规则，强化法律意识。中国应熟练掌握和运用 WTO 有关非关税措施的规则，减少进入国际市场的盲目性，学会运用规则保护自身合法权益，最大限度减少美国非关税措施对中国出口贸易的负面影响。首先，要积极促进国内标准与国外先进标准的对接工作，尽量以国际通行标准或国际高标准为基础制定国内相关产品的标准。当前我国产品标准鱼龙混杂，包括国家强制标准、地方政府单独设定的标准、行业标准、企业标准等，这增加了企业的应对成本，不利于企业效率的提升。中国应通过对国际标准的学习，建立有效推进机制，在部分产品领域，及时向国际标准靠拢；短期内不能采用的，要建立推进机制，最终达到与国际标准的接轨。其次，要加强对国际贸易政策和法律法规的学习，培养熟练掌握国际规则、WTO 争端解决机制特别是主要贸易伙伴国有关贸易政策、法律的专业人才，提高应对能力。非关税措施由来已久，在可预见的未来，其数量还会持续增长。因此，有效应对非关税措施是一项长期而艰难的工作，政策水平要求高，技术性强，涉及行业部门广。最后，要有效利用 WTO 以及相关贸易伙伴国已有的非关税措施争端解决机制。在受到负面影响时，要在 WTO 框架下积极提出通报。WTO 特别贸易通报机制规定，在一国对另一国的 TBT 措施或 SPS 措施提出通报时，这些措施将被暂缓实施，直到这些措施的具体含义或执行情况得到详细解释。因此，政府与企业要建立有效的沟通机制，企业在受到相关措施影响时，要积极向政府部门反映，政府部门则应主动及时地在相关框架下进行沟通解决。对损害我国利益的，无论是企业还是政府都要敢于提出法律诉求。2019 年 3 月 7 日，中国华为公司针对美国根据"889"条款而对其产品发布禁售令提起诉讼，为中国企业树立了榜样①。

第二，建立完备的非关税措施应对及预警机制。世界银行 2013 年的一项调查显示，中国企业对出口对象国非关税措施的了解程度低于 30%，即只有不超过 30% 的企业在出口产品时对出口对象国的非关税措施有清晰的了解②。信息不通畅、不透明是中国出口企业有效应对非关税措施的最大阻碍。非关税措施具有隐蔽性的特点，一些国家对于本国实施的非关税措施不会主动公开，这使得企业只有在出口产品时才发现受到阻碍，应对时间和成本都大大增加。因此，要建立完备的非关税措施应对体系。目前我国已经意识到建立相关非关税措施预警机制的重要性，并组织专门部门负责 TBT 措施的信息收集和分析整理工作，建立了 TBT 信息中心和数据库。但笔者查看该数据库后发现，该数据库存在信息收集不完整、不及时和不准确等问题。首先，非关税措施不仅包括 TBT 措施，SPS 措施以及美国针对中国实施的"双反"措施均是其中的主要类别。目前中国缺乏对于 SPS 措施的有效搜集，"双反"措施则是由商务部负责整理和对外公布，相关措施搜集部门分散，缺乏效率，有必要建立统一的部门，对所有类别的非关税措施进行有效及时的搜集和整理。其次，目前 TBT 信息中心和数据库缺乏对 TBT 措施的细致分类。在 MAST 分类下，TBT 措施大类包括细分的 9 个类别，分别针对产品生产、标注等，而目前 TBT 信息中心和数据库缺乏对 TBT 措施的有效分类，不利于企业应对。最后，在 WTO 框架下，非关税措施的实施是得到允许的，这使得当下各国对非关

---

① 《华为起诉美国政府销售限制法案违宪》，https：//www.huawei.com/cn/press - events/news/2019/3/Huawei - Sues - the - US - Government？from = groupmessage& isappinstalled = 0。

② "World Bank Group Enterprise Surveys：China，2012"，http：//www. enterprise surveys. org/ ~ / media/GIAWB/EnterpriseSurveys/Documents/Profiles/English/China - 2012. pdf。

税措施的使用频繁而多变。因此，非关税措施的预警机制就显得尤为必要。在搜集相关措施的过程中，不应只关注出台的非关税措施，还应当对贸易伙伴国议会或者法律制定机构正在讨论或正在制定中的相关措施加以关注，为企业出口提供完善的事前服务，稳定企业出口预期。

第三，有效利用非关税措施，促进外贸提质增效。本书的实证结果显示，美国实施的非关税措施在一定程度上可以提高中国出口产品的质量。因此我国可以有效利用美国非关税措施对中国出口产品质量的"倒逼"效应，提高出口产品质量，实现外贸提质增速。在当前国际贸易竞争中，产品的质量是焦点。长期以来，中国国际贸易的快速发展主要依靠集约边际，即利用劳动力优势，扩大出口规模，降低产品价格。低附加值产品的大量出口不仅是对资源的浪费，而且难以适应当下国际市场以质取胜的竞争机制。本书的实证结果显示，美国实施的非关税措施提高了中国企业的应对成本，进而造成出口产品价格的提升。因此，在当前中国经济增速放缓、劳动力优势丧失、出口产品价格上升的情况下，旧的贸易发展路径已经走不通，而推进对外贸易领域的供给侧改革，实现外贸提质增速是较为可行的路径。首先，要在完善搜集非关税措施的基础上，对不同类别非关税措施的影响进行分析，区分哪些非关税措施可以有效促进产品质量的提升、哪些措施的负面影响较大。非关税措施中 SPS 措施和 TBT 措施通常对产品的生产标准等做出规定，这些措施通常可以对产品质量的提升起到促进作用，但不能对此采取"一刀切"的模式，对 SPS 措施和 TBT 措施要细致研判。其次，在有效研判非关税措施对产品质量影响的基础上，要有效利用相关措施。具体来说，一是要以市场为导向，优化我国出口产品结构，实现外贸由粗放型向集约化的转变。对于有利于资本技术密集型产品、高技术产品以及高附加值的机电设备产品质量提升的相关措施，要以"欢迎"的态度积极推进。特别是对中国未来经济发展至关重要的新技术、新产品，例如 5G 等，要积极关注相关非关税措施，从中寻找发展趋势，有效引导国内相关企业的发展方向。二是以企业为导向，在有效利用非关税措施的基础上，不能影响企业自身的健康发展，盲目推进相关非关税措施，增加企业应对成本，以免产生适得其反的效果。要建立有效推进机制，对技术实力较强或能够在增加科研投入后提高产品质量的相关企业，要减少束缚；对技术实力一般的企业，要提供优惠政策，激励企业自主创新；对技术实力较弱的企业，要敢于放弃，打造拥有核心技术的重点出口产品，提高出口产品的档次和竞争力。

第四，促进区域经济平衡发展，构筑产业集群，大力发展出口基地。本书将样本企业分为东部地区企业、中部地区企业和西部地区企业，发现美国实施的非关税措施对不同区域的出口企业二元边际的影响存在差异。东部地区经济发展程度较高，出口企业对进口国贸易政策的变动更为敏感，美国实施的非关税措施对其进入市场的负面影响较大；同时，东部地区和中部地区企业出口产品种类多、贸易额高，美国的非关税措施对其出口额的负面影响较大。因此，中国可以有效利用不同地区出口产品的差异性，提升西部地区的出口产品种类和技术水平，减少美国非关税措施对东部地区企业的负面影响。中西部地区一方面可以利用土地、简化投资等一系列的优惠条件，吸引相关企业转移至当地发展；另一方面，中西部地区可以积极利用新技术和新业态，利用"网络＋"战略，提升当地企业的技术水平，激发当地企业的创新动力，缩小与东部地区企业的差距。

二 提高技术创新能力，提升高技术产品行业应对能力

从企业所属行业的回归结果来看，低技术产品行业、初级产品行业和高技术产品行业无论在企业层面的二元边际还是产品层面的二元边际，都易受到美国非关税措施的负面影响。此外，传统关税措施对高技术产品行业同样存在较为显著的负面影响。高技术产品行业是我国提高经济发展质量的核心行业，而技术的创新并不是一蹴而就，需要长时间基础研究的积

累。隐蔽的非关税措施对我国这些产品行业发展的影响不容忽视。

第一，对于各行业进入和退出市场而言，本书的回归结果显示中等技术产品行业受到的负面影响并不大，低技术产品行业受到的负面影响较大。而本书样本构成中，低技术产品行业的企业占比较高。因此，从这一角度而言，我国应首先着力推动低技术产品行业提质增效。由于低技术产品占我国出口产品的比重较高，因此低技术产品出口规模的大小在一定程度上决定了我国出口的情况。对此，我国一方面要认识到低技术产品的内在属性决定了其提质增效是一个漫长的过程，要避免"一窝蜂"地堆积优惠政策，或强制其在短时间内达到某一标准；另一方面要合理利用非关税措施。既然美国实施的非关税措施对中国低技术产品进入市场有明显抑制效果，那么中国也可以通过实施一定的非关税措施来保护相关行业。目前中国行业内的非关税措施多以补贴为主，非关税措施类型少，且补贴会导致企业创新能力低下，反而不利于提质增效。因此我国需要对各类型非关税措施对本国行业或产业的影响进行研判，要既能够对冲美国非关税措施的负面影响，又能够有效帮助国内相关行业或产业提升技术水平。此外，美国关税措施对中等技术产品行业和高技术产品行业的负面影响也不容忽视，因此中国要特别注意高关税对这些行业的影响。一方面以推进自贸区战略为契机，降低出口关税；另一方面需要在自贸协定的签订中，通过对技术标准的互相认可或互相协调来减少非关税措施对相关行业的影响。在中国目前签订并生效的 17 个自贸协定中，仅有一半设置了 TBT 措施的单独章节，并提到加强双方在技术法规、标准和合格评定程序方面的互相认可和协调。在未来中国推进自贸区战略的进程中，除强调关税等的削减，还应注重非关税措施特别是 SPS 措施、TBT 措施以及环境保护措施等相关内容的完善。

第二，对于各行业产品层面二元边际而言，我国政府需要积极引导相关行业内企业积极培育核心产品，扩展出口产品种类，并警惕高额关税措施对高技术产品行业的影响。本书实证结果显示，美国实施的非关税措施对我国各行业出口产品种类均有显著的负面影响。换句话说，我国各行业的企业面对美国的非关税措施时都存在减少出口产品种类、专注核心产品的行为。对于我国政府来说，既要引导行业内企业积极培育核心产品，把核心产品做好做强做大，将核心产品作为企业安身立命之本，同时也要鼓励企业在此基础上积极扩展出口产品种类，分散非关税措施带来的风险。但仍要注意，政策的实施要张弛有度，引导企业理性发展。例如我国光伏产业的发展，政府对光伏行业不正当的干预导致相关企业盲目投入，甚至置企业自身核心产品于不顾。这不仅浪费了资本资源，还降低了行业的天然创新动能。对于高技术产品行业而言，由于中国高技术产品数量较少，高技术产品行业并不成熟，因此关税措施和非关税措施均对其有明显的负面影响。但高技术产品行业是我国未来经济发展的核心动能，尽管容易受到贸易政策的影响，但仍需要政府加大扶持力度，增加对其基础研究的投入，通过吸引人才等全方位的政策推动高技术产品行业的发展。

三 增强企业活力，推动国企改革，以企业为主体应对非关税措施

企业是市场的主体，自 2001 年中国加入 WTO 以来，中国出口企业也面临着不断增长的发展机遇和挑战。面对非关税措施，作为国际贸易活动直接参与者的企业有着更为深切的体会。本书实证结果发现，美国实施的非关税措施对不同所有制类型企业的二元边际有差异化的影响。因此对于我国不同类型的企业来说，因地制宜，有针对性地实施相关政策，才能将非关税措施对企业的影响降至最低。

对不同所有制类别的企业出口来说，尽管其二元边际受非关税措施的影响不同，但仍有一些方面需要所有类别的企业加以关注。首先，出口企业需要增强对非关税措施的认识，加强对国外新技术的研究。出口企业在出口产品前应对出口对象国的非关税措施进行详细了解，在掌握目标市场基本情况以及自身出口产品特点后，努力寻求消除或减少非关税措施负面

影响的方法。此外，企业要建立预警机制，若出口产品受到非关税措施的影响，企业要对 WTO 规则或对象国法律有清晰的了解，在规则范围内依靠法律维护自身权益。

其次，企业要以创新为本，加大创新力度。非关税措施本质上仍是对出口产品的限制性措施，因此只有当自身出口产品的技术水平较高，非关税措施对其影响才能减小。

再次，企业要重视优化出口产品结构，提高管理水平，对自身产品积极实施认证，为产品顺利进入国际市场打下基础。本书实证结果显示，不同所有制类型企业在面对美国非关税措施时的进入与退出决策均有不同。民营企业和外资企业由于管理更加灵活，容易做出调整；而国有企业则普遍存在管理层级臃肿、人员工作效率低下等问题，这势必造成决策程序烦琐、对市场反应迟钝。因此，企业需要在打造自身核心出口产品的基础上，扩展第二核心甚至第三核心产品，并提高企业的管理能力。在此基础上，我国应鼓励一些企业积极认证产品，包括美国 UL 标准、欧盟相关标准以及 ISO 等标准，要认识到得到这些标准的认证是企业产品进入国际市场的"敲门砖"。

最后，非关税措施主要针对产品实施，因此，实力较强的企业可以以对外直接投资（FDI）代替出口，通过直接投资的方式进入目的地国家，同时也可以实现本国企业与国外企业的合作。

对国有企业而言，要着力解决三方面的问题。一是优化国有企业出口产品结构。从本书第三章出口企业现状分析中可以看出，国有企业的出口产品虽然覆盖了全部产品章节，但仍集中于能源、化工、机电设备等传统产业，这些产业也是美国非关税措施主要涉及的。对于当前的先进技术，如人工智能、互联网、大数据以及 5G 等，国有企业参与减少。因此，我国国有企业需要加快产业调整，积极妥善处理"僵尸企业"。二是提高企业运行效率，在国有企业中引入职业经理人制度，压缩管理层级，精简管理机构。国有企业运行管理效率的提升，能增强其对市场的敏感程度。三是我国政府需稳步推进国有企业混合所有制改革，通过引入多种所有制资本，完善国有企业管理制度。通过混合所有制改革，国有企业可以引入更具市场活力的民营企业，增强国有企业对于贸易伙伴国贸易政策变动的感应度。

对民营企业和外资企业而言，我国政府要着力优化营商环境。2008年金融危机后，民营企业成为中国出口复苏的主要力量。在国内经济发展方面，民营企业和外资企业的重要性不言而喻。在 2018 年中美贸易摩擦、国内经济增速下滑以及政策调整的交替影响下，民营企业和外资企业发展并不顺利，随后我国政府迅速采取了金融、减税等一系列的政策组合。对于外资企业而言，要建立良好的投资环境。2019 年 3 月"两会"通过的《外商投资法》以及准入前国民待遇和负面清单制度的实施，对外资企业来说都是利好。民营企业和外资企业具备现代化的企业管理经验，创新能力较强，对市场较为敏感，对非关税措施带来的负面影响可以有效应对。因此，对于我国政府来说，要做的就是为这些企业创造良好的外部环境。

参考文献

鲍晓华、朱达明：《技术性贸易措施与出口的边际效应——基于产业贸易流量的检验》，《经济学》（季刊）2014 年第 4 期。

鲍晓华、朱钟棣：《贸易政治经济学在中国的适用性检验：以技术性贸易措施为例》，《管理世界》2006 年第 1 期。

鲍晓华：《反倾销措施的贸易救济效果评估》，《经济研究》2007 年第 2 期。

崔凡、邓兴华：《异质性企业贸易理论的发展综述》，《世界经济》2014 年第 6 期。

顾振华、沈瑶：《中国进口需求弹性的再计算》，《国际贸易问题》2016 年第 4 期。

匡增杰：《从技术性贸易措施的作用机制谈我国出口行业的对策》，《国际商务研究》2004 年第 4 期。

兰宜生、徐小锋：《关税对中国产业全球价值链参与度的影响机制——基于中介效应的实证研究》，《财经科学》2019 年第 1 期。

李春顶：《中国出口企业是否存在"生产率悖论"——基于中国制造业企业数据的检验》，《世界经济》2010 年第 7 期。

李群：《新贸易理论文献回顾和述评》，《产业经济研究》2002 年第 1 期。

李斯特：《政治经济学的国民体系》，商务印书馆，1961。

林发勤、崔凡：《克鲁格曼新贸易理论及其发展评析》，《经济学动态》2008 年第 12 期。

刘瑶、王荣艳：《技术性贸易措施的保护效应研究——基于"南北贸易"的 MQS 分析》，《世界经济研究》2010 年第 7 期。

罗佳、张敏：《技术性贸易措施对我国出口贸易的影响原因及应对措施》，《商场现代化》2007 年第 4 期。

马涛、刘仕国：《产品内分工下中国进口结构与增长的二元边际——

基于引力模型的动态面板数据分析》，《南开经济研究》2010 年第 4 期。

毛其淋、盛斌：《贸易自由化、企业异质性与出口动态——来自中国微观企业数据的证据》，《管理世界》2013 年第 3 期。

倪红福、龚六堂、陈湘杰：《全球价值链中的关税成本效应分析——兼论中美贸易摩擦的价格效应和福利效应》，《数量经济技术经济研究》2018 年第 8 期。

聂辉华、江艇、杨汝岱：《中国工业企业数据库的使用现状和潜在问题》，《世界经济》2012 年第 5 期。

钱学锋、熊平：《中国出口增长的二元边际及其因素决定：经验研究》，《经济研究》2010 年第 1 期。

秦臻、祁春节：《技术性贸易措施对中国出口影响的实证分析——以技术性贸易措施对中国园艺产品出口影响为例》，《国际贸易问题》2008 年第 10 期。

邱斌、闫志俊：《异质性出口固定成本、生产率与企业出口决策》，《经济研究》2015 年第 9 期。

商务部国际贸易经济合作研究院课题组、陆燕：《非关税措施的新发展与我国的应对研究》，《经济研究参考》2006 年第 2 期。

盛斌、钱学锋、黄玖立等：《入世十年转型：中国对外贸易发展的回顾与前瞻》，《国际经济评论》2011 年第 3 期。

施炳展、王有鑫、李坤望：《中国出口产品品质测度及其决定因素》，《世界经济》2013 年第 9 期。

施炳展：《中国出口增长的三元边际》，《经济学（季刊）》，2010 年第 9 期。

苏理梅、彭冬冬、兰宜生：《贸易自由化是如何影响我国出口产品质量的？——基于贸易政策不确定性下降的视角》，《财经研究》2016 年第 4 期。

孙晓琴、吴勇：《技术性贸易措施对中国产业竞争力中长期影响的实证分析——基于四大行业的比较研究》，《国际贸易问题》2006 年第 5 期。

田巍、余淼杰：《企业出口强度与进口中间品贸易自由化：来自中国企业的实证研究》，《管理世界》2013 年第 1 期。

佟家栋、王艳：《国际贸易政策的发展、演变及其启示》，《南开学报（哲学社会科学版）》2002 年第 5 期。

佟家栋：《国际贸易理论的发展及其阶段划分》，《世界经济文汇》2001 年第 6 期。

万璐、王颖：《贸易增长二元边际的演化与检验：一个文献综述》，《国际经贸探索》2012 年第 5 期。

王海军：《新新贸易理论综述、发展与启示》，《经济问题探索》2009 年第 12 期。

王淑琴：《技术性贸易措施对我国出口的影响与对策》，《安徽工业大学学报》（社会科学版）2006 年第 12 期。

王孝松、施炳展、谢申祥等：《贸易壁垒如何影响了中国的出口边际？——以反倾销为例的经验研究》，《经济研究》2014 年第 11 期。

肖智、韦诗韵、石书生：《技术性贸易措施对我国出口贸易的影响——基于与传统因素的比较研究》，《科技管理研究》2011 年第 7 期。

徐维、贾金荣：《技术性贸易措施对我国农产品出口的影响——基于引力模型的实证研究》，《中国经济问题》2011 年第 2 期。

阳佳余：《融资约束与企业出口行为：基于工业企业数据的经验研究》，《经济学》（季刊）2012 年第 4 期。

杨小凯、张永生：《新贸易理论、比较利益理论及其经验研究的新成果：文献综述》，《经济学》（季刊）2001 年第 1 期。

杨艳红：《WTO 制度、贸易不对称与国外对华反倾销——部分国家和地区对华反倾销调查的实证分析》，《数量经济技术经济研究》2009 年第 2 期。

姚志毅：《技术贸易壁垒对出口贸易的影响：中国的检验》，《河北经贸大学学报》2009 年第 2 期。

易靖韬：《企业异质性、市场进入成本、技术溢出效应与出口参与决定》，《经济研究》2009 年第 9 期。

于洪霞、龚六堂、陈玉宇：《出口固定成本融资约束与企业出口行为》，《经济研究》2011 年第 1 期。

余淼杰：《加工贸易、企业生产率和关税减免》，《经济学》（季刊）2011 年第 4 期。

余振、周冰惠、谢旭斌等：《参与全球价值链重构与中美贸易摩擦》，《中国工业经济》2018 年第 7 期。

约翰·梅纳德·凯恩斯：《就业、利息和货币通论》，中国商业出版社，2009。

张彬、葛伟：《总投资和未来收益率的长期关系及影响机制——基于贝叶斯估计方法的实证分析》，《经济理论与经济管理》2017 年第 7 期。

张二震、戴翔：《全球贸易保护主义新趋势》，《人民论坛》2017 年第 5 期。

张杰、李勇、刘志彪：《出口促进中国企业生产率提高吗？——来自中国本土制造业企业的经验证据：1999～2003》，《管理世界》2009 年第 12 期。

张培刚、刘建洲：《新贸易理论及其与发展中国家的关系》，《经济学家》1995 年第 2 期。

钟腾龙、祝树金、段凡：《中国出口二元边际的多维测算：2000～2013》，《经济学动态》2018 年第 5 期。

祝树金、张鹏辉：《中国制造业出口国内技术含量及其影响因素》，《统计研究》2013 年第 6 期。

庄惠明、黄建忠：《国际贸易理论的演化：维度、路径与逻辑》，《国际贸易问题》2008 年第 11 期。

Ahn, J. B. , Amiti, M. , Weinstein, D. E. , "Trade Finance and the Great Trade Collapse", *American Economic Review* 101 (3), 2011.

Amador, J. , Opromolla, L. D. , "Product and Destination Mix in Export Market", *Review of World Economics* 149 (23 – 53), 2013.

Amiti, M. , Freund, C. , "An Anatomy of China's Trade Growth", Trade Conference, IMF, 2007.

Amiti, M. , Khandelwal, A. K. "Import Competition and Quality Upgrading", *Review of Economics and Statistics* 95 (2), 2013.

Amurgo-Pacheco, A. , Pierola, M. D. , "Patterns of Export Diversification in Developing Countries: Intensive and Extensive Margins", Policy Research Working Paper, 2007.

Anderson, J. E. , Van Wincoop, E. , "Trade costs", *Journal of Economic Literature* 42 (3), 2004.

Ando, M. , Kimura, F. , "How Did the Japanese Exports Respond to Two Crises in the International Production Networks? The Global Financial Crisis and the Great East Japan Earthquake", *Asian Economic Journal* 26 (3), 2012.

Andriamananjara, S. , Dean, J. M. , Ferrantino, M. J. , et al. , "The Effects of Non-tariff Measures on Prices, Trade, and Welfare: CGE Implementation of Policy-based Price Comparisons", 2004.

Antràs, P. , "Firms, Contracts, and Trade Structure", *The Quarterly Journal of Economics* 118 (4), 2003.

Arkolakis, C. , Demidova, S. , Klenow, P. J. , et al, "Endogenous Variety and The Gains from Trade", *American Economic Review* 98 (2), 2008.

Babool, M. , Islam, A. , Reed, M. R. , et al. , "The Impact of

Competition Policy on Production and Export Competitiveness: A Perspective from Agri-food Processing", 2007.

Babool, M., Islam, A., Reed, M. R., "Food Safety Standards and Export Competitiveness in the Food and Processed Food Industries in Asia-Pacific Countries", 2007.

Baier, S. L., Bergstrand, J. H., "Bonus Vetus OLS: A Simple Method for Approximating International Trade-Cost Effects Using the Gravity Equation", *Journal of International Economics* 77 (1), 2009.

Baldwin, R. E., Okubo, T., "Heterogeneous Firms, Agglomeration and Economic Geography: Spatial Selection and Sorting", *Journal of Economic Geography* 6 (3), 2005.

Baldwin, R. E., "Measuring Nontariff Trade Policies", *National Bureau of Economic Research*, 1989.

Baller, S., "Trade Effects of Regional Standards Liberalization: A Heterogeneous Firms Approach", The World Bank, 2007.

Bao, X., Chen, W. C., "The impacts of Technical Barriers to Trade on Different Components of International Trade", *Review of Development Economic* 17 (3), 2013.

Bao, X., Qiu, L. D., "How Do Technical Barriers to Trade Influence Trade?", *Review of International Economics* 20 (4), 2012.

Bao, X., "How Do Technical Barriers to Trade Affect China's Imports?", *Review of Development Economics* 18 (2), 2014.

Beghin, J. C., Bureau, J. C., "Measurement of Sanitary, Phytosanitary and Technical Barriers to Trade", Consultants' Report Prepared for the Food, Agriculture and Fisheries Directorate, OECD, 2001.

Beghin, J. C., Bureau, J. C., "Quantitative Policy Analysis of Sanitary,

Phytosanitary and Technical Barriers to Trade ", Nontariff Measures and International Trade, 2017.

Beghin, J. C. , Maertens, M. , Swinnen, J. , "Nontariff Measures and Standards in Trade and Global Value Chains ", *Annu. Rev. Resour. Econ.* 7 (1), 2015.

Bellone, F. , Musso, P. , Nesta, L. , et al. , "Financial Constraints and Firm Export Behaviour", *World Economy* 33 (3), 2010.

Bergin, P. R. , Lin, C. Y. , "Exchange Rate Regimes and the Extensive Margin of Trade", National Bureau of Economic Research, 2008.

Berman, N. , Héricourt J. , "Financial Factors and The Margins of Trade: Evidence from Cross-country Firm-level Data", *Journal of Development Economics* 93 (2), 2010.

Bernard, A. B. , Jensen, J. B. , "Exporters, Skill Upgrading, and the Wage Gap", *Journal of International Economics* 42 (1 – 2), 1997.

Bernard, A. B. , Jensen, J. B. , Lawrence, R. Z. , "Exporters, Jobs, and Wages in U. S. Manufacturing: 1976 – 1987", Brookings Papers, 1995.

Bernard, A. B. , Eaton, J. , Jensen, J. B. , et al, "Plants and Productivity in International Trade", *American Economic Review* 93 (4), 2003.

Bernard, A. B. , Jensen, J. B. , Redding, S. J. , et al. , "Firms in International Trade", *Journal of Economic Perspectives* 21 (3), 2007.

Bernard, A. B. , Jensen, J. B. , Redding, S. J. , et al. , "The margins of US trade", *American Economic Review* 99 (2), 2009.

Bernard, A. B. , Jensen, J. B. , "Exceptional Exporter Performance: Cause, Effect, or Both?", *Journal of International Economics* 47 (1), 1999.

Bernard, A. B. , Redding, S. J. , Schott, P. K. , "Multiproduct Firms and Trade Liberalization ", *The Quarterly Journal of Economics* 126

（3），2011．

Berthou，A．，Emlinger，C．，"The Trade Unit Values Database"，*Economie Internationale*，2011．

Besedeš，T．，Prusa，T. J．，"The Role of Extensive and Intensive Margins and Export Growth"，*Journal of Development Economics* 96（2），2011．

Bouët，A．，Decreux，Y．，Fontagné，L．，et al，"Assessing Applied Protection Across the World"，*Review of International Economics* 16（5），2008．

Brander，J．，Krugman，P．，"A Reciprocal Dumping Model of International Trade"，*Journal of International Economics* 15（3 - 4），1983．

Brander，J．，Spencer，B．，"International R&D Rivalry and Industrial Strategy"，*Review of Economic Studies* 50（5），1983．

Bratt，M．，"Estimating the Bilateral Impact of Nontariff Measures on Trade"，*Review of International Economics* 25（5），2017．

Brenton，P．，Newfarmer，R．，Walkenhorst，P．，"Export diversification：A Policy Portfolio Approach"，Growth Commission Conference on Development，Yale University，2007．

Broda，C．，Weinstein，D. E．，"Globalization and the Gains from Variety"，*The Quarterly Journal of Economics* 121（2），2006．

Cadot，O．，Gourdon，J．，"Non-tariff Measures，Preferential Trade Agreements，and Prices：New Evidence"，*Review of World Economics* 152（2），2016．

Cao，K．，Johnson，R．，"Impacts of Mandatory Meat Hygiene Regulations on the New Zealand Meat Trade"，*Australasian Agribusiness Review*（14），2006．

Caves，D. W．，Christensen，L. R．，Diewert，W. E．，"The Economic

Theory of Index Numbers and The Measurement of Input, Output, and Productivity", Econometrica: *Journal of the Econometric Society*, 1982.

Chad, P. B. , "Measuring Trump's 2018 Trade Protection: Five Takeaways", https://piie.com/blogs/trade - investment - policy - watch/measuring - trumps - 2018 - trade - protection - five - takeaways, 2018.

Chaney, T. , "Distorted Gravity: The Intensive and Extensive Margins of International Trade", *American Economic Review* 98 (4), 2008.

Chemingui, M. A. , Dessus, S. , "Assessing Non-tariff Barriers in Syria", *Journal of Policy Modeling* 30 (5), 2008.

Chen, M. X. , Mattoo, A. , "Regionalism in Standards: Good or Bad for Trade?", The World Bank, 2004.

Chen, N. , Imbs, J. , Scott, A. , "The Dynamics of Trade and Competition", *Journal of International Economics* 77 (1), 2009.

Chen, N. , Novy, D. , "On the Measurement of Trade Costs: Direct vs. Indirect Approaches to Quantifying Standards and Technical Regulations", *World Trade Review* 11 (3), 2012.

Chevassus-Lozza, E. , Latouche, K. , Majković, D. , et al, "The Importance of EU – 15 borders for CEECs Agri-food Exports: The Role of Tariffs and Non-tariff Measures in The Pre-accession Period", *Food Policy* 33 (6), 2008.

Chevassus-Lozza, E. , Latouche, K. , "Firms, Markets and Trade Costs: Access of French Exporters to European Agri-food Markets", *European Review of Agricultural Economics* 39 (2), 2011.

Clougherty, J. A. , Seldeslachts, J. , "The Deterrence Effects of US Merger Policy Instruments", *The Journal of Law, Economics and Organization* 29 (5), 2012.

Colacelli, M. , Caselli, F. , Davis, D. et al. , "Export Responses to Real Exchange Rate Fluctuations: Development Status and Exported Good Effects", AEA Working Paper, 2010.

Collie, D. , "Export Subsidies and Countervailing Tariffs", *Journal of International Economics* 31 (3 − 4), 1991.

Crowley, M. , Meng, N. , Song, H. , "Tariff Scares: Trade policy Uncertainty and Foreign Market Entry by Chinese Firms ", *Journal of International Economics*, 2018.

Czubala, W. , Shepherd, B. , Wilson, J. S. , "Help or Hindrance? The Impact of Harmonized Standards on African Exports", *Journal of African Economies* 18 (5), 2009.

De Frahan, B. H. , Vancauteren, M. , " Harmonization of Food Regulations and Trade in the Single Market: Evidence from Disaggregated Data", *European Review of Agricultural Economics* 33 (3), 2006.

Deardorff, A. V. , Stern, R. M. , "Measurement of Nontariff Barriers", SSRN Working Paper, 1997.

Deardorff, A. V. , Stern, R. M. , "The Structure of Tariff Protection: Effects of Foreign Tariffs and Existing NTBs", *The Review of Economics and Statistics*, 1985.

Deardorff, A. V. , "Why Do Governments Prefer Nontariff barriers?", Carnegie-Rochester Conference Series on Public Policy, North-Holland, 1987.

Diewert, W. E. , Wales, T. J. , "A Normalized Quadratic Semiflexible Functional Form", *Journal of Econometrics* 37 (3), 1988.

Disdier, A. C. , Fontagné, L. , Mimouni, M. , " The Impact of Regulations on Agricultural Trade: Evidence from the SPS and TBT Agreements", *American Journal of Agricultural Economics* 90 (2), 2008a.

Disdier, A. C. , Head, K. , "The Puzzling Persistence of The Distance Effect on Bilateral Trade", *The Review of Economics and Statistics* 90 (1), 2008b.

Dixit, A. K. , Stiglitz, J. E. , "Monopolistic Competition and Optimum Product Diversity", *American Economic Review* 67 (3), 1977.

Dixit, A. , "Anti-dumping and Countervailing Duties Under Oligopoly", *European Economic Review* 32 (1), 1988.

Eaton, J. , Eslava, M. , Kugler, M. , et al. , "Export Dynamics in Colombia: Firm-level Evidence", National Bureau of Economic Research, 2007.

Eaton, J. , Eslava, M. , Kugler, M. , et al. , "The Margins of Entry into Export Markets: Evidence from Colombia", NBER Working Paper, 2008.

Eaton, J. , Kortum, S. S. , Sotelo, S. , "International Trade: Linking Micro and Macro", National Bureau of Economic Research, 2012.

Eaton, J. , Kortum, S. , Kramarz, F. , "An Anatomy of International Trade: Evidence from French Firms", *Econometrica* 79 (5), 2011.

Eaton, J. , Kortum, S. , Kramarz, F. , "Dissecting Trade: Firms, Industries, and Export Destinations", *American Economic Review* 94 (2), 2004.

Eaton, J. , Kortum, S. , "Technology, Geography, and Trade", *Econometrica* 70 (5), 2002.

Egger, P. , Larch, M. , Staub, K. E. , et al. , "The Trade Effects of Endogenous Preferential Trade Agreements", *American Economic Journal: Economic Policy* 3 (3), 2011.

Escaith, H. , Miroudot, S. , "Industry-level Competitiveness and Inefficiency Spillovers in Global Value Chains", 24th International Input-Output Conference, Seoul, Korea, 2016.

Ethier, W. J., "National and International Returns to Scale in the Modern Theory of International Trade", *The American Economic Review* 72 (3), 1982.

Feenstra, R. C., Inklaar, R., "Timmer M P. The next Generation of the Penn World Table", *American Economic Review* 105 (10), 2015.

Feenstra, R. C., Li, Z., Yu. M., "Exports and Credit Constraints under Incomplete Information: Theory and Evidence from China", *Review of Economics and Statistics* 96 (4), 2014.

Feenstra, R. C., "Voluntary Export Restraint in US Autos, 1980 ~ 1981: Quality, Employment, and Welfare Effects", *The Structure and Evolution of Recent US Trade Policy*, University of Chicago Press, 1984.

Feenstra, R., Kee, H. L., "Export Variety and Country Productivity: Estimating the Monopolistic Competition Model with Endogenous Productivity", *Journal of international Economics* 74 (2), 2008.

Feenstra, R., Kee, H. L., "Export Variety and Country Productivity", The World Bank, 2004.

Feenstra, R., Looi Kee, H., "On the Measurement of Product Variety in Trade", *American Economic Review* 94 (2), 2004.

Felbermayr, G. J., Kohler, W., "Exploring the Intensive and Extensive Margins of World Trade", *Review of World Economics* 142 (4), 2006.

Feng, L., Li, Z., Swenson, D. L., "Trade Policy Uncertainty and Exports: Evidence from China's WTO Accession", *Journal of International Economics* 106, 2017.

Ferrantino, M. J., "Using Supply Chain Analysis to Examine the Costs of Non-tariff Measures (NTMs) and the Benefits of Trade Facilitation", SSRN Working Paper, 2012.

Ferrantino, M. , "Quantifying the Trade and Economic Effects of Non-tariff Measures", OECD Working Paper, 2006.

Fischer, R. , Serra, P. , "Standards and Protection", *Journal of International Economics* 52 (2), 2000.

Flam, H. , Nordström, H. , "Euro Effects on the Intensive and Extensive Margins of Trade", SSRN Working Paper, 2006.

Fontagné, L. , Mimouni, M. , Pasteels, J. M. , "Estimating the Impact of Environmental SPS and TBT on International Trade", HAL, 2005.

Fontagné, L. , Orefice, G. , Piermartini, R. , et al. , "Product Standards and Margins of Trade: Firm-level Evidence", *Journal of International Economics* 97 (1), 2015.

Frahan, H. , Vancauteren, M. , "Harmonisation of Food Regulations and Trade in the Single Market: Evidence from Disaggregated Data", *European Review of Agricultural Economics* 33 (3), 2006.

Gandal, N. , Shy, O. , "Standardization Policy and International Trade", *Journal of International Economics* 53 (2), 2001.

Gandal, N. , "Compatibility, Standardization, and Network Effects: Some Policy Implications", *Oxford Review of Economic Policy* 18 (1), 2002.

Ganslandt, M. , Markusen, J. R. , "Standards and Related Regulations in International Trade: A Modeling Approach", National Bureau of Economic Research, 2001.

Gebrehiwet, Y. , Ngqangweni, S. , Kirsten, J. F. , "Quantifying the Trade Effect of Sanitary and Phytosanitary Regulations of OECD Countries on South African Food Exports", *Agrekon* 46 (1), 2007.

Ghodsi, M. , Grübler, J. , Reiter, O. , et al. , "The Evolution of Non-tariff Measures and Their Diverse Effects on Trade", Vienna Institute for

International Economic Studies，2017.

Goldberg，P. K.，Verboven，F.，"The Evolution of Price Dispersion in the European Car Market"，*The Review of Economic Studies* 68（4），2001.

Grossman，G. M.，Hansberge，E. R.，"Task Trade Between Similar Countries"，*Econometrica* 80（2），2012.

Grossman，G. M.，Helpman，E.，"Endogenous Innovation in the Theory of Growth"，*Journal of Economic Perspectives* 8（1），1994.

Grossman，G.，Helpman，E.，"Foreign Investment with Endogenous Protection"，National Bureau of Economic Research，1994.

Grubel，H. G.，Lloyd，P. J.，"The theory and Measurement of International Trade in Differentiated Products"，London，19，1975.

Guimarães，P.，Portugal，P.，"A Simple Feasible Procedure to Fit Models with High－dimensional Fixed Effects"，*Stata Journal* 10（4），2010.

Haddad，M.，Harrison，A.，Hausman，C.，"Decomposing the Great Trade Collapse：Products，Prices and Quantities in the 2008~2009 Crisis"，The World Bank，2011.

Hallak，J. C.，Sivadasan，J.，"Product and Process Productivity：Implications for Quality Choice and Conditional Exporter Premia"，*Journal of International Economics* 91（1），2013.

Hamilton，A.，"Report on Manufactures"，1791.

Harrod，R. F.，"Towards a Dynamic Economics：Some Recent Developments of Economic Theory and Their Application to Policy"，MacMillan and Company，London，1948.

Hassink，W. H. J.，Schettkat，R.，"On Price-setting for Identical Products in Markets Without Formal Trade Barriers"，2001.

Hatzichronoglou，T.，"Revision of the High-technology Sector and Product

Classification", OECD Working Paper, 1997.

Hausman, R. , Klinger, B. , "Structural Transformation and Patterns of Comparative Advantage in the Product Space", SSRN Working Papers, 2006.

Heckman, J. J. , "Sample Selection Bias as a Specification Error", *Econometrica: Journal of the Econometric Society*, 1979.

Helpman, E. , Melitz, M. , Rubinstein, Y. , "Estimating Trade Flows: Trading Partners and Trading Volumes", *The Quarterly Journal of Economics* 123 (2), 2008.

Helpman, E. , "International Trade in the Presence of Product Differentiation, Economies of Scale and Monopolistic Competition: A Chamberlin-Heckscher-Ohlin Approach", *Journal of International Economics* 11 (3), 1981.

Hoekman, B. , Zarrouk, J. , "Changes in Cross-border Trade Costs in the Pan-Arab Free Trade Area, 2001 ~ 2008", The World Bank, 2009.

Hummels, D. , Klenow, P. J. , "The Variety and Quality of a Nation's Exports", *American Economic Review* 95 (3), 2005.

Hummels, D. L. , "Toward a Geography of Trade Costs", SSRN Papers, 1999.

Jayasinghe, S. , Beghin, J. C. , Moschini, G. C. , "Determinants of World Demand for US Corn Seeds: The Role of Trade Costs", *American Journal of Agricultural Economics* 92 (4), 2010.

Jongwanich, J. , "The Impact of Food Safety Standards on Processed Food Exports from Developing Countries", *Food Policy* 34 (5), 2009.

Jouanjean, M. A. , Maur, J. C. , Shepherd, B. , "Reputation Matters: Spillover Effects in the Enforcement of US SPS measures", The World Bank, 2012.

Kalenga, P. , "Regional Integration in SADC: Retreating or Forging

Ahead", Trade Law Centre (TRALAC), South Africa, 2012.

Kancs, D. A., "Trade Growth in a Heterogeneous Firm Model: Evidence from Southeastern Europe", *World Economy* 30 (7), 2007.

Kang, K., "The Path of the Extensive Margin (Export Variety): Theory and Evidence", Davis Working Paper, 2004.

Karov, V., Roberts, D., Grant, J. H., et al., "A Preliminary Empirical Assessment of the Effect of Phytosanitary Regulations on US Fresh Fruit and Vegetable Imports", 2009.

Kee, H. L., Nicita, A., Olarreaga, M., "Import Demand Elasticities and Trade Distortions" *The Review of Economics and Statistics* 90 (4), 2008.

Kohli, U., "A Symmetric Normalized Quadratic GNP Function and the U. S. Demand for Imports and Supply of Exports", *International Economic Review* 34 (1), 1993.

Kox, H., Nordås, H. K., "Services Trade and Domestic Regulation", OECD Working Paper, 2007.

Krugman, P. R., "Increasing Returns, Monopolistic Competition, and International Trade", *Journal of International Economics* 9 (4), 1979.

Krugman, P. R., "Intra industry Specialization and the Gains from Trade", *Journal of Political Economy* 89 (5), 1981.

Krugman, P., "Scale economies, Product Differentiation, and the Pattern of Trade", *The American Economic Review* 70 (5), 1980.

Krugman, P., "The International Role of the Dollar: Theory and Prospect", NBER Paper, 1984.

Lall, S., "Competitiveness Indices and Developing Countries: An Economic Evaluation of the Global Competitiveness Report", *World Development* 29 (9), 2001.

Lancaster, K. , " Intra-industry Trade Under Perfect Monopolistic Competition", *Journal of International Economics* 10 (2), 1980.

Lawless, M. , Whelan, K. , "A Note on Trade Costs and Distance", NBER Working Paper, 2007.

Lawless, M. , "Deconstructing Gravity: Trade Costs and Extensive and Intensive Margins", *Canadian Journal of Economics* 43 (4), 2010.

Lawless, M. , "Firm Export Dynamics and the Geography of Trade", *Journal of International Economics* 77 (2), 2009.

Leamer, E. E. , "Latin America as a Target of Trade Barriers Erected by the Major Developed Countries in 1983", *Journal of Development Economics* 32 (2), 1990.

Leamer, E. , "Measures of Openness? Trade Policy Issues and Empirical Analysis", UCP Working Paper, 1988.

Leontief, W. W. , "The Structure of American Economy, 1919 – 1939: An Empirical Application of Equilibrium Analysis", 1951.

Li, Y. , Beghin, J. C. , "A Meta-analysis of Estimates of the Impact of Technical Barriers to Trade ", Nontariff Measures and International Trade, 2017.

Looi Kee, H. , Nicita, A. , Olarreaga, M. , " Estimating Trade Restrictiveness Indices", *The Economic Journal* 119 (534), 2008.

Manova, K. , Wei, S. J. , Zhang, Z. , "Firm Exports and Multinational Activity Under Credit Constraints", *Review of Economics and Statistics* 97 (3), 2015.

Manova, K. , "Credit Constraints, Equity Market Liberalizations and International Trade", *Journal of International Economics* 76 (1), 2008.

Markusen, J. R. , " Trade and the Gains from Trade with Imperfect

Competition", *Journal of International Economics* 11（4）, 1981.

Martincus, C. V., Carballo, J., "Is Export Promotion Effective in Developing Countries? Firm-level Evidence on the Intensive and the Extensive Margins of Exports", *Journal of International Economics* 76（1）, 2008.

Maskus, K. E., Dougherty, S. M., Mertha, A., "Intellectual Property Rights and Economic Development in China, Intellectual Property and Development: Lessons from Recent Economic Research", The World Bank, Oxford University Press, 2005.

Maur, J. C., Shepherd, B., "Product Standards, Preferential Trade Agreement Policies for Development: A Handbook", World Bank, 2011.

Mayer, T., Ottaviano, G. I. P., "The Happy Few: The Internationalisation of European Firms", *Intereconomics* 43（3）, 2008.

Melitz, M. J., Ottaviano, G. I. P., "Market size, Trade, and Productivity", *The Review of Economic Studies* 75（1）, 2008.

Melitz, M. J., "The Impact of Trade on Intra-industry Reallocations and Aggregate Industry Productivity", *Econometrica* 71（6）, 2003.

Moenius, J., "Information Versus Product Adaptation: The Role of Standards in Trade", SSRN Working Paper, 2004.

Moenius, J., "The Good, the Bad and the Ambiguous: Standards and Trade in Agricultural Products", IATRC Summer Symposium, 2006.

Montagna, C., "Efficiency Gaps, Love of Variety and International Trade", *Economica* 68（269）, 2001.

Nicita, A., Gourdon, J., "A Preliminary Analysis on Newly Collected Data on Non-tariff Measures", UN, 2013.

Niu, Z., Liu, C., Gunessee, S., et al., "Non-tariff and Overall Protection: Evidence Across Countries and Over Time", *Review of World*

Economics, 2017.

Olarreaga, M., Nicita, A., Kee, H. L., "Estimating Trade Restrictiveness Indices", The World Bank, 2006.

Orefice, G., "Non-Tariff Measures, Specific Trade Concerns and Tariff Reduction", *The World Economy* 40 (9), 2017.

Pham, C., Martin, W., "Extensive and Intensive Margin Growth and Developing Country Exports", World Bank Working Paper, 2007.

Porter, M. E., "The Role of Location in Competition", *Journal of the Economics of Business* 1 (1), 1994.

Prusa, T. J., "Anti-dumping: A Growing Problem in International trade", *World Economy* 28 (5), 2005.

Rau, M. L., Schlueter, S., "Framework for Analyzing Regulations and Standards in the NTM Impact Project", NTM Impact Working Paper, 2009.

Samuelson, P. A., "International Trade and the Equalisation of Factor Prices", *The Economic Journal* 58 (230), 1948.

Samuelson, P. A., "Theoretical Notes on Trade Problems", *The Review of Economics and Statistics*, 1964.

Santana, R., Jackson, L. A., "Identifying Non-tariff Barriers: Evolution of Multilateral Instruments and Evidence from the Disputes (1948 ~ 2011)", *World Trade Review* 11 (3), 2012.

Shiozawa, Y., "A New Construction of Ricardian Trade Theory: A Many-country, Many-commodity Case with Intermediate Goods and Choice of Production Techniques", *Evolutionary and Institutional Economics Review* 3 (2), 2007.

Shiozawa, Y., "On Ricardo's Two Rectification Problems", Ricardo and International Trade, 2017.

Stolper, W. F. , Samuelson, P. A. , "Protection and Real Wages", *The Review of Economic Studies* 9 (1), 1941.

Swann, P. , Temple, P. , Shurmer, M. , "Standards and Trade Performance: the UK Experience", *The Economic Journal* 106 (438), 1996.

Warren, T. ,Hufbauer, G. C. , Wada, E. , *Benefits of Price Convergence: Speculative Calculations*, Peterson Institute Press: Policy Analyses in International Economics, 2002.

Wilson, J. S. , Otsuki, T. , "Standards and Technical Regulations and Firms in Developing Countries: New Evidence from a World Bank Technical Barrier to Trade Survey", World Bank, Washington DC, 2004.

Wilson, N. L. W. , "Clarifying the Alphabet Soup of the TBT and the SPS in the WTO", Drake J. Agric. L. , 2003.

Yue, C. , Beghin, J. , Jensen, H. H. , "Tariff Equivalent of Technical Barriers to Trade with Imperfect Substitution and Trade Costs", *American Journal of Agricultural Economics* 88 (4), 2006.

图书在版编目（CIP）数据

非关税措施：美国实践及其影响研究 / 王梓楠著
. -- 北京：社会科学文献出版社，2022.1
（美国经济研究丛书）
ISBN 978 - 7 - 5201 - 7925 - 6

Ⅰ.①非…　Ⅱ.①王…　Ⅲ.①美国 - 非关税壁垒 - 影
响 - 产品出口 - 研究 - 中国　Ⅳ.①F752.62

中国版本图书馆 CIP 数据核字（2021）第 029726 号

· 美国经济研究丛书 ·

非关税措施：美国实践及其影响研究

著　　者 / 王梓楠

出 版 人 / 王利民
组稿编辑 / 恽　薇
责任编辑 / 冯咏梅
责任印制 / 王京美

出　　版 / 社会科学文献出版社·经济与管理分社（010）59367226
　　　　　　地址：北京市北三环中路甲 29 号院华龙大厦　邮编：100029
　　　　　　网址：www. ssap. com. cn
发　　行 / 市场营销中心（010）59367081　59367083
印　　装 / 三河市龙林印务有限公司

规　　格 / 开　本：787mm × 1092mm　1/16
　　　　　　印　张：17.25　字　数：230 千字
版　　次 / 2022 年 1 月第 1 版　2022 年 1 月第 1 次印刷
书　　号 / ISBN 978 - 7 - 5201 - 7925 - 6
定　　价 / 98.00 元